流れをつかむ日本史

山本博文

角川新書

本文デザイン／國枝達也
DTP／株式会社フォレスト

はじめに

今、日本史ブームと言ってもよい状況があります。山川出版社の『もういちど読む山川日本史』（五味文彦・鳥海靖編、二〇〇九年）を始めとして、さまざまな日本史の概説書が出版されてよく売れており、筆者が全巻監修した角川まんが学習シリーズ『日本の歴史』（二〇一五年）は、刊行後三年で累計三六〇万部となっています。このまんがは、小学生から高校生までを対象としたものですが、最新の学説を反映しており、大学生や大人が読んでも読み応《ごた》えのあるものになっています。

日本史を学び直すことは、単なる趣味や教養にとどまるものではありません。グローバル化が進むにつれて、外国人に自国の歴史がどのようなものであったのかを、自信をもって語れる必要があります。日本史を学ぶ若い人だけでなく、日本史とは関係なく働いている人にも、ますます日本史を知っておくことの重要性が高まっていると言えるでしょう。そのためには、日本史の大きな流れを理解することが不可欠です。

私は、『歴史をつかむ技法』（新潮新書、二〇一三年）において、日本史をどのようにつかめばよいかを提示しました。幸い、これは多くの方の支持を得ることができました。角川まんが学習シリーズ『日本の歴史』の監修作業で特に留意したのは、拙著で主張した歴史のつかみ方をわかりやすく提示し、史実の間の因果関係やその時々の人々の感情をビジュアルに明らかにすることでした。ただ、まんがはストーリー性を重視したので、歴史の大きな流れを理解してもらうための最新の日本通史を改めて書いてみたいと思いました。

教科書は、政治だけでなく、経済・社会・文化などをまんべんなく書く必要があるため、どうしても日本史の流れがつかみにくくなり、しかも無味乾燥な記述になってしまいます。また、どんな立場の人からも批判が来ないように淡々と史実だけを書き、史実の間の因果関係や歴史家としての考えを書くことが控えられることになります。

しかし、それでは本当の日本史はわかりにくくなります。本書は、多くの読者に日本史の本質をわかってもらうため、それぞれの時代に生きた人間の感情や考え方がわかる血の通った日本の歴史を書いたものです。本書を読んで、どのようにして日本の歴史が動いてきたのかをつかんでください。

山本博文

二〇一八年六月

流れをつかむ日本史　目次

第二部

中世

第二章 天下泰平の時代
——江戸時代

第四部　近代

終章　現代の日本と世界　304

序章　日本史の流れ

日本史を学ぶ上で重要なことは、「歴史の流れをつかむ」ことです。歴史の流れをつかむためには、まず時代の推移を理解することが必要です。

日本史は、大きく、原始時代、古代、中世、近世、近代、現代と分けられていて、歴史教科書は、原始・古代、中世、近世、近代・現代と四部構成となっています。

これをさらに細分化すると、平安時代などのおなじみの時代が出てきます。日本史の始まりである旧石器時代に続くのは縄文時代で、それから弥生《やよい》時代、古墳時代、飛鳥《あすか》時代、奈良時代、平安時代、鎌倉時代、南北朝時代、室町時代、戦国時代、安土《あづち》・桃山時代、江戸時代、明治時代、大正時代、昭和時代と続きます。

この順番を覚え、頭に歴史地図を描けるようになると、日本史の理解は大きく進みます。そのためには、ただ機械的に覚えるのではなく、以下のように、各時代の特徴と時代が推移した要因を理解することが必要です。

原始・古代

日本列島に人類が住むようになるのは、今から三万数千年前です。この頃は氷河時代で、海面が低く、大陸と陸続きになった通路を通って人類が日本列島に移り住んだのです。

この時代は、打製石器を使う旧石器時代でした。

縄文時代は、土器や磨製石器が生まれた時代です。打製石器しかなかった旧石器時代が、長い時間をかけて土器を生み出したわけです。土器によって、採集した食料を煮て食べることができるようになります。

縄文時代の末期に大陸から水稲《すいとう》農耕が伝わり、弥生時代となります。水稲農耕によって物資が貯蔵されるようになった弥生時代には、それをめぐって戦争が起こり、村を統率する指導者がいくつかの村を統合して王になり、王が支配する「国」が成立します。この頃、日本は、原始時代から古代に入ったと考えていいでしょう。

小さな「国」同士が戦争する中で、次第に大きな国が成立します。その大きな国の王が、自らを葬るための巨大な墓を作るようになります。こうして成立したのが、古墳時代です。古墳時代は、「倭人《わじん》」の統一国家であるヤマト政権が誕生した時代です。

以後の歴史は、おおむね政権の所在地で時代区分されています。

奈良盆地南部の飛鳥の地に王宮が置かれたのが飛鳥時代です。これは、聖徳太子《しょうとくたいし》、天智《てんじ》天皇らが活躍した時代です。その後、飛鳥から平城京に遷都して、奈良時代になります。

飛鳥時代から奈良時代にかけて、中国から律令が取り入れられ、法律によって国家の運営を行う律令国家が成立しました。

奈良から京都に遷都して、平安時代になります。平安時代は、「王朝国家」とも呼ばれ、『源氏物語』に描かれるような雅《みやび》やかな貴族の時代です。天皇の外戚《がいせき》となった藤原《ふじわら》氏が摂政・関白となって権力を握るので、この時代の政治形態は「摂関政治」とも呼ばれます。平安時代中期には、律令で規定された軍隊が有名無実化し、地方に成立した武士が国家の軍事力を担うようになります。

中世

平安時代後期には、退位した天皇である院（上皇）が摂政・関白に代わって権力を握るようになります。これが「院政」で、現在の学界では院政期からを中世としています。院政期の末期には、政治の主導権を握るため、保元《ほうげん》の乱や平治《へいじ》の乱で、平氏や源氏などの武士を利用します。このため、武士が政治に進出し、平氏政権が誕生します。

鎌倉時代は、平氏を倒した源頼朝《みなもとのよりとも》によって鎌倉に武家政権（鎌倉幕府）が成立してからをいいます。武家政権の時代は、土地を媒介として御恩と奉公という主従関係が社会の中心となるので、「封建時代」とも呼ばれます。

なぜ鎌倉時代からではなく、院政期から中世に分類するかと言えば、権力が院、大寺社、武士などに分有される中世に特徴的な社会関係が成立したとみなされているからです。

源氏将軍は三代で絶え、摂家や朝廷から招いた将軍のもとで、北条氏《ほうじょう》が執権として権力を握ります。鎌倉時代後期、天皇家が持明院統《じみょういんとう》と大覚寺統《だいかくじとう》の二つの皇統に分かれ、交互に皇位に就きます。大覚寺統の後醍醐《ごだいご》天皇は、自らの皇統を続けるため倒幕を志し、北条氏に不満を持つ武士が呼応して鎌倉幕府は滅亡します。

後醍醐天皇は、建武《けんむ》の新政を始めますが、足利尊氏《あしかがたかうじ》ら武士たちの不満を抑えることができず、吉野に逃れます。こうして吉野の南朝と尊氏が擁立した京都の北朝が分立する南北朝時代になります。尊氏は、北朝の光明《こうみょう》天皇から征夷《せいい》大将軍に任ぜられているので、室町時代の前期でもあります。北朝と南朝が合体するのは、三代将軍足利義満《よしみつ》のときです。

室町幕府は守護大名の連合政権でしたが、将軍を支える守護大名が東西に分かれて戦った応仁《おうにん》の乱のあと、室町幕府の全国支配は有名無実となり、各地に実力で領国を支配する戦国大名が成立します。これが戦国時代です。

戦国時代には、弱体となってはいましたが、まだ室町将軍が存在していました。その後継者である足利義昭《よしあき》を奉じて京都に入ったのが、織田信長《おだのぶなが》です。信長が、対立した義昭を追放し、室町幕府は滅びます。信長は、天下統一を目前にして家臣の明智光秀《あけちみつひで》に攻められ、自害します。その後継者となって天下を統一したのが豊臣秀吉《とよとみひでよし》です。

近世

信長と秀吉の政権を合わせて「織豊《しょくほう》政権」と呼び、その時代を居城の地名をとって安土・桃山時代といいます。

中世と近世の境目については、議論があります。歴史教科書では、ヨーロッパ人の来航から近世の記述が始まりますが、日本ではまだ中世に分類される戦国時代です。中世の土地制度の特徴である荘園《しょうえん》制が最終的に解体したのは、豊臣秀吉の太閤《たいこう》検地ですので、豊臣政権以降を近世に分類することが一般的で、研究者もそこで大きく専門が分かれます。ただし、織田政権を中世的権威を破壊したとして近世に入れることもありますし、戦国時代が近世の始まりだとする研究者もいます。このあたりは諸説あり、多くは定義の問題なので、あまり気にすることはありません。

ちなみに、歴史学において近世は日本史に独特な分野です。英訳ではEarly Modern（近代初期）です。ヨーロッパでは、中世からルネッサンス（文芸復興）をへて近代とされます。ただ近年では、絶対主義の時代を近世と呼ぶヨーロッパ史研究者もいます。

秀吉死後、政権を握った徳川家康《とくがわいえやす》は、江戸城を居城とし、征夷大将軍に任ぜられるので、その政権を江戸幕府といい、その時代を江戸時代といいます。

江戸時代は、武家政権の中では平和で安定した時代でした。これをもたらした要因の一つに、三代将軍徳川家光《いえみつ》のときに完成した「鎖国」体制があります。これは、通商はオランダ・中国、国交は朝鮮・琉球《りゅうきゅう》とのみ行い、日本人の海外渡航を禁止する政策です。

江戸時代後期には、欧米諸国がアジアに進出し、アメリカ使節ペリーは、日本に開国を要求しました。幕府は開国に応じますが、国内では攘夷《じょうい》の運動が起こり、幕府を倒して天皇を中心とした強い国家を作ろうという動きが出てきます。このため十五代将軍徳川慶喜《よしのぶ》は、大政奉還によって政権を朝廷に返上しました。

近代・現代

こうして成立した新政府は、薩摩《さつま》藩・長州藩などが中心となり、戊辰《ぼしん》戦争で旧幕府方に勝利し、「明治維新」と呼ばれる近代国家への改革が行われます。近代とは、欧米諸国と同様の資本主義社会が成立した時代です。

太平洋戦争の敗北までが近代ですが、それを便宜上、明治時代・大正時代・昭和時代と、天皇の代で時代を分けています。明治時代は、日清・日露の戦争によって国力を増大した時代、大正時代は、大正デモクラシーという比較的自由があった時代、昭和時代は軍部が台頭し、中国と戦争を始め、ついにはアメリカに宣戦布告をして太平洋戦争となった時代です。昭和二十年八月十五日、敗戦した日本は、アメリカの占領下に置かれます。日本史では、これ以後を現代としています。

現代は、アメリカによる占領時代、独立、高度経済成長時代、オイル・ショック、バブル経済とその崩壊、「失われた十年」と呼ばれる停滞の時代をへて今に至ります。

こうした時代の基本的な流れをまず頭に置いて本書を読んでいただくと、時代の特徴や時代が推移する要因がより深く理解できると思います。

本書は、複数の学者がそれぞれの専門の時代を担当して書く歴史教科書のような概説ではなく、「一人の歴史家が自分の歴史のつかみ方を提示したもの」です。

そのため、多くの著書や論文を参考にしながら、私なりに解釈して提示しました。原始・古代から近代・現代に至るまで、本書のように考えれば日本史を整合的に理解できると思っています。

今まで習ってきた日本史の授業や勉強してきた歴史の本とは少し違った解釈もあるかもしれませんが、これが最新の日本史だと考えていただければ幸いです。

第一部 原始・古代

第一章　ヤマト政権の成立
――旧石器・縄文・弥生・古墳時代

まず流れをつかむ！

日本列島の人類の歴史は、三万数千年前に始まります。中国大陸から陸続きになった日本列島に、ナウマンゾウやヘラジカを追って人類が移動してきたのだと推定されています。この頃は、打製石器を使う旧石器時代でした。日本列島の旧石器時代は、二万年もの長い期間続きます。そして、土器を使う縄文時代に移行します。使う石器も磨製石器となります。

縄文時代は、一万六〇〇〇年前から紀元前四世紀頃まで続く、これも長い時代です。生活は狩猟や採集によって維持されましたが、次第に定住生活が営まれるようになりました。縄文時代の末期には、大陸から水稲《すいとう》農耕が伝わります。

水稲農耕が行われるようになると、社会は大きく変化していきます。人口が増え、貯蔵する物資をめぐって戦争が起こり、敵から村を守るために環濠《かんごう》が掘られるようになります。

村を統率する首長はいくつかの村を統合して王となり、王が支配する国が生まれます。これが弥生《やよい》時代です。

三世紀中頃から後半には、西日本を中心に前方後円墳という巨大な古墳が造られるようになります。邪馬台国《やまたいこく》の卑弥呼《ひみこ》が没するのは、古墳時代の始まりの二四七年頃です。

古墳時代は七世紀まで続きます。この時代は、「大王《おおきみ》」を首長とする倭人《わじん》の連合国家「倭国」の成立期です。これを「ヤマト政権」と呼んでいます。

『日本書紀』に書かれた歴代天皇のうち、存在が確実視されるのは十六代の仁徳《にんとく》天皇からです。五世紀になると、仁徳の子の履中《りちゆう》天皇以後の五代の大王が、中国・南朝の宋に朝貢《ちようこう》の使者を送り、「倭の五王」と称されています。

六世紀初頭、二十五代の武烈《ぶれつ》天皇が跡継ぎがないまま崩御し、十五代の応神《おうじん》天皇（『日本書紀』では仁徳の父とされる）の「五世孫」の継体《けいたい》天皇が擁立されます。ここで大きな王権の断絶があるのですが、「倭国」そのものは連続しています。

第一章では、旧石器時代からヤマト政権の成立までの日本列島の長い歴史を見ていきます。

1　日本人の誕生

日本における旧石器時代

日本史の教科書は、五〇〇万年以上前の人類の出現に始まり、日本列島の旧石器時代、縄文時代、弥生時代と考古学の成果にもとづく記述に始まります。歴史的人物が活躍する歴史を期待する人には物足りないかもしれない記述が続きますが、人類が日本列島にいつ、どこから渡ってきたかはたいへん興味深いテーマです。

かつて日本には、旧石器時代はないと考えられてきました。ところが、考古学に興味を持つ相沢忠洋《あいざわただひろ》という納豆売りの青年が、群馬県で関東ローム層の中から尖頭《せんとう》石器を発見しました。関東ローム層は、氷河時代の地層です。この時代は寒冷で火山活動も活発だったことから、人が住めない死の時代だと考えられていましたが、その常識が覆ったのです。それが日本に旧石器時代があったことを証明する記念すべき岩宿《いわじゅく》遺跡です。

岩宿遺跡発見によって、各地で旧石器時代の痕跡《こんせき》を見いだそうとする調査が進められ、成果をあげていきました。一時は日本における旧石器時代が五、六〇万年前までさかのぼりましたが、一部の石器の発掘が捏造《ねつぞう》であることが明らかになり、現在では三万六〇〇〇年前以降だと考えられています。

氷河時代には、海面が下降してアジア大陸北東部と日本列島が陸続きになることがありました。その時代に、マンモスやナウマンゾウなどの大形動物が日本列島に移動し、それを食料とする人類も日本列島に移住してきたのでしょう。生活をともにする集団は、十人前後の小規模なものだったと考えられています。

縄文時代

旧石器時代に続くのは、土器を使う縄文時代です。有名な遺跡としては、明治十年（一八七七）にお雇い外国人で動物学者のエドワード・モースが発見した大森貝塚があります。大森貝塚は、今から三〇〇〇年から三五〇〇年前の年代のものと考えられています。

縄文時代の始まりがいつかについては、諸説あります。一般には一万三〇〇〇年前からとされていますが、現在では一万六〇〇〇年前からという説が有力です。これは、年代測定を行う方法が、「炭素14年代法」から「較正《こうせい》炭素年代法」に変わってきたためです。

簡単に説明すると、炭素14年代法は、放射性炭素14がその生物の死後一定の割合で減少することを利用し、死んだ生物に含まれる放射性炭素14の残存量を測定して死後経過した年数を算出する方法です。

大気中の炭素14の濃度が一定ならこれでいいのですが、実際には炭素14の濃度は変動しています。それを補正したのが、較正炭素年代法です。

誤差が千年単位で出るので、これは考古学上重要な論点なのですが、日本史を学ぶ上ではこの年代にあまりこだわることはありません。日本列島に住むようになった人が、まだ氷河時代のうちに土器を生み出したということだけ理解してください。

縄文時代という名称は、この時代の土器には縄目の文様があったことからつけられました。人類史の上では、石を打ち割って使う打製石器の時代を旧石器時代と呼び、磨いて形を整える磨製石器の時代を新石器時代と呼びます。縄文時代は、石器の上では新石器時代となります。磨製石器に加えて、土器も道具として使われるようになったということです。

縄文時代に入ると、次第に地球が温暖化してきます。このため、小形動物や木の実、魚などの狩猟・採集生活をするようになります。狩猟・採集生活というと、たえず移動しているようですが、九五〇〇年前からと推定される上野原《うえのはら》遺跡（鹿児島県霧島市）では、すでに定住生活が営まれていたことがわかっています。

縄文時代の集落は、竪穴《たてあな》住居が四軒から六軒程度の世帯で、総勢で二十人から三十人程度だと推定されています。通婚は近隣の集落と行いますが、交易はかなり遠方と行っていました。

この時代は人口が圧倒的に少なく、身分の上下関係や貧富の差はまだなかったと考えられています。

五五〇〇年から四〇〇〇年前の三内丸山遺跡《さんないまるやま》（青森県青森市）では、単に定住しただけではなく、巨大な掘立柱による大きな建造物があったことが明らかになりました。これによって、縄文時代の常識は大きく変わりました。

弥生時代

紀元前四世紀頃からとされる弥生時代は、縄文土器と違う土器が一般的になることから、時代を区分しています。弥生土器は、高温で焼いた薄手の土器で、煮炊き用の甕《かめ》、貯蔵用の壺《つぼ》などが特徴です。東京の本郷弥生町の向ヶ丘貝塚で発見されたことから「弥生」という名称がとられました。

弥生土器には、多く米が付着していることがわかっています。この時代に、米の生産が一般的になったのです。弥生時代の遺跡で有名なのは静岡県の登呂《とろ》遺跡ですが、ここでは水田の跡が発掘されました。それでは水田による稲作は、いつ、どこで起こったのでしょうか。

水田による稲作、つまり水稲農耕は、縄文時代晩期（およそ二五〇〇年前）、九州北部で行われるようになったようです。水稲農耕は、食料事情を飛躍的に改善し、これによって社会の変化が起こります。このため、水稲農耕の始まりをもって弥生時代としようという説もあります。

弥生時代は、紀元前四世紀頃から古墳時代の始まる紀元後三世紀の中頃までの五五〇年ぐらいの時代です。この時代に、食料などをめぐって争いが始まり、各地に「王」が支配する「国」と呼ばれる政治組織が成立してきます。

戦争の始まりは、弓矢で殺害された遺骨が残っていることから推定されています。弥生時代の集落を取り巻く環濠は、こうした戦いから集落を守るために掘られたものです。

また、中国の歴史書『漢書《かんじょ》』地理志によって、紀元前一世紀頃、「倭人」が百余国に分かれ、漢の支配地域である楽浪郡《らくろう》（現在の平壌《ピョンヤン》付近）に定期的に使いを送ったことがわかります。

『後漢書』東夷《とうい》伝によると、紀元五七年、倭の奴《な》という国の国王が後漢の光武帝《こうぶてい》に使いを送り、印綬《いんじゅ》を受けています。これが、九州北部の志賀島《しかのしま》で発見された「漢委（倭）奴国王」と彫られた金印だと考えられています。つまり、日本列島では、弥生時代に各地に政治的な統率者である王が生まれ、小さな国を形成していったのです。

水稲農耕の伝来ルート

このような社会の変化は、水稲農耕がもたらしたものでした。水稲耕作は、朝鮮半島からもたらされたものとされていましたが、最近の研究では違った評価がなされています。

まず稲の品種についてですが、植物遺伝学専攻の佐藤洋一郎《さとうよういちろう》氏は、日本の水田で栽培される稲の品種は「温帯ジャポニカ」で、中国の江南《こうなん》地方から日本に渡来してきたものだと推測されています（佐藤洋一郎『稲の日本史』角川選書、二〇〇二年）。

渡来ルートについては、稲の品種改良にあたった農学者池橋宏《いけはしひろし》氏が、揚子江《ようすこう》下流域から、山東半島をへて朝鮮半島南部、さらに北九州に渡来したと推測されています。

これは、偶然に伝来したわけではありません。水稲農耕の発達によって人口が増加し、それに押し出されるように他の地域に新天地を見いだす人々がいた、ということです。池橋氏の見立てでは、稲作渡来民の故郷は、揚子江下流域で栄えた呉や越の地方の人々だということです。特に古代の越人は船の使い手であり、山東半島方面に進出したのではないか、ということです（池橋宏『稲作渡来民』講談社選書メチエ、二〇〇八年）。

なお、つけ加えておくと、朝鮮半島とはいっても、韓族から水稲農耕が伝えられたわけではありません。朝鮮半島の北西部は畠作の雑穀地域で、乾燥地農業の方式でしたから、朝鮮半島北部から稲作が伝来することはありえないのです（池橋、前掲書）。

こうした科学的な知見に、歴史学的な考察をつけ加えると、興味深い史実が浮かび上がってきます。

池橋氏が考察していることですが、『魏志《ぎし》』の「韓伝」に「韓は帯方《たいほう》郡の南にあって、東西海を以《も》って限となし、南は倭と接す」という記述があり、これを素直に読めば、朝鮮半島の南部に「倭人」の住む国があったということになります。すなわち、揚子江下流域由来の水稲農耕を受け入れたのは、朝鮮半島南部や日本列島に住む倭人たちだったのです。

「日本人」はどこから来たか

日本列島から朝鮮半島南部にまで国を作っていた倭人が、現在の日本人の先祖であることはいうまでもありません。彼らは、どこから来たのでしょうか。

旧石器時代、まだ大陸と陸続きだった日本列島に、東アジアの大陸方面から人が渡ってきます。こうした人たちが混血融合し、数多くの世代を重ねることによって縄文時代の人々が形成されます。先史人類学・骨考古学専攻の片山一道《かたやまかずみち》氏は、これを逆説的に、「縄文人は日本列島で生まれ育った」と表現しています（片山一道『骨が語る日本人の歴史』ちくま新書、二〇一五年）。含蓄のある表現です。片山氏によれば、縄文時代の人口は、せいぜい二十万人ぐらいではないか、ということです。

人口が飛躍的に増加するのは、弥生時代です。渡来系の人々が日本列島に移住し、水稲農耕を行うことによって生産力が向上、人口増加の基礎的な条件になったのです。かつては、大量にやってきた渡来系の弥生人が縄文人を駆逐していったというような見方もあったのですが、片山氏はそれほど大量にやってきたわけではないと推定しています。たしかに北部九州や日本海沿岸には「渡来系弥生人」が多く生活していましたが、これは偏在していたのであって、その他の地域では縄文系「弥生人」が主流であったのです。

縄文人と弥生人の形質の違いに注目し、弥生人を渡来人系の存在だとする考えもあります。しかし片山氏は、そのような二分法には弊害が大きいとし、「はたして『弥生人』もまた、日本列島で生まれたのだ。あるいは、基本的には縄文人をベースに変容してきたのだ」とされています。これも納得できる説です。

こうして生まれた「弥生人」が「倭人」であって、現在の日本人のルーツをなすことになるのです。

2　邪馬台国から倭の五王へ

邪馬台国はヤマト政権の源流か

小国を形成していた倭人の間で、二世紀の終わり頃に大きな戦乱が起こります。そこで諸国は、邪馬台国の女王卑弥呼を王に立てます。卑弥呼は、二三九年、魏の皇帝に使いを送り、「親魏倭王」の称号と金印、多数の銅鏡を下賜《かし》されました。

これを書いているのが、三世紀に編纂《へんさん》された『三国志』の中の『魏書』の東夷伝の中の倭人伝、いわゆる「魏志倭人伝」です。

その記述をめぐって、邪馬台国が九州にあったのか、近畿地方にあったのかという論争が行われていて、いまだ決着がついていません。

しかし、平成二十一年（二〇〇九）の発掘調査で日本初の大型建物群の遺構が見つかった奈良県桜井市の纒向《まきむく》遺跡が、邪馬台国だったのではないか、と考えられるようになりました。

纒向遺跡の近くには、箸墓《はしはか》古墳という初期の前方後円墳もあります。周囲から出土した土器を較正炭素年代法によって測定すると、二四〇年から二六〇年という結果が出ています。ちょうど卑弥呼が死んだ頃の古墳で、卑弥呼が死んだあと、大きな墓が作られたという「魏志倭人伝」の記述とも合致します。

邪馬台は「ヤマタイ」と読まれていますが、本来の読みは「ヤマト」だったと考えられます（吉村武彦『ヤマト王権』岩波新書、二〇一〇年）。また、「魏志倭人伝」を素直に読めば、邪馬台国は九州以外にあったと想定されますので、この国をヤマト政権の源流だとするのは魅力的な考えです。そうだとすれば、日本では、三世紀中頃、畿内を中心とした連合国家が成立したということができます。

しかし、一方で、「魏志倭人伝」や『日本書紀』の厳密な史料批判から、卑弥呼の王権がどの程度のものかはわからず、また三世紀に「大和朝廷」は存在しないので、邪馬台国との関係を云々《うんぬん》すること自体が無意味だという説もあります（岡田英弘『岡田英弘著作集Ⅲ　日本とは何か』藤原書店、二〇一四年）。

二四七年頃、卑弥呼が没すると再び倭国は戦乱の時代となり、卑弥呼の親族の台与《とよ》を女王に立て、安定を取り戻します。その後、邪馬台国は歴史の闇の中に消え、倭国は中国の史書に記述のない「なぞの四世紀」に入ります。

古墳の意味

弥生時代の後期には、すでに古墳（大きな墳丘をもつ墓）があります。これは、古墳を築造して葬られるような有力首長が出現したことを示しています。そして、三世紀中頃以降、前方後円墳が西日本を中心に築造されるようになります。

前方後円墳のうちで最も巨大なものは、かつて仁徳《にんとく》天皇陵とされていた大仙陵《だいせんりょう》古墳で、二番目に大きいのはかつて応神《おうじん》天皇陵とされていた誉田御廟山《こんだごびょうやま》古墳です。どちらも大阪府にありますが、五世紀のヤマト政権の大王の墓と考えられています。

この頃には、群馬県、岡山県、宮崎県などにも巨大な前方後円墳が築造されるようになります。これらは、その地域の豪族の墓ですが、畿内と同じ形の墓を作るということから、ヤマト政権の有力な構成員だったと考えられています。

四世紀末には、倭国が南下策をとる高句麗《こうくり》と戦ったことが、高句麗の好太王《こうたいおう》碑でわかります。この碑は、現在は中国吉林《きつりん》省集安《しゅうあん》市にあります。

当時、朝鮮半島南部には、「加耶《かや》」と呼ばれる小国連合がありました。『日本書紀』で「任《みま》那《な》」と呼ぶ諸国です。これらの小国は、倭人の国だったと推測されています。

碑文には、倭人が「辛卯《しんぼう》の年（三九一年）から海を渡って百残（百済《くだら》）を破り、新羅《しらぎ》を□□し、臣民とした」と書かれています。□□の部分は判読できないのですが、新羅まで服属させたと推測できます。倭国は、四世紀末の仁徳天皇の時代、朝鮮半島に進出していたのです。こうした国力の充実から、五世紀には巨大な前方後円墳が築造されることになったのでしょう。

ちなみに、朝鮮半島西南端の栄山江《えいさんこう》地域に、十数基の前方後円墳があります。これらは五～六世紀のもので、日本の前方後円墳のほうが古くから出現しています。この事実も、この時期、ヤマト政権に服属する倭人勢力がこの地域にいたことを示すものです（室谷克実『日韓がタブーにする半島の歴史』新潮新書、二〇一〇年）。

倭の五王

五世紀の倭国の王は、中国の南朝に朝貢するようになります。『宋書《そうじょ》』倭国伝には、朝貢した讃《さん》・珍《ちん》・済《せい》・興《こう》・武《ぶ》という五人の王の名が記されています。これを「倭の五王」といいます。

五王は、『日本書紀』に書かれる天皇をあてると、讃が履中《りちゅう》、珍が反正《はんぜい》、済が允恭《いんぎょう》、興が安康《あんこう》、武が雄略《ゆうりゃく》だと考えられます。ただ、讃と珍については別の説もあります。特に武は、埼玉県行田《ぎょうだ》市の稲荷山《いなりやま》古墳と熊本県玉名《たまな》郡の江田船山《えたふなやま》古墳から出土した鉄剣、鉄刀の銘文にともにその名が記されており、北関東から九州の熊本までを支配下に置いていたことがわかりました。稲荷山古墳の鉄剣に記された年代は「辛亥《しんがい》の年」で、四七一年と推定されます。

武が宋の順帝《じゅんてい》に提出した上表文には、「自分の先祖は地方に遠征し、東は毛人の国五十五カ国を、西は衆夷六十六カ国を征服し、海を渡って海北九十五カ国を平定しました」と書かれています。これは、好太王碑の碑文に書かれた史実を指していると考えられます。

ヤマト政権初期の政治組織

ヤマト政権は、豪族を血縁などで構成された「氏《うじ》」という組織に編成し、氏単位でそれぞれの職務を行わせたとされています。そして彼ら豪族は、大王から「姓《かばね》」を与えられて、秩序づけられていました。

姓は、中央の有力豪族に「臣《おみ》」と「連《むらじ》」、地方豪族で有力な者に「君《きみ》」、それ以外の者に「直《あたい》」が与えられました。

臣は、葛城《かつらぎ》氏、平群《へぐり》氏、蘇我《そが》氏など、連は、大伴《おおとも》氏、物部《もののべ》氏らで、特に有力な氏の長（氏上《うじのかみ》）を大臣《おおおみ》、大連《おおむらじ》に任じて、政治や軍事を担当させました。

政権担当者である大臣や大連の下には、「伴造《とものみやつこ》」があって、伴や部《べ》という集団を率いて、軍事・財政・祭祀《さいし》・外交を分担しました。ヤマト政権の政治組織は、このように豪族ごとに職務を分担させるものでした。地方豪族は、国造《くにのみやつこ》に任ぜられてその地域の支配権を保証され、朝廷に特産物を献じ、軍事行動にも動員されました。また、子女を舎人《とねり》や采女《うねめ》として朝廷に出仕させました。

雄略天皇のあとは子の清寧《せいねい》天皇が継ぎますが、跡継ぎがいません。播磨《はりま》から履中天皇の子孫とされる兄弟が発見され、弟が即位して顕宗《けんぞう》天皇となり、次いで兄が即位して仁賢《にんけん》天皇となります。しかし、仁賢の子・武烈《ぶれつ》天皇にも跡継ぎができませんでした。そこで、大伴金村《おおとものかなむら》大連が、物部麁鹿火《あらかい》大連と相談して、応神天皇の「五世孫」である男大迹《おおど》王を越の三国《こしのみくに》（福井県三国町）から迎えます。これが継体天皇です。

ただし応神天皇は、『日本書紀』に御陵の記載がないことなどから実在が疑われており（岡田英弘、前掲書）、その「五世孫」とされる継体天皇は、別の王家の出身だったとも考えられます。すなわち「仁徳」から続いた王朝（河内王朝）は、ここで断絶したわけです。

そのため継体は、仁賢天皇の娘手白香皇女《たしらかのひめみこ》を娶《めと》り、正統な王としての資格を手に入れます。そして、その間に生まれた子が異母兄の安閑《あんかん》・宣化《せんか》の両天皇のあとに即位して欽明《きんめい》天皇になるので、大王家の血筋は女系で伝えられたということができます。欽明天皇以後、大王家は世襲王権として確立していくことになります。

まず流れをつかむ！

第二章　飛鳥の朝廷と平城京

――飛鳥・奈良時代

六世紀末、飛鳥《あすか》の地に天皇の王宮が造られたことから、その頃から平城京に遷都する八世紀初めまでを飛鳥時代といいます。六世紀半ば、欽明《きんめい》天皇の時代に、仏教が伝来します。ヤマト政権は、仏教の受容をめぐって争いますが、仏教を積極的に受け入れようとする蘇《そ》我《が》氏が勝利します。

推古《すいこ》天皇の摂政となった厩戸王《うまやどのおう》（聖徳太子《しょうとくたいし》）は、仏教に深く帰依し、また蘇《そ》我馬子《がのうまこ》の支持のもと、冠位十二階や憲法十七条を制定するなど倭《わ》国の文明化を推進します。

厩戸王の死後、蘇我氏の力が強大になります。これを排除して天皇中心の国家を作ろうとしたのが中大兄皇子《なかのおおえのおうじ》（天智《てんじ》天皇）です。中大兄は、中臣《なかとみの》（藤原《ふじわら》）鎌足《かまたり》の援助を得て、蘇《そ》我入鹿《がのいるか》を殺害し、大化《たいか》の改新を始めます。この改革では、公地公民の原則が打ち立てられます。天智天皇の死後、壬申《じんしん》の乱が起こり、天智の弟、大海人皇子《おおあまのおうじ》が天智の子大友皇子《おおとものおうじ》を滅ぼして天武《てんむ》天皇になります。天武の時代、倭国は「日本」の国号を使うようになります。大宝《たいほう》元年（七〇一）、大宝律令が完成します。これによって、国の行政組織が法律にもとづいて運営されることになります。都も、天武のあとを継いだ皇后の持統《じとう》天皇が藤原京に遷都し、和銅《わどう》三年（七一〇）、元明《げんめい》天皇の時代に平城京に遷都します。ここからが奈良時代です。

奈良時代は、律令国家が完成する時代です。仏教が広く信仰されるようになり、聖武《しょうむ》天皇は、全国に国分寺・国分尼寺を造り、奈良には巨大な盧舎那仏《るしゃなぶつ》（大仏）を建立します。その一方で、奈良時代は、飛鳥時代と同じく数々の政変があります。

文化史の区分では、この時代を三分割しています。七世紀前半の仏教中心の文化は飛鳥文化で、その代表的な建造物が厩戸王が創建した法隆寺《ほうりゅうじ》です。七世紀後半から八世紀初頭、天武・持統の両天皇の時代を中心とした文化は、白鳳《はくほう》文化です。この時代も仏教中心の文化なのですが、遣唐使によって伝えられた唐初期の文化の影響を受けています。

そして、八世紀、平城京の時代の文化を天平《てんぴょう》文化といいます。律令国家の完成によって朝廷・貴族は豊かになり、またさかんに遣唐使が派遣されます。唐から鑑真《がんじん》が渡来して仏教の戒律を伝えたのもこの時代です。このため天平文化は、唐の文化の影響を強く受けた国際色豊かなものになっています。

1　飛鳥の朝廷

朝鮮半島の情勢と仏教公伝

朝鮮半島南部までを勢力下に置いていたヤマト政権ですが、国内における皇位継承の混乱などによって、半島における倭国の勢力は後退していきます。六世紀初めに政治を主導した大《おお》連《むらじ》・大伴金村《おおとものかなむら》が失脚するのは、百済《くだら》が加耶《かや》西部地域（『日本書紀』では「任那《みまな》四県」）の割譲を要請し、それを容認したため、とされています。

失政というよりは、加耶西部地域を維持する力がなくなっていたのでしょう。

六世紀中頃、朝鮮半島北部の高句麗《こうくり》に政変が起こり、それを好機として漢城《かんじょう》を奪回した百済でしたが、新羅《しらぎ》の攻撃を受け、次第に劣勢になります。

百済は、何度も日本に救援要請を行い、その見返りとして専門的な知識を持った博士や書物、薬物などを送ってきます。仏教や仏像も、こうした情勢の中で伝わったものです（吉村武彦『ヤマト王権』岩波新書、二〇一〇年）。

五六二年、加耶地域が新羅に併呑《へいどん》されます。倭国の半島における足がかりは消滅しました。

『日本書紀』には、「新羅が任那の官家《ミヤケ》を討ち滅ぼした」と記されています。「官家」はヤマト朝廷の直轄地のことで、当時はそのように認識されていたことを示しています。

仏教が伝わったのは、史料によって年代が違い、五三八年説と五五二年説があります。これはどちらに解釈しても、それほど問題はありません。大臣《おおおみ》の蘇我稲目《そがのいなめ》は、仏教の受け入れを積極的に主張しましたが、大連の物部尾輿《もののべのおこし》らは「わが国の王が蕃神《ばんしん》を礼拝すると、国神の怒りを受けるでしょう」と反対しました。欽明《きんめい》天皇は、蘇我稲目に、個人的に仏教を信仰することを許しました。

このため、蘇我氏と物部氏は対立し、子どもの蘇我馬子と物部守屋《もりや》の代まで抗争を繰り返します。五八七年、馬子は、この抗争に最終的に勝利しました。馬子の軍の中には、まだ少年の厩戸王もいました。

外国の神の信仰を拒否する物部尾輿の議論も理解できますが、仏教を受容することによって、日本の文化水準は大きく向上することになります。飛鳥文化の象徴である飛鳥寺《あすかでら》などの大寺院が建立され、普遍的な教義を持つ仏教は文明化をもたらし、未開で呪術《じゅじゅつ》的な日本の社会を変革していくことになったのです。

厩戸王の政治

飛鳥時代といえば、厩戸王（聖徳太子）が制定したとされる冠位十二階と憲法十七条が重要事項として教科書に出てきます。厩戸王は、奈良時代に神格化され、「聖徳太子」と呼ばれるようになります。なぜ、これがそれほど重要なのでしょうか。

冠位十二階は、朝廷に仕える個人に与えることによって、氏族が職務を請け負う体制を朝廷中心の官僚組織に変革しようとしたものだとされています。憲法十七条も、国の体制を定める現在の「憲法」とは違い、官僚の服務規程のような内容です。両者があいまって、天皇中心の新しい中央集権国家の形成がはかられたのです。

こうした制度改革を行った原因として、六〇〇年に派遣された第一回遣隋使《けんずいし》の経験がありま す。これは、『日本書紀』には記されておらず、『隋書』にのみ記されたものです。

倭国に関心を示した隋の高祖文帝《ぶんてい》は、風俗習慣を尋ねさせます。使者は、「倭王は、天を兄とし、日を弟としています。天がまだ明けないうちに王宮に出てきて座り、政治を執ります。日が昇ってくると、あとは弟に任せるといって政治を執ることをやめます」と答えました。あきれた文帝は、「これ大いに義理なし（まったく理屈に合わない）」と言い、政治の執り方を教えるよう命じました。

天や日と兄弟だといえば、隋の皇帝も驚くだろうと考えたのかもしれませんが、長い統治の歴史を持つ中国の皇帝から見れば、未開の国の王のたわ言としか思えなかったのでしょう（熊谷公男『日本の歴史03大王から天皇へ』講談社、二〇〇一年）。

冠位十二階の制定が六〇三年、憲法十七条の制定がその翌年ですから、仏教を厚く信仰する国際的な教養人である厩戸王が、なんとか倭国を「文明化」しなければならない、と考えた理由がよくわかります。

もっとも、こうした制度改革は、厩戸王が単独で行ったものではなく、蘇我馬子との共同作業だとされています。蘇我氏も国際派ですから、おそらくそうだったのだと思います。

そして六〇七年、第二回の遣隋使が派遣されます。そのときの国書が、有名な「日出づる処の天子、書を日没する処の天子に致す。恙《つつが》なきや」で始まる「対等外交」を意図したものです。しかし、これを見た隋の皇帝煬帝《ようだい》は、「蛮夷《ばんい》の書は無礼である。今後、取り次ぐな」と激怒したといいます。中国と対等に国交を結ぼうとするなど、煬帝にとっては論外のことだったのです。ただし、このとき、隋は高句麗遠征を控えていました。倭国を敵に回すことは得策ではないと考え直した煬帝は、回答の使者を送ることにします。

こうした事例を見ると、当時の倭国の力が、中国には到底及ばないものだったことがわかります。遣隋使の小野妹子《おののいもこ》に随行した高向玄理《たかむこのくろまろ》、南淵請安《みなぶちのしょうあん》、旻《みん》らの留学生・学問僧は、中国に長期間滞在し、中国の制度や思想、文化などを学んで日本に帰り、日本の政治や社会に大きな影響を与えました。

乙巳の変

厩戸王は、推古天皇の摂政だったとされています。「摂政」という職はなかったかもしれませんが、推古を補佐して政治を行っていたことはたしかです。そうした経験を積んで、推古の次の天皇になることが期待されていたのでしょう。

ところが、厩戸王は、推古に先だって没してしまいます。そして、推古も崩御します。次の天皇には敏達《びだつ》天皇の孫・田村《たむら》皇子が擁立され、舒明《じよめい》天皇になります。しかし、厩戸王の子・山《やま》背大兄王《しろのおおえのおう》も有力な天皇候補でした。舒明天皇が崩御すると、皇后の宝《たから》皇女が即位して皇極《こうぎよく》天皇になります。女帝が立った理由は、皇位継承者が容易には決まらなかったからでしょう。ちなみに皇子は「みこ」、皇女は「ひめみこ」と読みますが、「おうじ」「おうじょ・こうじょ」と読むこともあります。

皇極の時代、蘇我入鹿が山背大兄王を攻め滅ぼします。入鹿の単独犯行だとされていますが、実際には天皇家の主流派の支持があったものと思われます。

入鹿の考えは、舒明の妃《きさき》で叔母《おば》の法提郎媛《ほてのいらつめ》（馬子の娘）が産んだ古人大兄《ふるひとのおおえ》皇子を次の天皇にすることだったのでしょう。しかし、そうなると、皇極天皇の産んだ中大兄皇子に皇位がめぐ

◎婚姻関係で結ばれる天皇家と蘇我氏の関係図

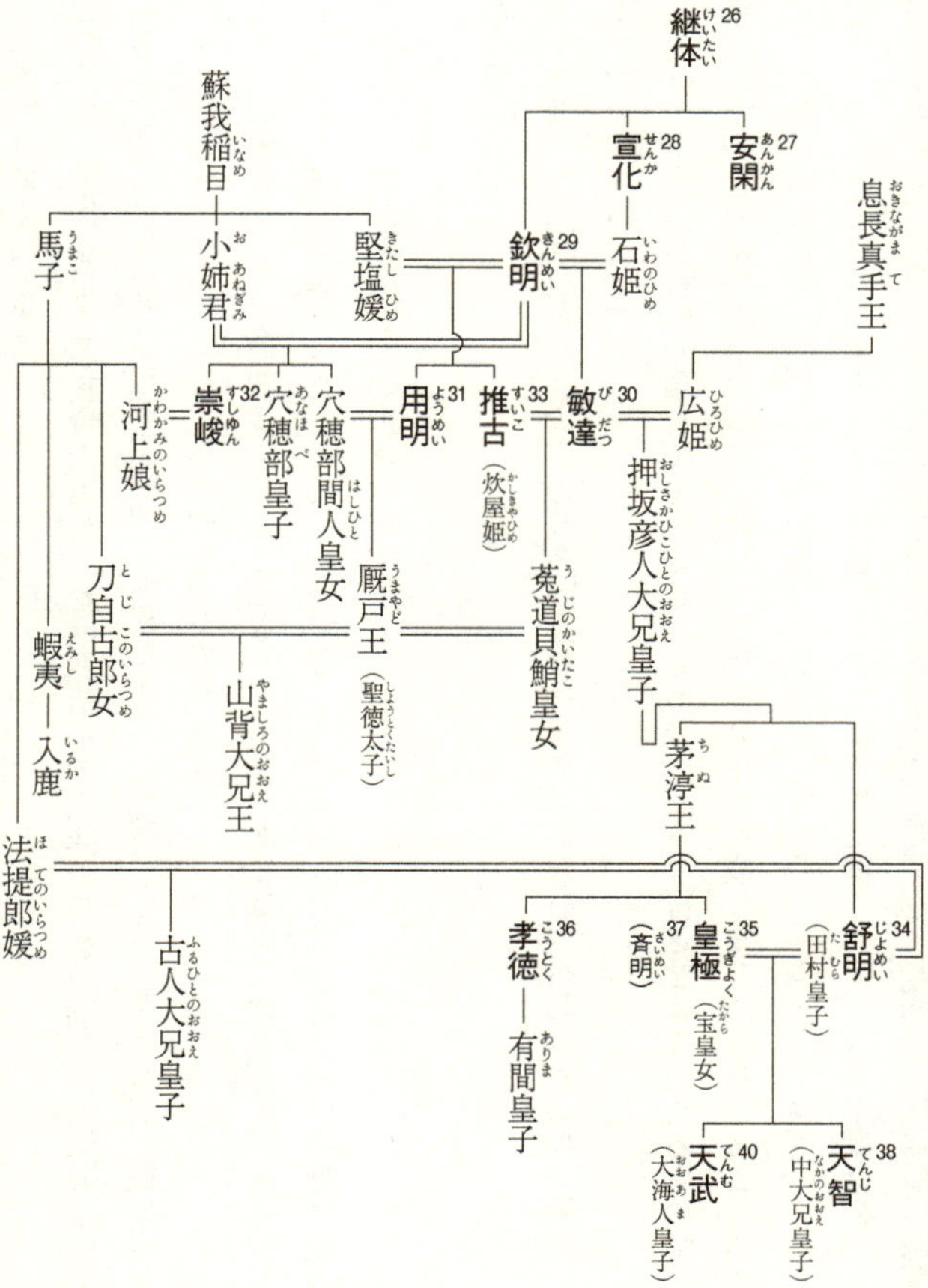

※太字は天皇、名前右上の数字は即位の順。

ってくる可能性は低くなります。

中大兄皇子は、中臣鎌足《なかとみのかまたり》や蘇我倉山田石川麻呂《そがのくらやまだのいしかわのまろ》と結んで入鹿暗殺を計画し、六四五年（大化元年）、儀式に出席した入鹿を皇極の眼前で斬殺《ざんさつ》します。皇極は、これを咎《とが》めず、奥に退きます。これを乙巳《いっし》の変といい、中大兄皇子が権力を握ります。

もっとも、中大兄は、すぐに即位することはなく、皇極のあとは叔父《おじ》の孝徳《こうとく》天皇が即位します。孝徳は、中大兄の傀儡《かいらい》だったと考えていいでしょう。古人大兄は、自発的に吉野に退いたにもかかわらず、謀叛《むほん》の嫌疑で処刑されます。

大化の改新

中大兄が推進した国家改革を「大化の改新」といいます。ただし、行われたのは、難波《なにわ》に都を置いた孝徳天皇の時代です。

この改革は、豪族の私有地や私有民を廃止し、公地公民制へ移行させようとするものです。そのため、全国的な戸籍や田地の調査を命じ、戸籍や計帳を作成しました。そしてこれらの帳簿によって、班田収授法《はんでんしゅうじゅのほう》（口分田《くぶんでん》を与え、徴税する制度）が行われることになります。

六五三年、孝徳と対立した中大兄は、皇極らとともに飛鳥に移ります。翌年孝徳は死去し、皇極が重祚《ちょうそ》（再び即位すること）して斉明《さいめい》天皇になります。孝徳の子有間《ありま》皇子は謀叛の嫌疑で殺害されました。政権をめぐる抗争や国家改革の背景には、国際情勢の変化がありました。六一八年に隋が滅んで唐がおこり、強大な帝国を築きます。唐と新羅は連合して、六六〇年に百済を滅ぼし、高句麗《こうくり》を圧迫します。こうした国際情勢の中では、倭国も権力集中を進めて軍事強国になる必要がありました。

中大兄は、母の斉明天皇とともに、旧百済勢力を支援するために朝鮮半島に大軍を派遣します。しかし、六六三年、白村江《はくすきのえ》の戦いで唐と新羅の連合軍に大敗しました。六六八年には高句麗が滅び、六七六年には新羅が朝鮮半島を統一します。

中大兄は、九州に大野城や長大な防御堤である水城《みずき》を築いて、唐の侵攻に備えます。六六七年には近江《おうみ》大津宮に朝廷を移し、翌年、即位して天智天皇になります。

壬申の乱

六七一年九月、天智天皇は病を得ました。十月中旬、死期を悟った天智は、弟の大海人皇子を大津宮に召し、後事を託しました。もともと大海人は「皇太弟」とされていたとされます。しかし、天智は、采女《うねめ》（地方豪族出身の女性）との間に生まれた二十四歳の大友皇子を政権の首班に据えていました。天智の本心は、息子の大友にあとを継がせることだったでしょう。

蘇我入鹿を始めとして、古人大兄皇子、蘇我倉山田石川麻呂、有間皇子と、ことごとく政敵を死に追いやった兄の言葉です。ここでそれを了承すると、謀叛の嫌疑をかけられるかもしれません。警戒した大海人は、出家したいと申し出、吉野に隠栖《いんせい》しました。

こうして大友は、天智の後継者の地位に立ちました。その頃、新羅が唐に背き、唐が軍事援助を要請してきていました。大友を中心とする近江朝廷は、諸国に徴兵命令を下しました。

大海人は、これを自分に対する攻撃だとして、吉野宮を出て挙兵し、美濃国《みの》の野上（現在の岐阜県関ヶ原町）を本営としました。近江朝廷は、すぐに美濃に反乱鎮圧の軍勢を派遣しますが、不破関《ふわのせき》を封鎖していた大海人は、伊勢《いせ》・美濃・尾張《おわり》の軍勢を味方につけ、東国にも呼びかけて近江朝廷と正面から激突しました。

六七二年六月二十九日に始まった戦いは、次第に大海人軍が優勢となり、七月二十二日には瀬田橋を突破しました。近江朝廷は瓦解《がかい》し、大友は自害しました。勝利した大海人は、飛鳥浄御原宮《きよみはらのみや》で即位して天武天皇となります。

壬申の乱は、古代史最大の内戦です。

『日本書紀』に従って描くと、大海人の挙兵は自衛のためのものということになります。しかし、天智はともかく、大友が大海人を攻め滅ぼそうとしたわけではないようです。

本来、大海人は、甥《おい》の大友を補佐して、近江朝廷を守る立場にありました。それにもかかわらず、大友を見捨てて吉野に退き、そこで挙兵の計画を練ったとも考えられます。そして、近江朝廷が唐・新羅戦争への対応に追われる中、美濃を本拠として反乱を企て、東国の兵を味方につけて勝利した（倉本一宏『戦争の日本史2　壬申の乱』吉川弘文館、二〇〇七年）ということであれば、これは正統な王権に対する反逆だったと見ることもできます。

天武の死後、天武の皇后・鸕野讃良皇女《うののさらら》は、持統天皇となり、息子・草壁皇子《くさかべ》のライバルである大津皇子《おおつ》を死に追いやっています。こうした行動を見るとき、簡単には天武の行動を正当化するわけにはいきません。水戸藩主徳川光圀《とくがわみつくに》が編纂《へんさん》を命じた『大日本史』では、こうした見方から大友皇子を即位していたとみなして「大友天皇紀」を設け（「紀」は天皇の伝記）、明治天皇は「弘文天皇《こうぶん》」の諡号《しごう》を贈っています。

確実なことは、有力貴族だった近江朝廷の群臣たちがみな没落し、天武の権力が「神」と称《たた》えられるほど強力になったことです。この天武とその後継者によって、律令国家が形成されることになります。

2　律令国家の成立

奈良時代の政治史

奈良時代の初め、藤原鎌足の子、不比等《ふひと》が政治の中心にありました。不比等の娘、宮子《きゅうし》は文《もん》武《む》天皇の妃《ひ》となり、首《おびと》皇子を産みます。

不比等が養老四年（七二〇）に没すると、皇族の長屋王《ながやおう》が右大臣になり、政治を主導します。長屋王は、壬申の乱で活躍した高市《たけち》皇子の子で、天武天皇の孫にあたります。

一方、藤原氏は、不比等が没したあと、その子どもである武智麻呂《むちまろ》・房前《ふささき》・宇合《うまかい》・麻呂《まろ》の四兄弟が次々と昇進して太政官《だいじょうかん》に加わります。また、不比等の娘、光明子《こうみょうし》は、首皇子の妃となります。首皇子は、神亀《じんき》元年（七二四）、聖武天皇になります。

文武天皇の遺児である聖武天皇の即位は、元明・元正《げんしょう》が女帝に立ったことでわかるように、天皇家の念願がかなったものでした。しかし、聖武天皇には、大きな弱みがありました。一つは、七世紀初めからの天皇の母はほとんど皇族出身者だったのに対し、母が藤原不比等の娘宮子であったことです。しかし、これだけなら、すでに即位したのですから問題はないのですが、妃も不比等の娘、光明子でした。

光明子に皇子が誕生すれば、藤原氏の力でどうにかしのげる可能性がありました。そして神亀四年（七二七）閏《うるう》九月、待望の皇子が生まれました。聖武は、生後三十三日目には、この基《もとい》皇子を皇太子にします。自らの皇統を続けていくという意思の表明でした。

ところが基皇子は、翌年九月、夭逝《ようせい》します。しかし、夫人《ぶにん》（皇后、妃に次ぐ妻）の県犬養広刀自《あがたのいぬかいのひろとじ》との間には、この年、安積《あさか》皇子が生まれます。しかし、基皇子ならともかく、安積が皇太子になることは、藤原四兄弟としては容認できません。そこで、藤原氏の地位を安定させるため、光明子を皇后に立てました。臣下から皇后が立ったのは、もちろん初めてのことでした。

左大臣に昇進して名実ともに政界のトップに立っていた長屋王は、こうした藤原氏の動きをにがにがしく思っていたでしょう。しかし、裏に藤原四兄弟がいるにせよ、光明子を皇后に立てたのは天皇の聖武です。何もできません。

長屋王には、妻の吉備内親王《きびないしんのう》（草壁皇女）との間に四人の子がいました。光明子が皇后に立ったとはいえ、このままでは、長屋王の子に皇位が回っていく可能性がありました。こうした長屋王の優位は、藤原四兄弟、ひいては聖武の脅威でもあります。

そこで藤原四兄弟は、おそらくは聖武の同意を得て、長屋王が謀叛を企てているとして、長屋王の屋敷を包囲します。五衛府《ごえふ》の兵を指揮したのは、藤原宇合でした。長屋王は、吉備内親王とその間に生まれた男子たちとともに自害します。これが「長屋王の変」です。これが冤罪《えんざい》だったことは明らかでしょう。

こうして藤原四兄弟は、ライバルを倒して権力の座につきますが、当時流行していた天然痘《てんねんとう》で相次いで没します。

次に政権を担当したのは、皇族の橘諸兄《たちばなのもろえ》でした。諸兄は、右大臣、次いで左大臣として政治の中心となります。この時代は、遣唐使から帰ってきた吉備真備《きびのまきび》や玄昉《げんぼう》が活躍します。

天平感宝元年（七四九）、聖武天皇は譲位し、娘の阿倍《あべ》内親王が即位して孝謙《こうけん》天皇になります。孝謙は、武智麻呂の子、仲麻呂《なかまろ》を信任します。聖武と県犬養広刀自との子、安積親王は、天平十六年（七四四）になぞの死をとげており、これは仲麻呂の謀殺だったという説もあります（坂上康俊『平城京の時代』岩波新書、二〇一一年）。

仲麻呂は、舎人《とねり》親王の子を天皇に擁立して淳仁《じゅんにん》天皇とします。これは、孝謙天皇も認めていたことでした。この功績で、仲麻呂は、恵美押勝《えみのおしかつ》という名前を賜ります。これに不満を持ったのが橘諸兄の子、奈良麻呂《ならまろ》で、乱を計画しますが、露顕して鎮圧されます。これが「橘奈良麻呂の変」です。

仲麻呂は、太政大臣にまで任ぜられますが、保護者であった光明皇太后が没すると、立場が危うくなります。焦った仲麻呂は、挙兵しようとしますが、孝謙太上天皇の行動のほうが早く、

◎婚姻関係で結ばれる天皇家と藤原氏の関係図

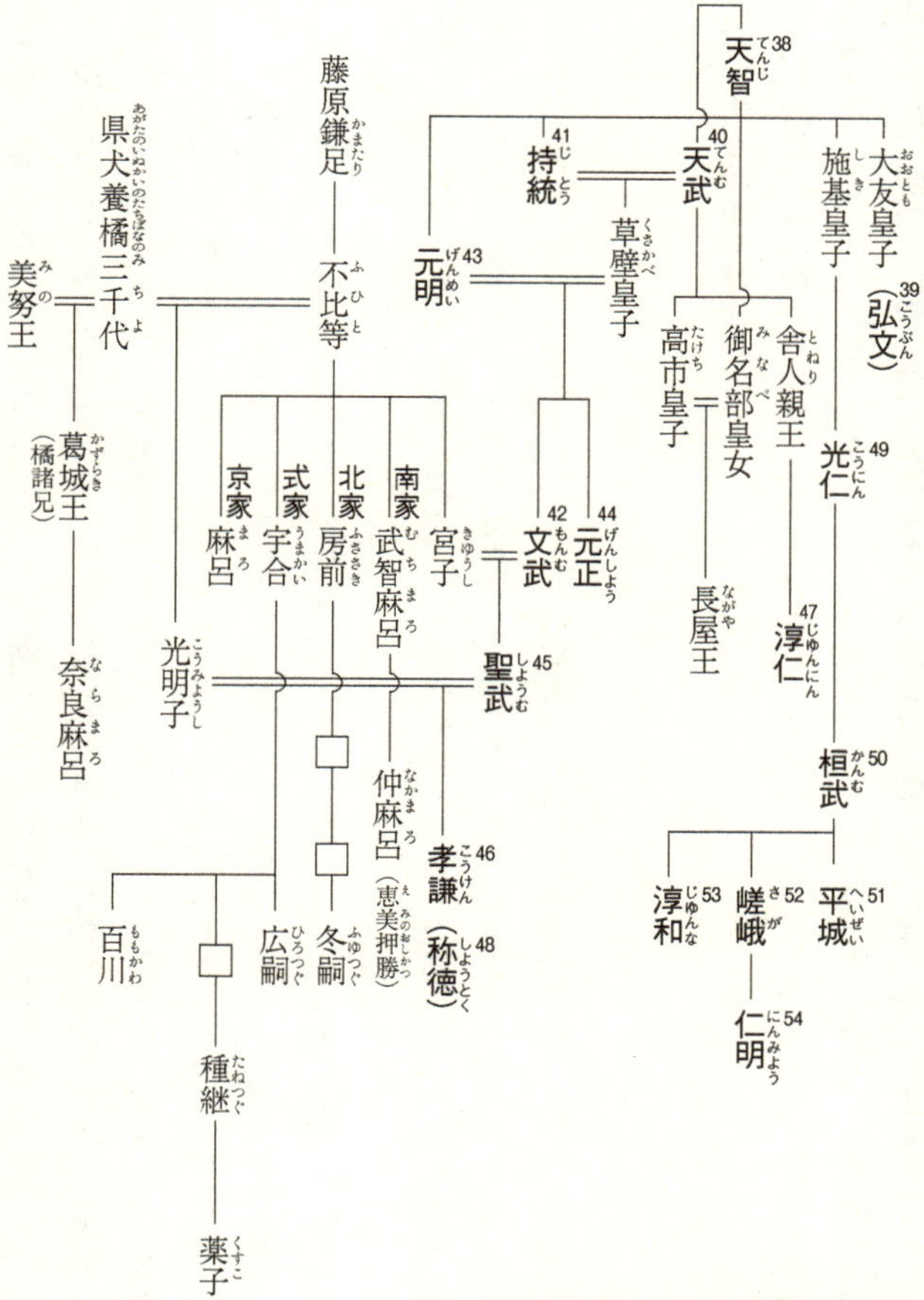

※太字は天皇、名前右上の数字は即位の順。

越前《えちぜん》をめざして逃走する仲麻呂を追い詰め、琵琶《びわ》湖湖岸で斬殺します（恵美押勝の乱）。

孝謙は、淳仁を廃して再び皇位につき、称徳《しょうとく》天皇になります。称徳は、病気のとき、看病にあたった僧侶《そうりょ》の道鏡《どうきょう》を取り立て、法王にまでします。そして、たまたま宇佐八幡宮《うさはちまんぐう》から、道鏡を天皇にせよという神託があったという報告がありました。称徳は、和気清麻呂《わけのきよまろ》を派遣してその真偽をたしかめさせますが、清麻呂はそれが偽りであったと復命します。激怒した称徳は、清麻呂に「別部穢麻呂《わけべのきたなまろ》」の名を与えて大隅《おおすみ》国に流罪としますが、道鏡の即位は実現しませんでした。

『続日本紀《しょくにほんぎ》』によれば、称徳は臨終の床で、同じ聖武の娘である井上《いのえ》内親王の夫、白壁《しらかべ》王（のちの光仁《こうにん》天皇）を皇位に就けることを容認する「遺宣《いせん》」を残しています。二人の間には、他戸《おさべ》親王という子があり、他戸を皇太子とすることで女系で聖武の皇統を続けることにかけたのでしょう。

皇位の不安定が政争を呼んだ

奈良時代の政治史は、政争の歴史です。わずか八十年ほどの間に、長屋王の変、橘奈良麻呂の変、恵美押勝の乱、淳仁天皇の廃位と、大きな政変や反乱が四回あり、ほかにも宇合の子で大宰少弐《だざいのしょうに》だった広嗣《ひろつぐ》が、吉備真備らの排斥を求めた藤原広嗣の乱が起こっています。

八十年ほどしかない奈良時代に、なぜこんなに政変や反乱が起こったかといえば、皇位が不安定だったからです。律令の規定による人民の動員により、東大寺《とうだいじ》の盧舎那仏（大仏）建立を行うなど、国力は決して弱体ではなかったのです。

天武天皇以降の天皇を列挙すれば、持統、文武、元明、元正、聖武、孝謙、淳仁、称徳（孝謙の重祚）となります。このうち、持統、元明、元正、孝謙（称徳）の四人が女帝です。

本来、天武のあとは、天武と持統の子である草壁皇子が継ぐはずでした。しかし、若くして没したため、草壁の子、珂瑠《かる》皇子に皇位を継がせるため、中継ぎとして持統が即位しました。こうして、珂瑠が即位して文武天皇となりますが、文武も若くして没します。

今度は、文武の子、首皇子が成長して皇位を継ぐことができるよう、文武の母と姉である元明、元正が即位します。

幸い、首皇子は成長して聖武天皇になります。聖武に皇子ができればよかったのですが、藤原不比等の娘である光明子との間にできた基皇子は夭逝しました。このため、皇女である孝謙が即位します。しかし、女帝は結婚が認められておらず、跡継ぎが望めません。即位しても僧であるため一代限りの天皇となる道鏡に称徳が皇位を譲ろうとしたのは、聖武の血を引く他戸への中継ぎとしてだったという説（河内祥輔《こうちしょうすけ》『古代政治史における天皇制の論理』吉川弘文館、一九八六年）が妥当だと思います。

このように、奈良時代は、天武と持統の血を引く者に皇位を継がせるための苦難の歴史だったのです。このため、皮肉にも大勢いた天武の子どもや子孫は、ほとんど根絶やしになってしまいました。

律令国家の行政組織

奈良時代は、「律令国家」が完成した時代です。「律令」という法律にもとづいて国家制度が作られているからです。「律」は刑法、「令」は行政組織や税法などの規定です。

「律令」は、唐から導入されたものです。各氏族が大王家を支えるというこれまでの「氏姓制度」から、法律によって国家を運営し、天皇を支えることになったのです。これは大きな歴史の進歩であり、そのため「律令国家」という言い方もされるわけです。

律令は唐から導入されたとはいえ、唐の律令そのままではなく、日本の実情に合うように改定されています。そして、運用においても柔軟に対応し、次第に日本独自の政治制度になっていきました。従来は、それを「律令国家」の崩壊といった消極的な位置づけをしていましたが、現在ではその変化を積極的にとらえています。

天智天皇は「近江令」を制定したとされ、天武天皇は「飛鳥浄御原令」を制定・施行しています。まず、政治制度である「令」が先行して制定されました。そして、大宝元年（七〇一）、

◎律令制のしくみ

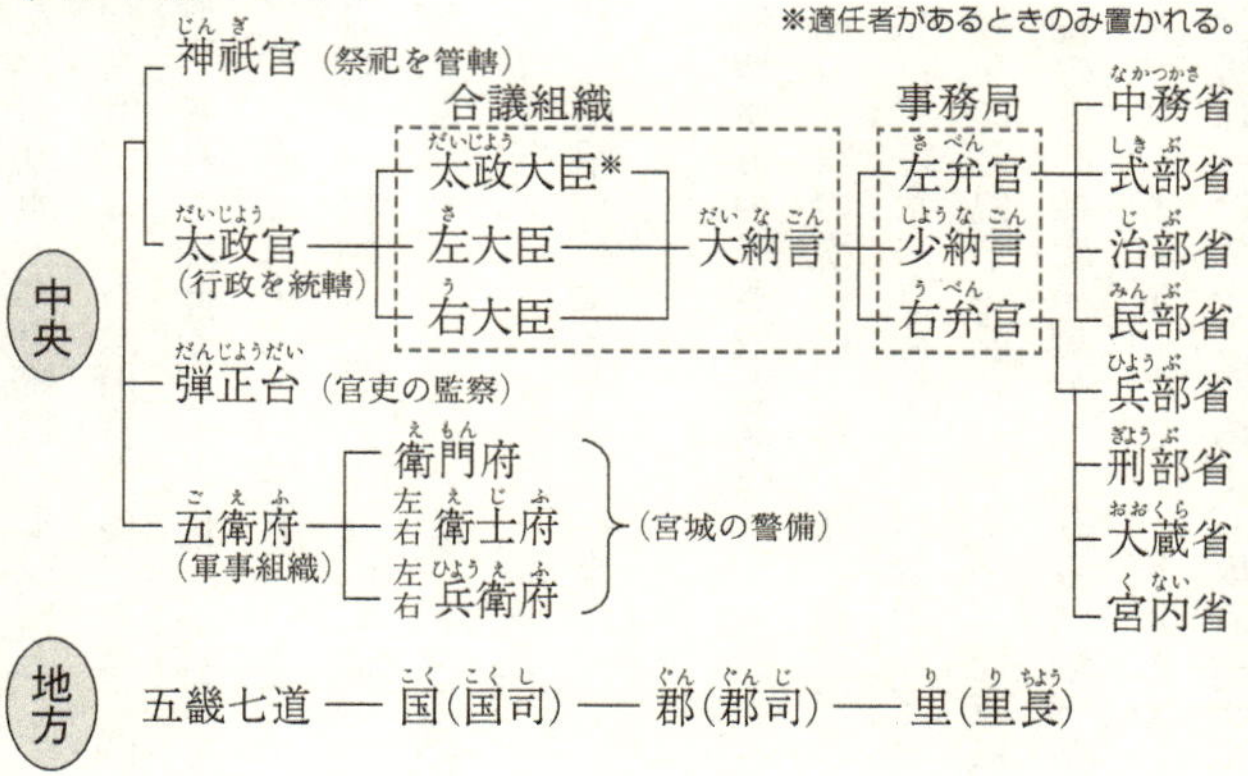

刑部親王《おさかべ》や藤原不比等らによって、「大宝律令」が完成されます。

律令制の中央組織は、行政を統轄する太政官と祭祀《さいし》を管轄する神祇官《じんぎかん》の二官があります。

太政官は、左大臣・右大臣・大納言《だいなごん》で構成される合議組織（議政官）と事務局である弁官があります（のちに中納言、参議が置かれる）。太政官の下には、国家の行政を分担して行う中務《なかつかさ》・式部《しきぶ》・治部《じぶ》・民部《みんぶ》・兵部《ひょうぶ》・刑部《ぎょうぶ》・大蔵《おおくら》・宮内《くない》の八省が置かれました。

地方には、国《こく》・郡《ぐん》・里《り》が置かれ、国司《こくし》・郡司《ぐんじ》・里長《りちょう》が任命されました。国司は、中級貴族が任命されましたが、郡司はかつての国造《くにのみやつこ》のような地方豪族が任命されました。従来の有力者に依存しなければ、まだ全国支配が円滑に行えなかったのです。

なお、九州全体を統轄する役所として大宰府が置かれました。

律令制では、各政府機関の官人は「四等官制」をとっていました。たとえば、八省の長官は「卿《きょう》」、それを補佐する次官は「大輔《たいふ》」と「少輔《しょう》」です。事務主任にあたる三等官は「大丞《だいじょう》」「少丞」、書記にあたる四等官は「大録」「少録」です。国司では、長官が「守《かみ》」、次官が「介《すけ》」、三等官が「掾《じょう》」、四等官が「目《さかん》」です。

軍事組織は、中央に宮城を警備する衛門府《えもんふ》、衛士府《えじふ》、兵衛府《ひょうえふ》がありました。衛士府と兵衛府には左右があり、あわせて「五衛府」といいます。責任者には貴族が任命され、地方から徴発された民衆が兵士となっています。

民衆が負担する税と兵役

律令国家の税には、租・庸・調の三種がありました。

租は、民衆に与えられた口分田などの収穫から三パーセント程度を納めるものです。これは、意外なほど税率が低いのですが、地方に貯蔵され、翌年の種籾《たねもみ》として貸し出されます。

税の中心は庸・調で、これらは絹・布・糸や地方の特産品を納めさせるものです。これを都に持って行く「運脚《うんきゃく》」という負担もありました。

兵役は一戸に一人なので、成人男子である正丁《せいてい》三人から四人に一人の割合で徴発されました。

四人に一人としてもたいへんな負担です。兵士は諸国の軍団で訓練を受け、一部は都に上って衛士になったり、九州に派遣されて防人《さきもり》になったりします。もともとヤマト政権は朝鮮半島南部に拠点を築き、唐・新羅連合軍と戦うほどの軍事力を持っていたのですが、律令国家は、それを徴兵制で維持しようとした強大な軍事国家だったということができます。

天智天皇以来、公地公民が原則となっていましたが、民間の力で田地を開墾して国富を増やすため、三世《さんぜ》一身の法や墾田永世私財法が定められました。いわば一定の私有財産を認めたのです。

このため、中央の大寺社や地方の有力者は、逃亡した班田農民などを私有民として使って開墾を行い、大きな荘園を持つようになりました。これによって、公地公民の原則は次第に崩れていきます。これを平安時代後期に寄進によって成立する「寄進地系荘園」と区別するため、「初期荘園」と呼んでいます。

まず流れをつかむ！

第三章　王朝国家の成立と摂関政治

——平安時代前期・中期

平安時代は、平安京に遷都した延暦《えんりやく》十三年（七九四）から鎌倉幕府が開かれる十二世紀末までの約四百年間です。飛鳥《あすか》時代が百二十年ほど、奈良時代が八十年ほどですから、かなり長い期間です。そのため、平安時代前期と中期では政治や社会のあり方がずいぶん違い、後期は、院政時代として現在では「中世」に時代区分されるようになりました。

平安京に遷都した桓武《かんむ》天皇は、東北地方の蝦夷《えぞ》を攻撃するなど、律令国家の支配領域を拡大し、子の嵯峨《さが》天皇の時代には、官職や法制の整備が行われます。

この頃までの天皇は、強い権力を握っていましたが、次第に藤原《ふじわら》氏の北家《ほっけ》が勢力を伸ばし、九世紀半ばには藤原良房《よしふさ》が九歳で即位した清和《せいわ》天皇の摂政となり、政治を主導するようになります。

成人でない親王《しんのう》が即位するのは初めてのことで、臣下が摂政になるのも初めてです。この頃から藤原氏北家の地位は他の貴族を圧するようになり、十世紀後半から十一世紀半ばまで、藤原氏北家が摂政・関白となって政治を主導する時代になります。これを「摂関政治」といいます。

摂関政治は、天皇の外戚《がいせき》となることで権力を掌握するものですから、藤原氏は天皇の保護者として政治を代行したと考えることができます。その最盛期が、十世紀末の藤原道長《みちなが》の時代です。

平安時代中期には、地方に武士団が成立し、摂関家や貴族の護衛などとして中央にも進出してきます。しかし、この時代には、まだ低い地位に甘んじていました。

平安時代初期の文化を、嵯峨・清和天皇の時代の年号をとって「弘仁《こうにん》・貞観《じょうがん》文化」と呼びます。この文化は、漢文や儒教を中心としたもので、また唐に留学した最澄《さいちょう》が天台宗《てんだい》を、空海《くうかい》が真言宗《しんごん》を開くなど、仏教も新しくなりました。

菅原道真《すがわらのみちざね》によって遣唐使が中止されると、次第に日本風の文化が生まれるようになります。その代表が紫式部《むらさきしきぶ》の『源氏物語』に代表される女流文学です。この平安時代中期の文化を「国風文化」と呼びます。

1　摂関政治の隆盛

平安時代初期の政争

すでに述べたように、奈良時代の称徳《しょうとく》天皇のあとを受けて即位した光仁《こうにん》天皇は、聖武《しょうむ》天皇の皇女・井上内親王《いのえないしんのう》を皇后とし、子の他戸《おさべ》親王を皇太子としました。ところが、一年後には井上内親王と他戸親王を廃し、渡来人系の高野新笠《たかののにいがさ》との間の子、山部《やまべ》親王を皇太子とします。井上・他戸の二人はまもなく殺害されました。

山部親王が即位して桓武天皇になると、最後まで残っていた聖武天皇の娘・不破《ふわ》内親王とその子氷上川継《ひがみのかわつぐ》を流罪とし、弟で皇太子に立てられていた早良《さわら》親王も長岡京《ながおかきょう》造営の責任者・藤原種継《たねつぐ》の暗殺事件の容疑者として逮捕されます。幽閉された早良は、水を与えられず、衰弱死します。

これらの事件は、桓武が、弟ではなく子の安殿《あて》親王を皇太子とするためのものでした。安殿の母は、藤原良継《よしつぐ》の娘・乙牟漏《おとむろ》で、藤原氏の支持もあったでしょう。おそらく桓武には後ろめたさがあり、怨霊《おんりょう》に悩まされることになります。そのため造営中だった長岡京をあきらめ、平

◎天皇家の関係図

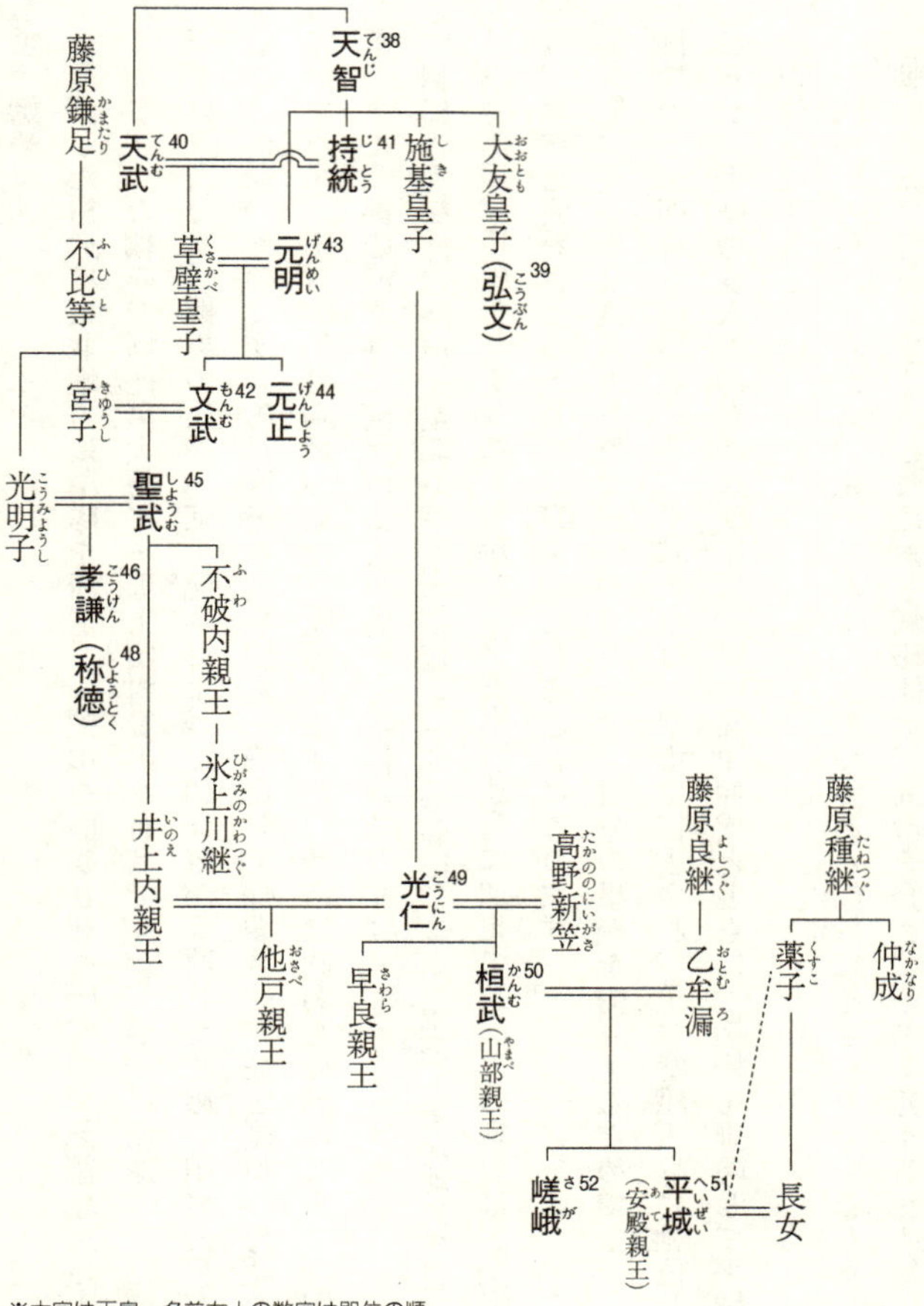

※太字は天皇、名前右上の数字は即位の順。

安京の造営を始めます。

平安京に遷都した桓武は東北地方に軍隊を派遣し、蝦夷を服属させて国家の支配領域を拡大しようとします。この戦いでは征夷《せいい》大将軍・坂上田村麻呂《さかのうえのたむらまろ》が有名ですが、最初に派遣されたのは紀古佐美《きのこさみ》という人です。この戦いでは朝廷軍が大敗したため、田村麻呂が派遣されることになったのです。蝦夷の族長・阿弖流為《アテルイ》によって朝廷軍が大敗したため、田村麻呂が派遣されることになったのです。田村麻呂は阿弖流為を説得して帰順させ、彼と副将の母禮《モレ》を京に連れていきます。田村麻呂は両名の助命を嘆願しますが、朝廷は両名を死刑にします。田村麻呂が創建した京都の清水寺《きよみずでら》に阿弖流為と母禮の慰霊碑があります。

こうして朝廷の支配は、陸奥《むつ》（東北地方の太平洋側）では志波《しわ》城まで、出羽《でわ》（東北地方の日本海側）では秋田城までに広がりました。しかし、平安京の造営に加えて蝦夷との戦いは、国家財政を傾け、民衆を疲弊させるとして、打ち切られることになります。

桓武天皇が他戸親王や早良親王を死に追いやったのは、自分の皇統を樹立するためでした。こうした犠牲の上に即位した桓武の子、平城《へいぜい》天皇は、怨霊に悩まされ、弟の嵯峨天皇に譲位します。ところが、平城の愛人だった藤原薬子《くすこ》は、兄の藤原仲成《なかなり》とともに、嵯峨を排除して平城太上天皇を復位させようとします。

薬子は、平城の妃《ひ》の母だったため、妃ではなく、女官長である尚侍《ないしのかみ》に任ぜられていました。尚侍は、詔勅の発布に関与します。これに対し嵯峨側は、尚侍を介さず詔勅を発するため秘書官長に相当する蔵人頭《くろうどのとう》を置き、藤原冬嗣《ふゆつぐ》らを任じました。このため嵯峨は、機先を制することができ、仲成は弓で射殺され、薬子は服毒自殺しました。これが薬子の変です。

こうして嵯峨天皇の時代に、ひとまず、世の中は安定します。平安京の警察機能を担う検非違使《けびいし》が置かれ、これまで出された法令をまとめた弘仁格式《きやくしき》を編纂《へんさん》しました。格は律令の規定を補足・修正する法律、式はその施行細則です。その後、編纂された貞観格式、延喜《えんぎ》格式を合わせて三代格式といいます。これらの格式はすべてが残っているわけではありませんが、この時代を研究する上での基本史料となっており、そのため教科書でも重視されているのです。

藤原氏北家の権力掌握

藤原氏北家は、冬嗣の娘の順子《じゅんし》が仁明《にんみょう》天皇に入内《じゅだい》して文徳《もんとく》を産み、冬嗣の子良房は娘の明子《あきらけいこ》を文徳に入内させて、その皇子を清和天皇とします。この間、承和《じょうわ》九年（八四二）には承和の変が起こっていますが、これが藤原氏の陰謀だったという確証はありません（米田雄介『藤原摂関家の誕生』吉川弘文館、二〇〇二年）。

清和天皇は、わずか九歳で即位しており、このため良房が臣下として初めて摂政の地位に就きます。それまで天皇には成人した皇子がなるのが慣行でしたが、ここで初めて幼少な天皇でも即位できる先例が成立したのです。

これについては、藤原氏が天皇を傀儡《かいらい》としたという評価があります。文徳天皇は惟喬《これたか》親王に皇位を譲ろうとしたが、それが阻止されて清和の即位になった、という史料（『吏部王記《りほうおうき》』逸文）があるからです。しかし、惟喬は紀名虎《きのなとら》の娘を母としており、当時の貴族層は皇太子だった清和の即位を既定方針としていました。惟喬が即位したとしても中継ぎの役割です。しかし、中継ぎとはいえ天皇になると、清和が即位する保証はなくなります。このため、幼少であることを敢えて容認して、既定方針を貫こうとしたのだと考えられます（河内祥輔『古代政治史における天皇制の論理』）。清和の治世には、貞観八年（八六六）、応天門《おうてんもん》の変が起こりますが、これも藤原氏との関わりは明らかではありません。

良房の養子基経《もとつね》は、陽成《ようぜい》天皇が側に仕える少年を殺したため譲位させ、まったくの傍系で五十五歳になる光孝《こうこう》天皇を即位させます。これに感謝した光孝は、基経を関白と同様な立場とし、また自分の子はすべて臣籍降下させます。

しかし、光孝の死後、適当な候補者がいなかったことから、基経は臣籍降下して源定省《さだみ》となっていた宇多《うだ》天皇を即位させました。

宇多は、基経死後、長男の時平《ときひら》がまだ二十一歳と若かったことから、学者だった菅原道真を重用して政治を任せました。宇多が譲位して醍醐《だいご》天皇になると、左大臣・藤原時平と右大臣・菅原道真が並び立ちますが、時平は、道真が娘を嫁がせていた斉世《ときよ》親王を皇位につけようとし

◎藤原氏の系図

※名前右上の数字は摂政・関白の順。○印になっているのは、天皇の外戚として摂政・関白に就いた人。

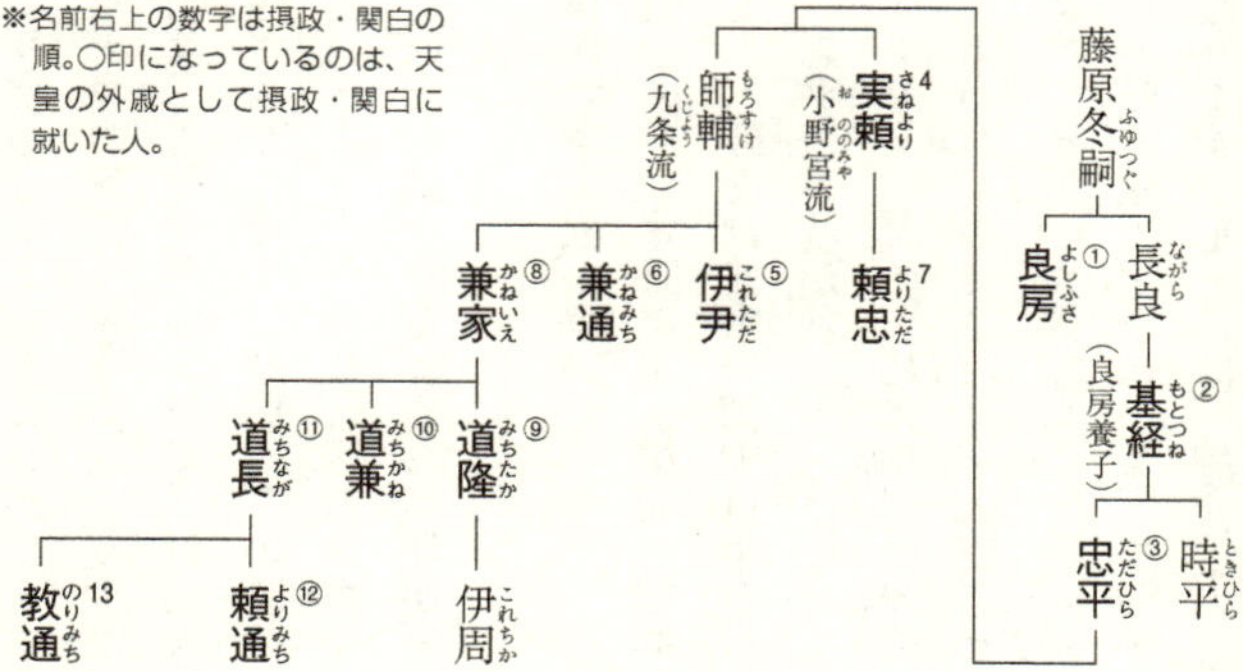

ているとして、大宰権帥《だざいのごんのそち》に左遷させます。宇多法皇はこれを阻止しようとしますが、内裏に入ることができず、涙をのみました。道真は、二年後に大宰府で没し、朝廷は道真の怨霊に悩まされることになります。

基経は、天皇をもしのぐほどの権力を握っていました。しかし若い時平にとっては、ライバルである道真の存在が脅威だったのでしょう。摂関政治といっても、基本は太政官の公卿《くぎょう》によって政治が行われていますので、時期によっては藤原氏北家の勢力が弱いこともあったのです。

十世紀前半、醍醐天皇と村上《むらかみ》天皇の時代は、摂関を置かず親政を行ったため「延喜・天暦《てんりゃく》の治」と評価されます。しかし、その間の朱雀《すざく》天皇の時代は、時平の弟忠平《ただひら》が成長して摂政・関白を務めていますので、親政を行ったのも単なるめぐり合わせだということができます。

村上天皇の死後、安和《あんな》の変で左大臣の源高明《みなもとのたかあきら》が左遷され、藤原氏北家の権力が確立します。このため排除されたのです。結局、この時代の政変は皇位継承をめぐって起こされたもので、政治方源高明は、醍醐天皇の皇子で、村上天皇の第四皇子為平《ためひら》親王に娘を嫁がせていました。このた針の違いというような背景はありません。そのため、火のない所に煙を立て、それを火事だといって他氏を排斥するような事件が頻発したのです。

藤原氏北家内部の争い

十世紀後半、藤原氏北家が権力を掌握し、皇族である源氏も次第に政治から排除されるようになると、今度は北家内部で抗争が行われるようになりました。摂関には、北家の中でも時平の弟、忠平の系統が就くことになりました。忠平の子には実頼《さねより》（小野宮流《おののみや》）・師輔《もろすけ》（九条流《くじょう》）の兄弟があり、師輔の子には伊尹《これただ》・兼通《かねみち》・兼家《かねいえ》の兄弟があり、兄弟の間で権力争いを行います。武力を用いたものではなく、入内させた娘が天皇の皇子を産むかどうかの争いです。兄二人が死んで権力を握った兼家の子にも、道隆《みちたか》・道兼《みちかね》・道長の兄弟があり、争いは続いていきます。

関白道隆の娘、定子《ていし》は一条《いちじょう》天皇の中宮になり、二男の伊周《これちか》は大納言の道長を飛び越して内大臣になります。定子には、『枕草子』を書いた清少納言《せいしょうなごん》が仕えていました。

◎天皇家と藤原氏北家の関係図

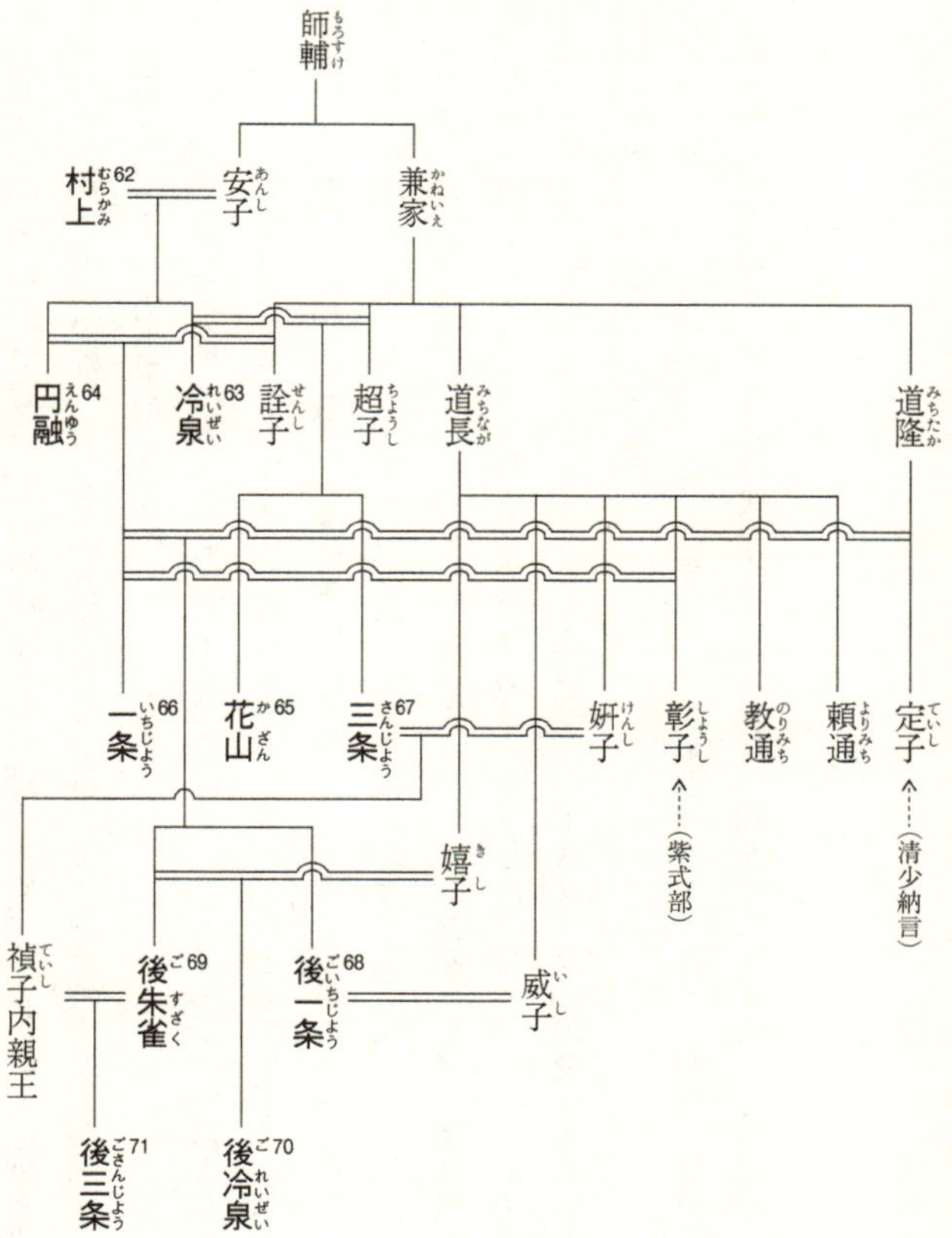

※太字は天皇、名前右上の数字は即位の順。

　ところが道隆が没し、次いで関白となった道兼もすぐ没します。そのため、道長と伊周が関白の座を争いますが、道長の姉、東三条院《ひがしさんじょういん》詮子《せんし》（一条天皇の母）の支持で道長が関白に準ずる「内覧」の地位につき、権力を獲得します。

　道長は、長女彰子《しょうし》を一条天皇に入内させ、定子を皇后にすることで彰子を中宮としました。この頃、中宮が皇后の称号だったのですが、道長は両者を別の地位として彰子を中宮にしたのです。彰子には、『源氏物語』を書いた紫式部が仕えていました。道長も『源氏物語』を読んだようですし、紫式部も主人公・光源氏《ひかるげんじ》に道長の面影を投影させています。

　道長の権力は、彰子を一条天皇に、次女妍子《けんし》を三条天皇に、四女威子《いし》を後一条天皇に、そして六女嬉子《きし》を後朱雀天皇に入内させることで築きあげられました。有名な「この世をば　わが世とぞ思ふ　望月の　かけたることも　なしと思へば」の和歌は、威子が後一条天皇の中宮になった御祝いの席で詠んだものでした。

　道長の握った権力は、子の頼通《よりみち》が受け継ぎ、十一世紀半ば頃まで摂政・関白を務めました。後一条・後朱雀・後冷泉《ごれいぜい》の三天皇の時代です。この道長・頼通の八十年ほどの時代が、摂関政治の全盛期です。

2　王朝国家成立と武士の誕生

王朝国家の成立

平安時代初期、蝦夷との戦いは、朝廷の軍隊によって行われました。律令では、民衆の義務として兵役があり、地方の国衙《こくが》（国司の役所）には一般民衆が兵士として集められ、訓練が行われていたのです。しかし、一般民衆では兵士としての質が悪く、郡司の子弟や有力農民が志願する健児《こんでい》に変わっていきます。

九世紀になると、班田が行われなくなります。このため階層分化が起こり、郡司や土着した国司の子弟、有力農民らが、困窮した公民を隷属下に置き、口分田や墾田を集積していきます。これを「富豪層」と呼んでいます。

朝廷は、任国に赴任する国司の最上席者に大きな権限を与え、徴税を請け負わせました。国司は、守《かみ》・介《すけ》・掾《じょう》・目《さかん》の四等官で構成されますが、ふつうは守や権守《ごんのかみ》が最上席者で、次第に受《ず》領《りょう》と呼ばれるようになりました。

諸国から調・庸を京に送る「運脚《うんきゃく》」は、富豪層が請け負っていました。これらの物資を狙って、盗賊が横行しました。また、運脚を行う富豪層の中には、預かった調・庸を横領して逃走したり、他の運脚から調・庸を奪い盗《と》る者もいました。運脚中に被害にあった場合は、上納を免除されるのですが、盗賊の被害にあったことにして着服する者もいました。

朝廷は、これらの盗賊を取り締まるため、受領に追捕《ついぶ》を命じました。受領は、郡司富豪層の中で武芸に優れた者たちを動員して盗賊を追捕しました。盗賊も追捕する者もいわば同じ階層だったのです。

九世紀末、宇多天皇は、受領を経験したことのある菅原道真を登用し、受領による国内支配の立て直しを行いました。富豪層が院宮王臣家《いんぐうおうしんけ》（有力な皇族や貴族）に私宅や田地を寄進することを禁止し、運脚もまとめて受領が行うようにしました。

延喜二年（九〇二）には、延喜の荘園《しょうえん》整理令が出されます。これは土地の権利関係を調査するもので、富豪層が税を逃れるため院宮王臣家や寺社に寄進した田地を、政府が認めた免田以外は公田に戻しました。

受領は、公田を名《みょう》という徴税単位に分け、租税（官物《かんもつ》と臨時雑役《ぞうやく》）の納入を請け負う富豪層に割り当てました。国衙の帳簿に登録された富豪層を「負名《ふみょう》」といいます。つまり、戸籍に記載された成人男子を徴税の対象とする制度（人身支配）から、土地を徴税の対象とする制度（土地支配）に変えたのです。人間は逃亡することがありますが、土地は逃げないからです。

負名に編成された富豪層は「田堵《たと》」と呼ばれます。

また受領は、子弟や郎党《ろうとう》を国衙の役人とし、その下に有力田堵を在庁官人《かんじん》に任命して実務を行わせました。これまで国衙では、守である受領のもとに、同じ中央の役人が介・掾・目などに任命されて実務を行っていたのですが、これ以後は在京して俸禄《ほうろく》だけを受け取る存在になったのです。これを「遥任《ようにん》」といいます。

この寛平《かんぴょう》・延喜の国制改革によって成立した土地支配を基本とする国家を、「王朝国家」と呼びます（下向井龍彦『日本の歴史07武士の成長と院政』講談社、二〇〇一年）。これは人身支配を基本とした「律令国家」からの質的な転換でした。

武士の誕生

寛平・延喜の国制改革は、東国に大規模な反乱を呼び起こします。運脚を請け負っていた富豪層が、受領の締めつけに反発して群盗化し、受領を襲撃するなどの事件が相次ぎました。

朝廷は、受領に追討を命じて軍事動員の裁量権を任せ、国ごとに押領使《おうりょうし》を任命して群盗追捕にあたらせます。押領使に任命されたのは、中央の下級軍事貴族や介や掾などの国司に任ぜられて地方に下り、その地域に土着していた者たちです。

彼らは、私兵を率いて群盗と戦い、その地域に勢力を伸ばしていきます。中央に帰っても、出世の見込みがなかったからです。これが武士の誕生です。

武士は、武芸に秀でた富豪層を配下に編成し、次第に武士団となっていきます。群盗との戦いで武名をあげた者やその子孫の中には、都に呼ばれて内裏や摂関家など上級貴族の邸宅の警備を行う者もいました。

武士を「侍」ともいうのは、貴人に「侍《さぶ》らう」からです。のちに述べる平将門《たいらのまさかど》も、若い頃、関白藤原忠平の従者をしていました。

承平・天慶の乱

武士がはっきりと歴史上に登場するのは、関東での平将門の乱と瀬戸内海での藤原純友《すみとも》の乱です。両者を総称して承平《じょうへい》・天慶《てんぎょう》の乱といいます。この乱は、武芸に秀でた武士同士の戦いでした。

将門は、桓武天皇の曾孫《ひまご》、平高望《たかもち》の次男良持《よしもち》の子です。高望は国司の介として関東に下り、その子どもたちは関東に土着していました。良持は、下総《しもうさ》国に土着し、鎮守府将軍に任ぜられて陸奥国胆沢《いさわ》城に赴任しています。

将門の反乱は、最初は伯父の国香《くにか》や良兼《よしかね》らとの領地争いでした。承平六年（九三六）には上京して検非違使庁での裁判を受けますが、赦免されます。帰国後、再び良兼らと戦いになり、天慶二年（九三九）十一月、常陸《ひたち》国庁を占拠してしまいます。将門は腹を決め、関東諸国を制圧して「新皇《しんのう》」を称しました。

朝廷は、追捕使を任命し、関東に向かわせます。国香の子、平貞盛《さだもり》や下野《しもつけ》の有力武士、藤原秀郷《ひでさと》らが押領使に任ぜられ、将門追討に向かいます。将門はよく戦いますが、貞盛に射落とされ、秀郷に首を取られました。

西国では、藤原純友が乱を起こしています。純友は、摂政・藤原忠平の従兄弟《いとこ》の子です。武芸に秀で、伊予掾《いよのじょう》に任ぜられて海賊追捕に勲功をあげ、海賊たちにも名を知られる存在でした。しかし、備前《びぜん》での紛争に巻き込まれて、朝廷と対立することになります。天慶二年十二月、海賊集団を率いて海に出た純友は、伊予を制圧します。朝廷は、小野好古《おののよしふる》を追捕使に任命して純友追討を命じます。純友は、天慶四年五月には大宰府をも占領しますが、政府軍との戦いに敗れ、伊予で捕らえられて斬首されます。このとき、追捕使次官だった源経基《つねもと》は、鎌倉幕府を開く源頼朝《よりとも》の先祖です。

政府軍の主体が武士だったことからもわかるように、武士は、律令制の軍隊に代わる朝廷の武力となり、その役割を果たすことで成長していったのです。

開発領主と荘園

十一世紀頃、郡司富豪層が私領を拡大し、「開発領主」と呼ばれるようになります。武装した開発領主は、国衙に仕える在庁官人になったり、土着した武士の郎党となったりして所領（保有する領地）を守っていきます。

また、開発領主の中には、税を逃れるために所領を貴族や大寺社に寄進して荘園とする者も出てきました。自らは、荘園を管理する荘官（預所《あずかりどころ》・下司《げし》など）になって実質的に所領を支配しました。

荘園を寄進された中央貴族を領家《りょうけ》といいます。領家は、その荘園の権利を守るため、摂関家や皇族に荘園を寄進します。重ねて寄進された者を本家といいます。こうなると、受領は荘園に手が出せなくなります。官物などの税や臨時雑役の免除を不輸《ふゆ》といい、国衙の役人の立ち入りを認めない権利を不入《ふにゅう》といいます。

十一世紀後半には、不輸・不入の特権を持つ荘園が特に増加していきます。これは、有力貴族が、朝廷から与えられる封戸《ふこ》などの収入が確保できなくなったことから、経済基盤を荘園に置くようになったためです。藤原道長のもとには全国の荘園が集中していたということです。

前九年合戦

武士の時代を予感させる事件が、奥羽《おうう》を舞台とした前九年合戦と後三年合戦です。

天喜《てんぎ》元年（一〇五三）、源頼義《よりよし》は、陸奥守兼鎮守府将軍に任命され、陸奥国に下ります。当時、陸奥国では、俘囚《ふしゅう》（帰属した蝦夷）の長、安倍頼時《あべのよりとき》が、奥六郡（胆沢・江刺《えさし》・和賀《わか》・稗貫《ひえぬき》・斯波《しば》・岩手）の郡司として勢力を持ち、官物などを納めない状態でした。頼義は、俘囚を統制するために送りこまれたのです。

頼時は、頼義に帰順して、官物などを律儀に納めるようになります。天喜四年（一〇五六）、頼義が四年の任期を終えて帰るときには、饗応《きょうおう》して金や駿馬《しゅんめ》を贈り、郎党たちまでにも贈り物をしました。

ところが、国府に帰る途中、権守の子の従者が何者かに殺害されました。頼義は、犯人だと思われた安倍貞任《さだとう》の引き渡しを要求しますが、頼時は拒否し、両者は戦いになります。

これは、頼義の謀略だと考えられています。このまま帰ったのでは、陸奥国への権限がなくなるからです。

頼義は、朝廷に頼時謀叛《むほん》を報告し、朝廷は頼時追討の宣旨《せんじ》を出します。東国の武士たちは、武名をあげるチャンスだと考え、陸奥国に向かいました。こうして始まったのが、前九年合戦です。

頼義は、目論見《もくろみ》通り陸奥守に重任され、合戦を継続します。翌年七月、頼時は流れ矢にあたって死にますが戦いは続き、十一月には貞任の軍に大敗します。こうして戦いは、長期化することになり、頼義が二度目の任期を終えてもまだ続いていました。

このため頼義は、出羽国の仙北三郡（雄勝《おがち》・平鹿《ひらか》・山本）の俘囚の長、清原光頼《きよはらのみつより》に臣下の礼をとって協力を要請します。光頼は弟武則《たけのり》を大将として派遣します。形勢は逆転し、康平《こうへい》五年（一〇六二）九月、厨川柵《くりやがわのさく》を落とした頼義は、ついに貞任を討ちました。

この戦いの勝利によって源氏の武名は高まり、頼義には正四位下《しょうしいのげ》伊予守が、長男の義家《よしいえ》には従《じゅ》五位下出羽守が与えられます。しかし、本当の勝利者は、従五位下鎮守府将軍に任ぜられた清原武則でした。武則は胆沢に本拠を移し、奥六郡の支配者になりました。

後三年合戦

永保《えいほう》三年（一〇八三）、頼義の子義家が、陸奥守になりました。

義家が陸奥国に赴任したとき、清原氏は、惣領《そうりょう》の真衡《さねひら》（武則の孫）と庶流の清衡《きよひら》・家衡《いえひら》らが対立していました。義家は真衡を支持しますが、真衡が急死します。このため清衡・家衡は投降し、義家は奥六郡を分割して二人に与えます。

清衡は、頼義に討たれた藤原経清《つねきよ》の子で、母は安倍頼時の娘でした。彼女は、経清が討たれたあと、清原武則の子、武貞《たけさだ》に嫁ぎ、家衡を産みます。つまり、清衡と家衡は異父兄弟だったのですが、今度は清衡と家衡が対立します。

応徳《おうとく》三年（一〇八六）、任期の最終年を迎えた義家は、清衡を支持し、家衡を挑発しました。家衡は、清衡の館を襲って妻子を殺害し、沼柵に立て籠《こ》もります。こうして後三年合戦が始まります。

沼柵を攻めた義家は攻めあぐね、寒さと飢えのため多くの家来を失い、撤退します。義家は、追討宣旨を要請していましたが、朝廷は出しませんでした。義家の武名が高まることを嫌ったためです。

寛治《かんじ》元年（一〇八七）九月、軍勢を立て直した義家は、家衡の籠もる金沢柵に向かい、十一月、ついに金沢柵を落とし、家衡の首を取りました。「後三年」とはいいますが、実際は二年に満たない戦いでした。

この後三年合戦は、私合戦とされ、恩賞は出ませんでした。義家は私財を投じて恩賞を出して「武家の棟梁《とうりょう》」の面目をほどこしますが、源氏の勢力は弱まり、分裂していきます。

一方、清衡は、陸奥出羽押領使に任命され、奥羽の実質的な支配者となります。これが、清衡―基衡《もとひら》―秀衡《ひでひら》と三代にわたって繁栄する奥州《おうしゅう》藤原氏の成立でした。

前九年合戦は、摂関政治の最盛期である藤原頼通の時代ですが、後三年合戦のときにはすでに頼通は引退しており、白河《しらかわ》上皇と関白藤原師実《もろざね》の時代でした。すでに時代は、院政期へと入っています。

前九年合戦も後三年合戦も、勲功を上げ奥州の富を得ようとした源頼義・義家の挑発から始まっています。安倍氏も清原氏も、朝廷に逆らう意思はありませんでした。また、頼義や義家は、軍事的には大きな力を持っていましたが、中央に帰れば受領の地位を望む下級貴族にすぎません。

王朝国家は、武士たちを官位によって支配し、受領の地方行政と徴税業務を武士の武力で補完していました。これはかなり安定的な体制で、十世紀初頭から十二世紀半ばまで続きます。摂関家の者たちが権力闘争を行うことができ、また貴族たちが豊かな生活を享受し、雅《みやび》やかな平安文化を創り上げたのもこの体制のおかげでした。

第二部 中世

第一章　院政と平氏政権

——平安時代後期

まず流れをつかむ！

　院政は、白河《しらかわ》上皇に始まる政治形態です。譲位した上皇（院）が、院御所で政治を行うため、「院政」といいます。この政治形態は、中世においては朝廷の基本的なものとなりますが、「院政期」というのは白河、鳥羽《とば》、後《ご》白河《しらかわ》の三上皇の時代を指し、平安時代後期から鎌倉時代の初めまで百年ほど続きました。

　藤原《ふじわら》氏はその後も摂政・関白には任ぜられましたが、権力が上皇（院）の家政機関である院庁《いんのちょう》に集中し、摂関家以外の公家や経済力を持つ受領《ずりょう》などが「院近臣」として力を持ちました。

　院政は、藤原氏の権力を奪うために行ったものではなく、天皇が自分の子に皇統を継がせるために始まったものです。しかし、院政が始まったことによって、摂関政治のもとでも行われてきていた「陣定《じんのさだめ》」という公卿《くぎょう》の会議が形骸《けいがい》化し、上皇の専制的な政治が行われるようになります。

白河上皇の跡を継いで院政を始めた鳥羽上皇は、崇徳《すとく》天皇を譲位させ、近衛《このえ》天皇を即位させます。崇徳は上皇になりますが、鳥羽院政時代は何の権限もありません。鳥羽は、近衛が死去しても崇徳の皇子には皇位を譲らず、後白河天皇を即位させます。そのため崇徳は、鳥羽が崩御すると、上皇として主導権を握ろうとします。

保元《ほうげん》元年（一一五六）、崇徳上皇と後白河天皇の対立から、保元の乱が起こります。このとき、双方が源氏や平氏の武力を借りたことによって、政争を決定する武士の実力が明らかになりました。そして平治《へいじ》元年（一一五九）の平治の乱によって、平清盛《たいらのきよもり》の権力が確立します。

院政期の文化は、後白河上皇が民間の流行歌謡である「今様《いまよう》」に熱中し、『梁塵秘抄《りょうじんひしょう》』を編纂《へんさん》したように、貴族文化に庶民文化が取り入れられたことが特徴です。『今昔物語』にも、武士や庶民の生活が書かれています。また、将門の乱や前九年合戦を題材とした『将門記《しょうもんき》』や『陸奥《むつ》話記』などの軍記物も成立します。

地方にも、繁栄を極めた奥州《おうしゅう》藤原氏によって中尊寺《ちゅうそんじ》金色堂が建てられるなど、文化が浸透していきます。

1　院政と保元・平治の乱

後三条天皇の荘園整理令

藤原道長の娘、嬉子《きし》を母とする後冷泉《ごれいぜい》天皇が死去すると、弟の後三条《ごさんじょう》天皇が即位します。後三条の祖母は道長の娘、妍子《けんし》ですので、まったく藤原氏と関係ないわけではないのですが、関白・頼通《よりみち》の外戚《がいせき》でなかったことから、大江匡房《おおえのまさふさ》らを登用して独自の政治を行います。

後三条の政策で必ず言及されるのが、延久《えんきゅう》元年（一〇六九）に出された延久の荘園《しょうえん》整理令です。荘園整理令自体はこれまでも出ているのですが、後三条の場合は、これをかなり徹底しました。中央に記録荘園券契所《けんけい》を設け、荘園の所有者から提出された「券契（証拠書類）」を調査し、年代が新しかったり書類に不備があったりする荘園は公領としたのです。「公領」は、国衙《こくが》（国司の役所）が支配する土地です。これによって、地方は、公領と荘園の区別がはっきりしました。

十一世紀後半になると、受領は任地に常駐せず、「目代《もくだい》」という代官を派遣するようになりました。国衙の支配は、在庁官人や新しく設けられた郡司《ぐんじ》や郷司《ごうじ》が行うようになりました。これらに任命されたのは武士たちで、彼らは在地領主として発展していくことになります。荘園を管理する荘官も、国衙の役人と同じ階層の武士です。こうして、諸国は、郡・郷・荘などが入り交じって構成されるようになりました。このような体制を「荘園公領制」と呼びます。これらの行政単位の実質的な支配は、武士に依存していました。

耕地である「名《みょう》」は、田堵《たと》などの有力農民に割り当てられていました。彼らは名に対する権利を強め、実質的な所有者として名主《みょうしゅ》と呼ばれるようになりました。

院政の始まり

後三条天皇は、第一皇子の白河天皇に譲位し、藤原氏と姻戚関係にない第二皇子の実仁親王《さねひとしんのう》を皇太弟としました。後三条天皇が長命であれば、後三条院政が始まり、そのうち実仁親王が即位することになったでしょう。

ところが後三条は、譲位の翌年に死去します。白河天皇は、自分の子の善仁《たるひと》親王を即位させたいと考え、実仁に譲位しませんでした。そしてたまたま実仁が没すると、皇太子とした善仁にすぐに譲位します。これは、実仁の同母弟である輔仁《すけひと》親王に皇位を渡さないためでした。即位した堀河《ほりかわ》天皇はまだ八歳だったので、白河が上皇として政治を行いました。これが「院政」の始まりです。

◎白河上皇が始めた院政の関係図

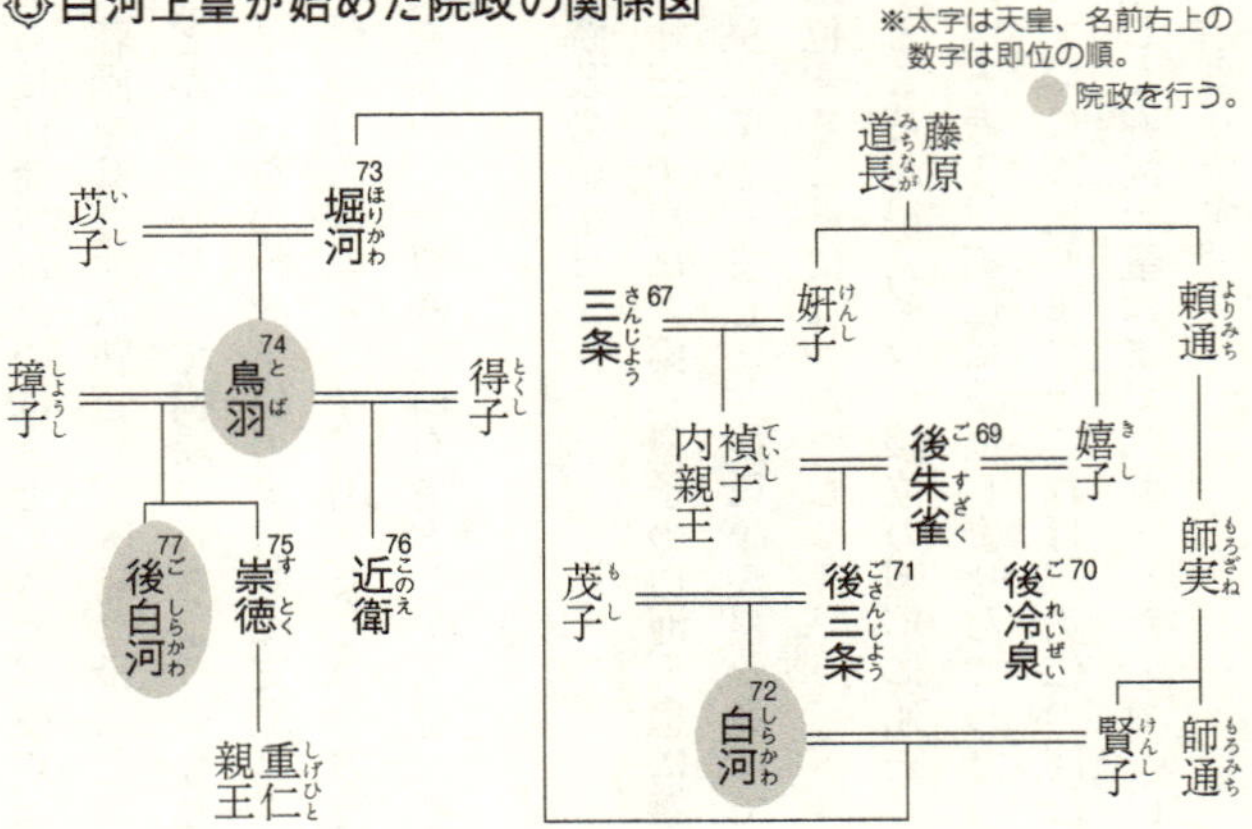

堀河天皇に仕えた女官の日記に『讃岐典侍《さぬきのすけ》日記』があります。白河院政のもとで実権を持たなかった堀河の姿が描かれています。

堀河が二十九歳の若さで死去すると、白河は堀河の五歳の第一皇子を即位させて鳥羽天皇とします。

白河は、養女の藤原璋子《しょうし》を鳥羽に入内《じゅだい》させます。璋子は、閑院流・藤原公実《きんざね》の娘です。「閑院流」は、藤原師輔《もろすけ》が村上天皇の同母の姉、康《こう》子《し》内親王《ないしんのう》と密通し（その後、結婚）、その間に生まれた藤原公季《きんすえ》に始まる家で皇族扱いされた格の高い家でした。

璋子が入内したのは十七歳のときですが、すでに白河と男女の関係にありました。白河は、璋子が入内してからも関係を続け、璋子に顕仁《あきひと》親王が生まれます。のちの崇徳天皇で、このことが保元の乱の遠因になります。

保元の乱

白河は、鳥羽が二十一歳になると譲位させ、五歳の顕仁を皇太子としてすぐに即位させました（崇徳天皇）。

大治《だいじ》四年（一一二九）、白河は死去します。七十七歳の長命でしたが、崇徳はまだ元服したばかりの十一歳、おそらく心残りもあったでしょう。

こうして鳥羽院政が始まります。永治《えいじ》元年（一一四一）、鳥羽は、出生に疑いのあった崇徳に譲位させ、三歳の体仁《なりひと》親王（母は藤原得子《とくし》）を即位させます（近衛天皇）。

近衛は、十七歳で死去します。当然、崇徳上皇は、第一皇子である重仁《しげひと》親王の即位を望みますが、鳥羽が院政を敷いていますので、何の権力もありません。鳥羽は、崇徳の望みを知りながら、璋子との間に生まれた第四皇子、雅仁《まさひと》親王を即位させて後白河天皇とします。鳥羽の本心は、雅仁の皇子、守仁《もりひと》親王に皇位を継がせることでした。

近衛が死ななければ後白河が皇位につく可能性はありませんでした。そのため、天皇にはふさわしくない今様などに夢中になっていたのです。思いがけなく天皇となった後白河と、重仁を即位させて院政を行いたいと考える崇徳の間には、深刻な対立が生じました。保元元年（一一五六）七月、鳥羽が死去すると、それが一挙に表面化します。

当時、摂関家では、関白・藤原忠通《ただみち》と左大臣・頼長《よりなが》の兄弟が対立していました。後白河は、まず頼長に謀叛《むほん》の企てがあるとして、頼長の東三条殿を接収しました。一方、鳥羽の臨終にも面会を許されず、葬儀にも参加できなかった崇徳は、白河殿を占拠します。自分こそ、白河上皇の皇統を継ぐものだということを明らかにすれば、貴族たちが従うかもしれないと思ったのです。追い詰められていた頼長は、白河殿に入って崇徳と結びます。

後白河の内裏には、源　義朝《みなもとのよしとも》、平清盛、源頼政《よりまさ》らの武士が集まってきました。義朝は、先制攻撃を主張します。長く崇徳に仕えてきた忠通はためらいますが、後白河の側近、信西《しんぜい》（藤原通憲《みちのり》）が忠通を突き上げ、ついに攻撃を了承します。

崇徳側には、源為義《ためよし》・為朝《ためとも》、平忠正《ただまさ》らが味方していましたが、戦闘はわずか二、三時間でけりがつき、崇徳は讃岐国に配流されます。頼長は、逃走中に傷を受け、奈良で死にます。崇徳に味方した武士たちは、斬首《ざんしゅ》されます。それも義朝に父・為義と弟たちを、清盛に叔父《おじ》・忠正を斬首させるという非情の裁定でした。

後白河は、崇徳を抹殺することによって、自らの皇統を樹立しようと考えていました。兄・崇徳を武力で攻撃するという思い切った決断ができたのは、信西が裏で糸を引いていたからだとされています。

後白河の意図は実現しましたが、この争いが武士の戦闘によって解決されたことから、後白河の思惑を越えて、武士の時代をもたらすことになります。

平治の乱

後白河は、第一皇子の守仁親王（二条天皇《にじょう》）に譲位して、院政を始めます。政権の中心にあったのは信西でした。

平治元年（一一五九）、後白河の近臣だった藤原信頼《のぶより》が、清盛に対抗意識を燃やす義朝を抱き込み、信西を除くため、院御所を襲いました。信西は脱出しますが、追い詰められ、自害します。しかし、熊野詣《もう》でから帰った清盛が、御所から二条天皇を脱出させて六波羅《ろくはら》邸に迎え、後白河も六波羅に移ってきました。

二条と後白河を奪回された信頼は狼狽《ろうばい》します。義朝は、彼を「日本一の不覚人にいわれて馬鹿なことをしでかしてしまった」と罵倒《ばとう》しました。

しかし、こうなっては戦うしかありません。それほど軍勢を持たなかった義朝は敗北し、東国に逃れる途中で殺害されました。長男義平《よしひら》も捕らえられて斬首されますが、三男の頼朝《よりとも》は清盛の継母・池禅尼《いけのぜんに》が命を助けるよう哀願し、伊豆《いず》に流されるだけですみました。

こうして、武家の棟梁《とうりょう》である源氏はほぼ潰滅《かいめつ》し、清盛が武家の棟梁として絶大な権力を握ることになります。

仁和寺《にんなじ》を頼った信頼は、清盛に引き渡され、六条河原で斬首されています。後白河の寵愛《ちょうあい》を受けていたのですから、そのまま仕えていれば命を失うこともなかったはずです。権勢欲は、いつも人を誤らせます。崇徳にしても、十九年近く皇位にあったのですから、院政に執着せず、単なる上皇として生きることもできたはずです。しかし、なかなかそうはいかないのが人間というものなのでしょうか。

知行国と院分国

院政期は平安時代後期にあたりますが、歴史学界では中世に分類することが一般的です。それは社会のあり方が変化し、貴族社会である古代よりは武士社会である中世との連続性のほうが強くなったためです。

たとえば、院政期にできた知行国《ちぎょう》の制度も中世に引き継がれていくものです。貴族に対する俸禄《ほうろく》が支給できなくなったため、上級貴族を「知行国主」として一国の支配権を与え、その国からの収益を取得させるようにしたのです。中には、上皇自身が知行国主になる「院分国」もありました。

知行国主は、子弟や近親者を国守に任じ、現地には目代を派遣して国を支配させます。目代は、先に述べたように在地領主を郡司や郷司に任命して年貢や公事《くじ》などの税を徴収しました。また、院や有力貴族、大寺社に荘園の寄進が集中するようになります。荘園は、不輸《ふゆ》・不入《ふにゅう》の特権を与えられ、独立した私領のようなものになります。公領も、上皇や知行国主の私領のようなものですから、国家の財産が院や有力貴族、寺社に分割されたのだと考えるとわかりやすいでしょう。こうなると、一般の貴族は、院や摂関などの有力貴族に従属することによって、収益の配分を受けるしかなくなります。

現地では在地領主が、一定の税を上納する代わりに、財力を蓄えていきます。こうしたあり方、つまり武士の私的な土地所有が広まり、国家の法ではなく実力ですべてを決定しようとする社会が「中世」です。

2　源平合戦

平清盛の失敗

平治の乱のあと、二条天皇は、二歳の皇子に譲位して六条《ろくじょう》天皇としました。しばらくは二条と後白河の親子の間に緊張関係がありましたが、永万《えいまん》元年（一一六五）七月、二条が二十三歳の若さで死去したことによって、後白河院政が展開していきます。

後白河は、清盛の妻、時子《ときこ》の妹、平滋子《しげこ》との間に生まれた憲仁《のりひと》親王を皇太子とします。後白河院政のもと、清盛は大納言《だいなごん》、内大臣と昇進を続け、仁安《にんあん》二年（一一六七）には従《じゅ》一位・太政大臣《だいじょうだいじん》にまで上り詰めます。平氏一門は五人までが公卿となり、受領を十一カ国、知行国を五カ国与えられていました。

翌年、後白河は五歳の六条を退位させ、八歳の憲仁親王を即位させて高倉《たかくら》天皇とします。高倉天皇には、清盛の娘、徳子《とくし》が入内し、中宮になりました。高倉と徳子の間には言仁《ときひと》親王が生まれました。

後白河と清盛の関係はそれなりに良好な状態を保っていましたが、清盛が本拠地の福原（神

◎天皇家と平氏の関係図

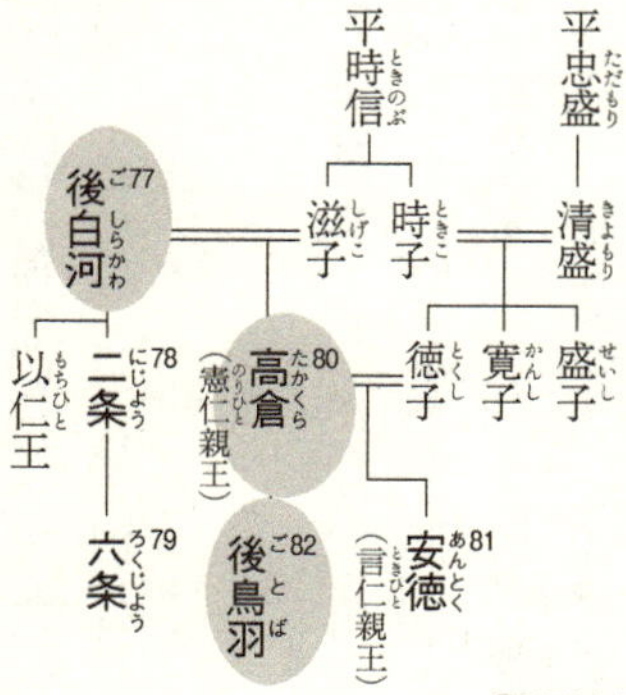

●院政を行う。
※太字は天皇、名前右上の数字は即位の順。

◎平氏の系図

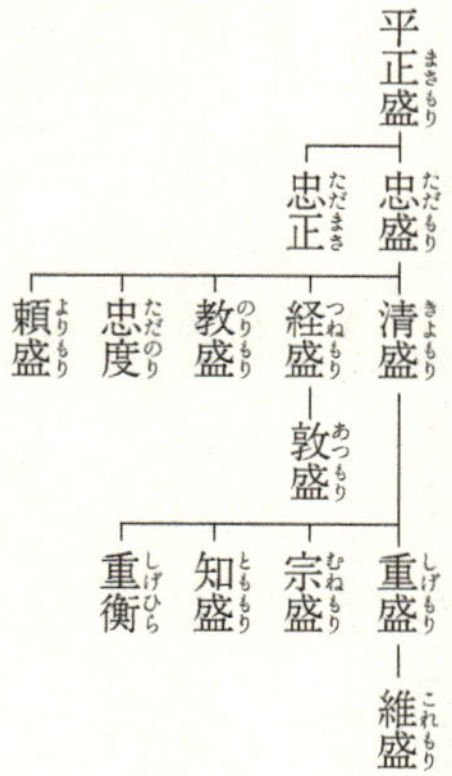

戸市）に籠《こ》もっていた治承《じしょう》三年（一一七九）十月、後白河は平維盛《これもり》が知行国主となっていた越《えち》前《ぜん》国を没収し、近臣に与えるなどの人事を行います。

激怒した清盛は、軍勢を率いて京に入り、後白河を鳥羽殿に幽閉しました。そして翌年、高倉天皇を譲位させ、言仁を即位させました（安《あん》徳《とく》天皇）。つまり、後白河院政を終わらせ、高倉院政を開始させたのです。

また、清盛は、太政大臣藤原師長《もろなが》をはじめとする院近臣、公卿ら三十九人を解任して、京の外に追放しました。しかし、これは清盛の失敗でした。

公卿になった平時忠《ときただ》（時子の同母弟）が「平家にあらずんば人にあらず」と放言するなど、平氏の傲慢《ごうまん》な態度は目に余ったようですが、清盛は二条と後白河の間に立ってたいへん慎重な態度で政治を動かしていました。それにもかかわらず、一時の怒りで、後白河だけでなく公卿たちまで敵に回し、孤立していくことになります。

以仁王の挙兵

しかし、圧倒的な軍事力を持つ平氏に反抗することなど、公卿たちには不可能でした。ところが、治承四年（一一八〇）四月、後白河の第三皇子以仁王《もちひとおう》が挙兵します。

以仁王は、清盛政権下では冷遇され、親王宣下も受けていませんでした。しかし出家もしておらず、わずかながら皇位継承権は残っていました。ただし、平氏政権下では皇位継承の可能性はありません。以仁王は、後白河を引退させ高倉上皇の院政を始めるという清盛のクーデターに遭遇し、平家打倒を企てることによって皇位に就く道を切り開こうとしたのです（河内祥輔『頼朝がひらいた中世』ちくま学芸文庫、二〇一三年）。これに源氏でありながら清盛に協力していた源頼政や園城寺《おんじようじ》、興福寺《こうふくじ》などが同調しました。以仁王は、全国の源氏に令旨《りようじ》（親王の命令）を下し、清盛追討を命じます。

しかし、平氏の知るところとなり、宇治平等院《びようどういん》の戦いで頼政は討ち死にし、奈良へ逃走しようとした以仁王は殺害されました。無謀な挙兵に見えるのですが、時にはその無謀な行動が政治を動かすことになります。以仁王の令旨に応《こた》え、伊豆に流されていた源頼朝をはじめとする全国の源氏が決起したのです。

源頼朝の挙兵

頼朝は、舅《しゅうと》で伊豆の在庁官人だった北条時政《ほうじょうときまさ》らの援助を受け、伊豆の国衙を占領します。しかし、石橋山で相模《さがみ》国の大庭景親《おおばかげちか》の軍勢と戦って敗れました。ところが安房《あわ》に逃げ込んだ頼朝に、安房・下総《しもうさ》・上総《かずさ》の武士たちが参集し、武蔵《むさし》・相模の武士も臣従してきました。長い間、平家の目代らの支配下にあった関東の武士たちは、武家の棟梁の血筋を引く頼朝を主君とすることによって、所領を確保しようとしたのです。

清盛は、平維盛を追討使大将軍として派遣しました。ところが、十月の富士川の戦いで敗北し、戦況は一変します。平氏が、水鳥の羽音に驚いて敗走した戦いです。

頼朝は、上総介《かずさのすけ》・平広常《ひろつね》らの意見を容《い》れて鎌倉に引き返し、ここを拠点に東国掌握に専念する道を選びます。これは結果的には成功でした。

挙兵したのは、頼朝だけではありません。近江《おうみ》・美濃《みの》・尾張《おわり》などの源氏も挙兵し、平氏を苦しめます。そうした中、福原に遷都していた清盛は再び京に遷都し、敵対しているとみなした南都（奈良）を焼き討ちし、興福寺や東大寺《とうだいじ》が灰燼《かいじん》に帰しました。

翌年、高倉上皇が死去します。これは清盛の誤算でした。安徳天皇は幼少なので、清盛は後白河上皇を復活させるしかありません。清盛が権力を握っているはずなのですが、国家を動かすためには院の権威が必要と考えられていたのです。そして清盛は、突然、高熱を発し、死去します。これは南都焼き討ちの報いだと噂されました。

寿永《じゅえい》二年（一一八三）五月、北陸の倶利伽羅《くりから》峠の戦いで平氏の追討軍を破った木曾《きそ》（源）義仲《よしなか》は、延暦寺《えんりやくじ》の支持を得て入京します。後白河上皇は、平氏追討を命じ、平氏一門の官位を奪い、所領を没収します。

義仲軍は統制がとれておらず、京で略奪のかぎりを尽くして恨みを買い、平氏追討のため備中《びっちゅう》（岡山県）水島まで進みますが大敗します。京に帰った義仲は、京から退去するよう命じた後白河を幽閉しました。頼朝は、義仲を討つため弟の範頼《のりより》・義経《よしつね》を京に派遣します。北陸道に逃走しようとした義仲は、近江粟津で討ち取られました。

平氏の滅亡

元暦元年（一一八四）、屋島（現在の香川県高松市）に拠点を置いていた平氏は、次第に勢力を回復し、再び福原に陣を布《し》きます。後白河は、頼朝に平氏追討の院宣《いんぜん》（上皇が出す文書）を出し、範頼・義経が福原に向かいます。

義経は、鵯越《ひよどりごえ》から一ノ谷に駆け下りるという奇襲戦法で、平氏軍を大混乱に陥れます。平氏軍は、多くの戦死者を出して、屋島に逃げ帰ります。

義経は、頼朝から疎まれて謹慎し、範頼が平氏との戦いを行います。しかし、瀬戸内海の水軍を掌握していた平氏に苦しめられます。そこで再び義経に命令が下り、元暦二年（一一八五）二月、屋島の平氏を奇襲によって破ります。

そして三月二十四日、下関付近の壇ノ浦で最後の決戦がありました。最初は平氏が優勢でしたが、潮の流れの変化とともに劣勢になります。追い詰められた平氏は、二位尼《にいのあま》（清盛の妻時子）が安徳天皇を抱き、三種の神器《じんぎ》とともに海に沈みます。平知盛《とももり》、建礼門院《けんれいもんいん》徳子（安徳の母）らも次々に入水《じゅすい》していきました。このとき、三種の神器の一つ、草薙剣《くさなぎのつるぎ》の形代《かたしろ》（神器に準ずるレプリカ）が失われました。平氏の当主平宗盛《むねもり》は捕らえられて処刑され、徳子は救助されて尼となりました。

平氏政権の性格

平氏政権の経済基盤は、一時的に日本全国の半分近くに及んだ知行国や五百あまりの荘園です。知行国や荘園を経済基盤にするところは院や摂関家と同じですが、国衙領や荘園に地頭《じとう》を置いて支配するという新しい点がありました。また、大輪田泊《おおわだのとまり》（兵庫県神戸市）を修築し、日宋貿易を積極的に推進しました。拠点とした福原もその近くであり、貿易を基盤とした平氏政権の特徴を見ることができます。

これは、平氏が瀬戸内海の海賊を掌握し、南宋の商人を大輪田泊まで安全に航行させることができたからです。日宋貿易によって大量の宋銭が日本にもたらされ、貨幣経済が急速に進んでいきます。また、青磁などの磁器や陶器、香料・薬品・書籍・経典などが輸入され、日本の文化に大きな影響を与えました。

ただ、娘・徳子を高倉天皇の中宮とし、外戚として権力を握るという点は摂関政治に似ていて、貴族的な性格が強いといわれます。しかし、過渡期の政権ですから、これは当然のことだったように思います。

下向井氏は、鉄の規律を誇る頼朝の御家人制に比べ、平氏の家人制はあまりにももろかったと指摘しています（下向井、前掲書）。たしかに、そういう差はあります。これは、前九年・後三年合戦の死闘を勝ち抜いた東国武士を基盤とした源氏と、そうした戦いがなかった西国を基盤とした平氏の違いだったのでしょう。しかしそれは、政権の質を決定づけるものではないと思います。

◎源平の争乱図

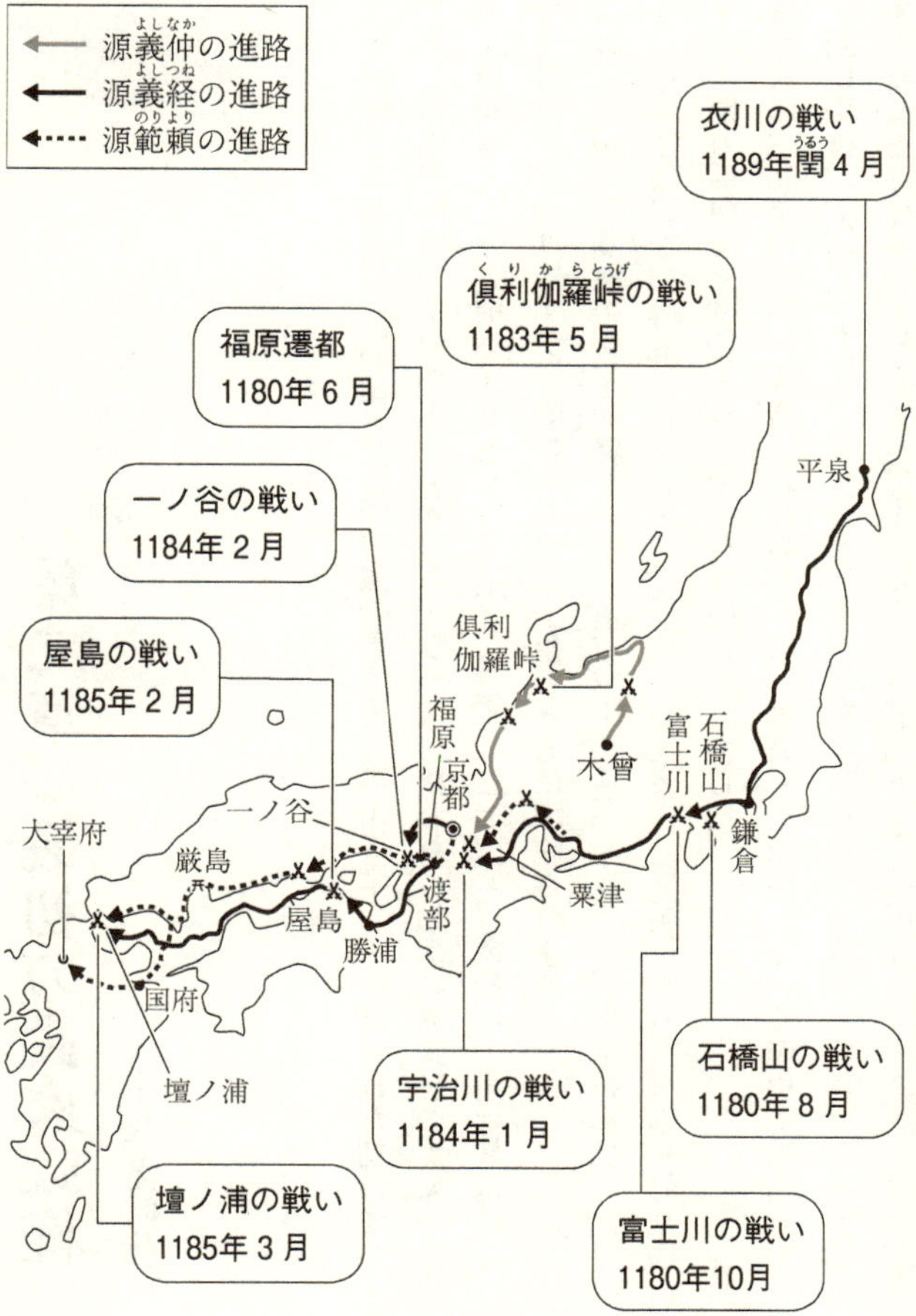
源義仲《よしなか》の進路
源義経《よしつね》の進路
源範頼《のりより》の進路
衣川の戦い
1189年閏《うるう》4月
倶利伽羅峠《くりからとうげ》の戦い
1183年5月
福原遷都
1180年6月
一ノ谷の戦い
1184年2月
屋島の戦い
1185年2月
平泉
倶利伽羅峠
福原
京都
木曾
富士川
石橋山
鎌倉
一ノ谷
大宰府
厳島
屋島
勝浦
渡部
粟津
国府
壇ノ浦
宇治川の戦い
1184年1月
石橋山の戦い
1180年8月
壇ノ浦の戦い
1185年3月
富士川の戦い
1180年10月

まず流れをつかむ!

第二章　最初の武家政権
——鎌倉時代

平氏を滅ぼした源頼朝《みなもとのよりとも》は、鎌倉に幕府を開きます。武士によって創設された初めての政権です。源氏将軍は、子の頼家《よりいえ》・実朝《さねとも》のわずか三代で終わり、頼朝の妻政子《まさこ》の実家である北条《ほうじょう》氏が執権として実権を握りました。承久《じょうきゅう》三年（一二二一）、後鳥羽《ごとば》上皇は執権・北条義時《よしとき》追討の兵を挙げますが、敗れて他の二上皇とともに配流されます。

幕府は、京から摂関家の藤原頼経《ふじわらのよりつね》を将軍（摂家将軍）に迎えますが、摂家将軍は二代で終わり、その後は親王《しんのう》が将軍として迎えられます（宮将軍）。摂家将軍も宮将軍も飾り物にすぎず、権力は執権を世襲する北条氏が掌握していました。

鎌倉時代は、北条氏が和田義盛《わだよしもり》、三浦泰村《みうらやすむら》ら有力御家人《ごけにん》を粛清していく歴史でもあります。中期以降は、「得宗《とくそう》」と呼ばれる北条氏の本家が強大になり、得宗の家臣である御内《みうち》人《びと》も力を持つようになりました。文永《ぶんえい》十一年（一二七四）と弘安《こうあん》四年（一二八一）には、元軍《げん》が日本に遠征してきました（蒙古《もうこ》襲来）。時の執権・北条時宗《ときむね》は、九州の御家人を中心に動員して、防ぎきりました。

一方、天皇家では、皇統が持明院《じみょういん》統と大覚寺《だいかくじ》統に分かれ、争うようになりました。幕府は、両者を調停しますが、これに不満を持つ後醍醐《ごだいご》天皇が倒幕を計画します。計画が露顕した後醍醐は隠岐《おき》に流されますが、河内《かわち》の楠木正成《くすのきまさしげ》のように、御家人でない武士が後醍醐に味方する動きが出てきて、幕府は討伐に苦慮しました。

正慶《しょうきょう》二年（一三三三）、有力御家人の足利高氏《あしかがたかうじ》（のち尊氏《たかうじ》）が後醍醐方につき、形勢が逆転します。同じく御家人の新田義貞《にったよしさだ》は鎌倉を攻め、執権・北条高時《たかとき》らを自害させます。こうして鎌倉幕府は、百五十年ほどで滅びました。

鎌倉時代の文化の特徴は、「鎌倉新仏教」と呼ばれる仏教の新しい宗派が多数開かれたことです。浄土宗《じょうど》、浄土真宗《しんしゅう》、時宗《じしゅう》、日蓮《にちれん》宗は、庶民に、阿弥陀仏《あみだぶつ》や法華経《ほけきょう》などにすがることによって救われると説き、臨済《りんざい》宗、曹洞《そうとう》宗は、禅の教えを紹介し、自らの力で悟りを開くことを教えました。臨済宗は主に上級武士に、曹洞宗は地方の武士に広まっていきました。文学では、『平家物語』などの軍記物や鴨長明《かものちょうめい》の『方丈記』、吉田兼好《よしだけんこう》の『徒然草《つれづれぐさ》』などの随筆がさかんになりました。和歌も技巧をこらした新しい歌風が生まれ、『新古今和歌集』が編集されました。

1　鎌倉幕府と執権政治

鎌倉幕府の成立

寿永《じゅえい》二年（一一八三）十月、後白河《ごしらかわ》法皇は、「寿永二年十月宣旨《せんじ》」を出します。これは、東海道・東山道の国衙領《こくがりょう》・荘園《しょうえん》の年貢を国司《こくし》・本所《ほんじょ》に進上せよ、というものですが、従わない者は頼朝に処置させる、とした点が重要です。これまで反逆者の位置にあった頼朝が、東国に関して公的な権限を得ることができたのです。

元暦《げんりゃく》二年（一一八五）、源義経《よしつね》の活躍で平氏は滅亡します。しかし、頼朝は、自分の許可を得ず検非違使《けびいし》・左衛門少尉（判官《ほうがん》）に任官した義経の鎌倉入りを許さず、さらに京に帰った義経の居館を襲わせます。義経と叔父《おじ》の源行家《ゆきいえ》は、後白河に頼朝追討の院宣《いんぜん》を出してもらい、頼朝と対決しようとします。

しかし、兵は集まらず、二人は逃亡します。頼朝は、北条時政《ときまさ》に千騎の兵をつけて京に派遣します。そして、義経・行家を探索するため、諸国に総追捕使《そうついぶし》・地頭《じとう》を設置することを後白河に認めさせました。総追捕使はのちの守護に相当する役職で、これが「守護・地頭の設置」といわれるものです。

これが出された時点では、義経らの探索を目的とするものですから、時限的な措置です。しかし、これによって頼朝に全国支配の権限が委《ゆだ》ねられたと考え、現在では鎌倉幕府の成立をこの時点に置くことが一般的です。

逃亡した行家は和泉《いずみ》国で討たれ、義経は、苦労の末、奥州《おうしゅう》の藤原秀衡《ひでひら》のもとに逃げ込みます。秀衡は義経をかくまい、あくまで頼朝と対決するつもりでした。しかし、秀衡は没し、あとを継いだ泰衡《やすひら》は、後白河と頼朝からの義経追討の要求に屈し、衣川館《ころもがわのたち》にいた義経を襲い、義経は自害します。弁慶《べんけい》が義経の籠《こ》もる持仏堂の前で敵を防ぎ、立ったまま死んだのはこのときのことです（弁慶の立ち往生）。

義経の首を鎌倉に送った泰衡ですが、頼朝は許そうとはせず、後白河の許可を得ないまま奥州に出陣します。平泉南方の阿津賀志山《あつかしやま》の合戦に敗れた泰衡は、平泉の館《やかた》に火をかけ、逃走します。しかし、比内《ひない》郡贄柵《にえのさく》で部下に殺害されました。

こうして頼朝は、奥州までを支配下に置きます。後白河は、この奥州合戦を追認するしかありませんでした。

建久元年《けんきゅう》（一一九〇）十一月、頼朝は上洛《じょうらく》します。後白河法皇、後鳥羽上皇に拝謁し、権大納言《ごんのだいなごん》と右近衛大将《うこのえのたいしょう》（右大将《うだいしょう》）に任命されますが、すぐに辞任します。しかし、これが頼朝の地位の公認だったことは注目してよいと思います。

ただ、後白河は、奥州支配の正当化につながる征夷大将軍の位だけは与えませんでした。この職に任官するのは、後白河が死去した建久三年（一一九二）のことです。

鎌倉幕府の成立は、頼朝が征夷大将軍に任官した「一一九二（イイクニ）」と守護・地頭を設置した「一一八五（イイハコ）」の両説が有名ですが、寿永二年十月宣旨の年に置くなど、ほかにも説が乱立しています。それぞれ根拠がありますので、一つには決められないのですが、幕府が朝廷から認められた公的な組織であり、「幕府」という用語が将軍の陣を指すものだということを考えれば、形式的で旧態依然とした説ですが、征夷大将軍に任官したときを鎌倉幕府の成立だとしても間違いではありません。

三代で絶えた源氏将軍

鎌倉幕府の政治組織は、御家人を統率する侍所《さむらいどころ》、政務や財政を担当する公文所《くもんじょ》（のち政所《まんどころ》）、裁判を管轄する問注所《もんちゅうじょ》です。公文所では大江広元《おおえのひろもと》、問注所では三善康信《みよしやすのぶ》という朝廷の下級官人が長官に任ぜられました。こうした業務は、武士では困難だったからです。

全国には守護・地頭が置かれ、奥州には奥州総奉行《ぶぎょう》が置かれます。守護には有力御家人が任命され、大犯《たいぼん》三カ条（大番催促・謀叛《むほん》人の逮捕・殺害人の逮捕）を任務としました。地頭は、荘園・公領を問わず置かれ、治安を維持し、年貢を徴収して荘園領主や国衙に納入しました。

正治《しょうじ》元年（一一九九）正月十三日、頼朝が急死します。落馬して死ぬのですが、その原因はわかりません。これは、義経らの怨霊《おんりょう》のせいだとも噂されました。

あとを継いで二代将軍となったのは、嫡男で十八歳の頼家でした。頼家は、将軍権力を強化しようとしたようですが、祖父の北条時政の反撃にあい、政務に関与することを禁止されました。

建仁《けんにん》三年（一二〇三）、時政は、頼家の舅《しゅうと》比企能員《ひきよしかず》を謀殺し、比企一族を攻めて滅亡させます。頼家の長男一幡《いちまん》もこのとき、殺害されました。頼家は伊豆《いず》の修善寺《しゅぜんじ》に送られ、翌年、謀殺されます。

次に将軍に立ったのは、頼家の弟、実朝でした。実朝は、貴族文化にあこがれ、私家集である『金槐和歌集《きんかいわかしゅう》』を残すほどの文化人でした。

しかし、承久元年（一二一九）正月二十七日、鶴ヶ岡八幡宮で行われた右大臣任官の礼の儀式のとき、頼家の遺児で鶴ヶ岡八幡宮の別当だった公暁《くぎょう》に殺害されます。公暁もすぐ殺害されるので、背後の事情はわかりません。

こうして、源氏将軍は三代で絶えてしまいます。後継の将軍には、頼朝の遠縁になる摂関家の藤原（九条《くじょう》）頼経が招かれました。幕府という政治組織には、将軍が不可欠だったのです。

◎源氏の系図

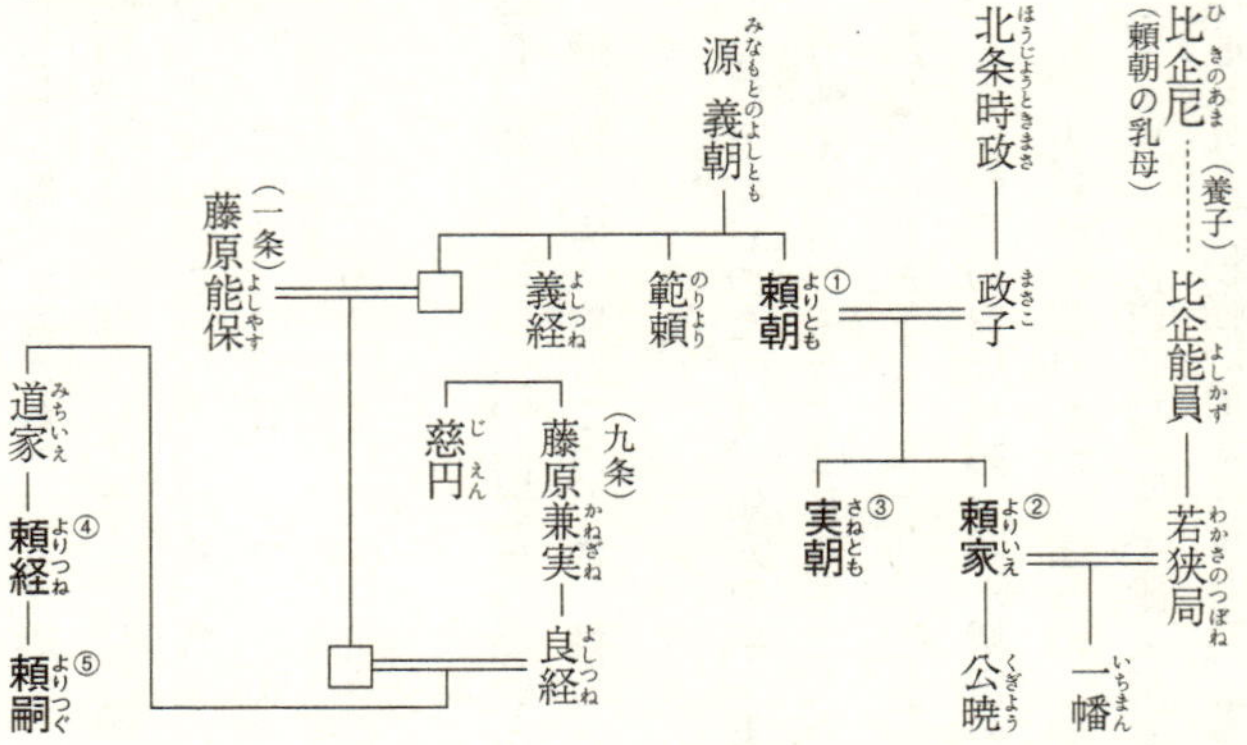

※名前右上の数字は将軍に就任した順。

しかし権力は、執権にありました。執権は、二人いる政所の長官（別当）のうちの武家側を呼ぶもので、北条氏が世襲しました。

この時期の幕府は、北条時政による有力御家人の粛清が相次ぎました。早くには頼朝の側近だった梶原景時《かじわらかげとき》が討たれ、すでに述べた比企能員、時政の娘婿畠山重忠《はたけやましげただ》、侍所長官だった和田義盛が討たれています。その時政も、子の義時によって伊豆国に引退させられました。

頼朝が弟の義経を討たせ、時政が孫の頼家や曾孫《ひまご》の一幡を殺害したことなどから、この時期の武士の冷酷さを見ることができます。血縁関係にある者に対しても容赦ないのですから、自己のライバルとなりうる存在を抹殺するために、謀殺や理不尽な攻撃が行われたのも当然でしょう。武家政権の成立とは、このようなものだったのです。

承久の乱と執権政治

当時、朝廷では後鳥羽上皇が院政を行い、朝廷権力の復興をめざしていました。院御所に北《ほく》面《めん》の武士に加えて西面《さいめん》の武士を置き、自らも武芸を嗜《たしな》んでいました。

承久三年（一二二一）、後鳥羽は、源氏将軍が絶えたことで幕府が弱体化していると考え、執権・北条義時追討の院宣を出し、全国に挙兵を呼びかけました。

義時はかなり動揺しました。当時の武士にとって、朝敵となることは本当に恐ろしいことだったのです。しかし、京から下った官人の大江広元らが即座に京に攻めのぼることを進言しました。もと朝廷の一員だった広元のほうが、後鳥羽の院宣を冷静に見ることができたのです。つまり後鳥羽の行動が、後鳥羽側近の公家たちによるもので朝廷の総意ではないこと、しかしぐずぐずしていると御家人の間に動揺が広がり敗北必至であることを見抜いたわけです。頼朝の妻・北条政子は、御家人たちに、幕府を開いた頼朝の恩を強調し、これは逆臣を討つ名誉の戦いだ、と訴えました。

義時の子・泰時《やすとき》らが率いる幕府軍が鎌倉を出ると、多くの御家人が従軍し、朝廷側につく武士はほとんどいませんでした。武家政権ができたことによって、御家人たちは所領を確保し、地頭職を与えられるなど大きな権益を得ており、朝廷中心の世の中に戻ることには反発したのです。こうして幕府軍は、難なく京に入りました。

後鳥羽は、謀臣たちが行ったことだと弁解しますが認められず、隠岐《おき》に流されることになります。後鳥羽と行動をともにした土御門《つちみかど》上皇は土佐《とさ》へ、順徳《じゅんとく》上皇は佐渡《さど》へ流されました。幼い仲恭《ちゅうきょう》天皇は廃位され、幕府の意向で後鳥羽の兄の子が即位して後堀河《ごほりかわ》天皇になりました。

この乱の影響は大きいものがあります。上皇方についた貴族や武士の所領三千カ所が没収され、御家人が地頭に任命されました。このため、幕府の権力が畿内・西国にまで及ぶことになります。京都には、六波羅《ろくはら》探題が設置され、厳重な警戒下に置かれました。

義時のあとを継いで執権となった北条泰時は、執権の補佐にあたる連署を置き、有力御家人や京から下った官人から評定衆《ひょうじょうしゅう》十一名を選び、政務や裁判を合議で行うことにします。また、頼朝以来の先例や武士社会の慣習をもとに、御成敗式目《ごせいばい》という法律を制定しました。御家人たちの所領をめぐる争いを裁くためには、彼らが納得する法規範が必要だったのです。

泰時の時代は安定していましたが、孫で執権となった北条時頼《ときより》は、権威を持ちはじめた前将軍で「大殿」と呼ばれた頼経を追放し、有力御家人である三浦泰村を滅ぼします（宝治《ほうじ》合戦）。将軍頼嗣《よりつぐ》は廃され、後嵯峨《ごさが》天皇の皇子宗尊《むねたか》親王を迎えて将軍としました。

2　蒙古襲来

文永の役

十三世紀の中国大陸では、チンギス・ハンの率いるモンゴルの勢力が拡大し、中央アジアから南ロシアにまたがる大帝国を建設しました。チンギスの孫フビライ・ハンは、都を大都《だいと》（現在の北京《ペキン》）に移し、元を建国します。

文永五年（一二六八）、フビライは、日本に朝貢を求める使者を送ってきました。八代執権北条時宗《ときむね》は、返事をしませんでした。

文永十一年（一二七四）十月、元の軍勢二万が、高麗《こうらい》の軍勢一万を引き連れて、対馬《つしま》・壱岐《いき》・松浦《まつら》地方を襲い、大規模な虐殺や略奪を行いました。二十日未明、元軍は博多湾に侵入し、上陸しました。これを迎え討った九州の御家人は、元軍の集団戦法に大きな被害を受けます。

日本では、互いに名乗り合っての一騎打ちの戦いが名誉だとされていました。ところが元軍は、名乗りもせず、大勢の歩兵で取り囲む集団戦法でした。鉄丸に火薬を詰めて爆発させる「てつはう（鉄炮）」で馬を驚かせたり、弓矢で馬を狙って武士たちを落馬させ、大勢で取り囲んで殺しました。また矢には毒が塗ってあり、小さな傷でも致命傷になりました。

指揮していた大宰少弐《しように》の武藤景資《むとうかげすけ》も取り囲まれそうになりましたが、たまたま放った矢が左副元帥の劉復亨《りゆうふくこう》に当たり、元軍が彼のもとに寄った隙に逃れることができたということです（奥富敬之『北条時宗』角川選書、二〇〇〇年）。武士たちは、慣れない戦いの中で善戦したと評価することができます。

日暮れ頃、指揮官の四カ国（筑前《ちくぜん》・豊前《ぶぜん》・肥前《ひぜん》・肥後《ひご》）守護・武藤氏、豊後《ぶんご》守護・大友《おおとも》氏は博多・箱崎を捨て、兵をまとめてはるか昔に天智《てんじ》天皇が築かせた水城《みずき》にまで退きました。元軍は、逃げ遅れた人々を拉《ら》致《ち》し、軍船に戻っていきました。

戦況は絶望的でした。ところが翌朝、元軍は博多湾から消えていました。日本側の史料では、『八幡愚童訓《はちまんぐどうくん》』に、「二十一日の朝、海をみわたすと、蒙古の船はみな馳せもどっており、一艘が志賀島《しかのしま》で座礁しているだけだった」と書かれていて（村井章介『北条時宗と蒙古襲来』ＮＨＫブックス、二〇〇一年）、「神風」のことは書かれていません。

一方、高麗側の史料では、撤退の記述に続いて「会《たまたま》夜大風雨があり、戦艦が巌崖に触れて多く敗れた」とあります（川添昭二『北条時宗』吉川弘文館、二〇〇一年）。もともと撤退するつもりだったところに、大風雨が襲ったということです。

このように根拠にすべき史料が少なく、対立しているので、最初から偵察のための戦いだったため引き返したとも、大風が吹いて軍船の多くが沈没したともいわれています。

しかし、戦いはわずか一日でしかも有利な戦いだったのですから、すぐに撤退したのはやはり大風が吹くなどの原因があったと思います。元軍の軍船は高麗で突貫工事で造られたものですから、欠陥があり、たいした風でなくても大きな被害があった可能性もあります。この最初の元軍との戦いを文永の役《えき》といいます。

弘安の役

わずか一日の戦いでしたが、元軍の強さ、恐ろしさは、御家人の脳裏に刻み込まれました。

翌年、フビライは再び使者を送ってきますが、時宗は使者を鎌倉で斬ります。これを弁護するわけではありませんが、虐殺と略奪の限りを尽くした元にはそれほど恨みがあり、また不退転の決意を示したもの、と考えていいでしょう。

時宗は、元軍の来襲に備え、異国警固番役を設け、博多湾沿いに石垣の防塁を築きました。

南宋を滅ぼした元は、弘安四年（一二八一）、二度目の日本遠征を行います。今度は、元・高麗・南宋の軍兵十四万人の大軍でした。

六月初旬、博多湾に入った元軍は、海岸沿いに長い防塁があるため、簡単には上陸できませんでした。元軍は、志賀島に九〇〇艘《そう》の船団を碇泊《ていはく》させます。日本軍は、小船で元の船に近づき、断続的に攻撃を加えました。元軍は、攻撃に備えて、船を鎖で繋《つな》ぎました。

こうした状況が五十日ほど続きます。そして七月三十日深夜から閏《うるう》七月一日未明にかけて、北九州沿岸を暴風雨が襲います。元軍の船団は、ほとんどが沈没し、兵たちの多くが溺死《できし》しました。島などに上陸した兵は討たれ、捕虜になった者ももと南宋の者以外はすべて斬られたといいます。

元軍のこの二度の襲来を元寇《げんこう》、あるいは「蒙古襲来」といいます。「蒙古」とは、モンゴルのことです。九州地方では、その後長く、恐いものを表す「むくりこくり」という言葉があったということです。言うまでもなく、蒙古と高麗を指しています。

得宗専制と社会の変化

元寇の頃から、北条氏嫡流である得宗の権力が強大化していきます。得宗の権力基盤は、数カ国に及ぶ守護職であり、得宗の家来である御内人はその守護代に任ぜられました。幕府の政治も、御内人が動かすようになります。

弘安八年（一二八五）の霜月騒動は、内管領《うちかんれい》（御内人の有力者）平頼綱《たいらのよりつな》が有力御家人の安達泰盛《あだちやすもり》を討った戦いです。時宗の子・貞時《さだとき》は、その頼綱を滅ぼし、全権を握ります。

御家人の家では、親の所領をそれぞれの子どもが受け継ぐ分割相続が行われていました。しかし、所領が細かく分割されることになるので、鎌倉時代後期になると、嫡子が所領を単独相続するようになります。庶子たちは、嫡子の家来となるか、独立して他の武士に仕えるようになります。こうして、血縁で結びついていた武士団が、地縁で結びつくようになっていきます。

荘園や公領に置かれた地頭の力も強くなり、荘園・公領を二分割して片方を地頭の得分とする下地中分《したじちゅうぶん》や年貢の徴収をすべて地頭が請け負う地頭請《じとううけ》なども行われるようになりました。このため知行国主や荘園領主の収入は大幅に減りますが、それでも一定の年貢を確保できたのは地頭がいたからです。幕府は、目に余る地頭の行動は制限したので、朝廷の経済基盤は存続したのです。

この頃、津軽の十三湊《とさみなと》を根拠地としていた安東氏《あんどう》は、アイヌ民族との交易で栄え、「日の本将軍」と称されるようになりました。蝦夷《えぞ》地でとれる毛皮、さけ、昆布なども日本に入ってくるようになりました。

西日本では、麦を裏作とする二毛作も行われるようになり、交通の要衝や荘園・公領の中心地では三斎市《さんさいいち》（月に三度の市）などの定期市も開かれるようになりました。

宋銭や元銭が大量に輸入されたこともあり、貨幣経済が発達し、御家人の中には窮乏化する者もありました。幕府は、永仁《えいにん》五年（一二九七）、永仁の徳政令を出し、質入れや売却した御家人の所領を無償で取り戻させました。

3　鎌倉幕府の滅亡

両統迭立

鎌倉幕府は、弘安の役のあと、さらに五十年以上続きます。強大化した得宗権力のもとで、幕府の支配は安定していました。それではなぜ幕府は滅亡することになったのでしょうか。その最大の原因となったのが、天皇家内部の皇統をめぐる争いだったと考えられます。

後嵯峨《ごさが》法皇ののち、天皇家は後深草《ごふかくさ》上皇の持明院統と亀山《かめやま》天皇の大覚寺統に分かれ、対立するようになりました。持明院統が長講堂領（後白河上皇が集積した荘園）、大覚寺統が八条院領（鳥羽上皇が所有していた荘園）というそれぞれ広大な荘園を持ち、財政基盤としていました。

そもそもの原因は、後嵯峨が、後深草を譲位させ、亀山天皇を直系としようとしたことです。またぞろ皇統をめぐる争いで、本来は、亀山の皇統で続いていくはずでした。ところが、持明院統の訴えにより、幕府が、亀山の皇子・後宇多《ごうだ》天皇の皇太子に後深草の皇子・熙仁《ひろひと》親王を立てるという裁定をしたことによって、皇統が分裂することになったのです。

その後、持明院統から伏見《ふしみ》（熙仁親王）・後伏見（伏見の長男）の二天皇が皇位につき、次が

◎南北朝の皇室の系図

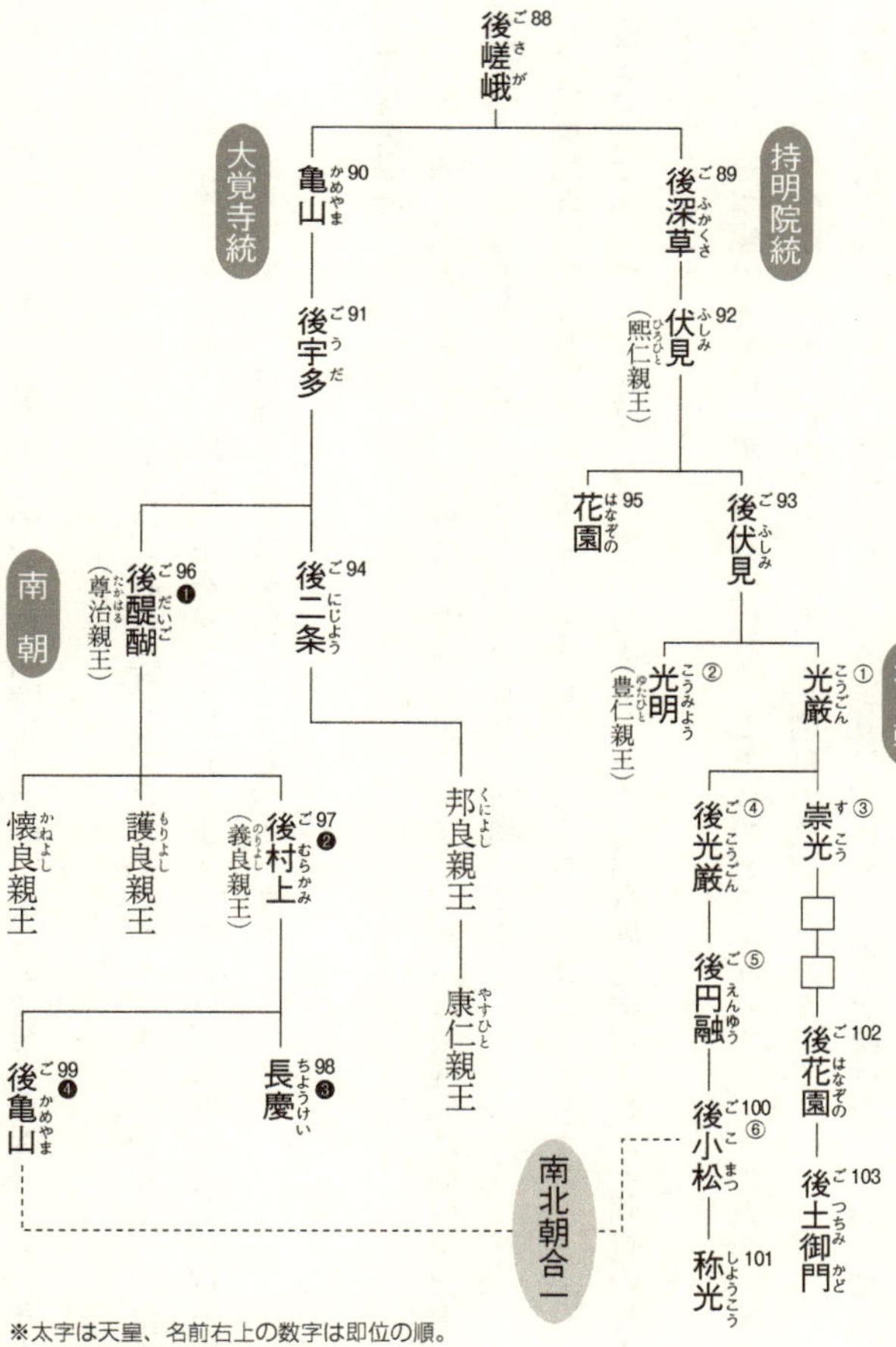

※太字は天皇、名前右上の数字は即位の順。
○は北朝、●は南朝の即位の順。

大覚寺統の後二条《ごにじょう》（後宇多の長男）、その次が持明院統の花園《はなぞの》（伏見の次男）と推移していきました。

伏見上皇が死去すると、後宇多上皇は幕府に運動し、皇太子だった次男・尊治《たかはる》親王を即位させ（後醍醐天皇）、後二条の長男・邦良《くによし》親王を皇太子に立てます。これは、大覚寺統で皇統を続けていく戦略であり、後宇多は邦良に皇統を続けさせるつもりでした。

後醍醐天皇の挙兵

しかし、後宇多の死去によって、さらなる混乱が生まれます。邦良は後醍醐に譲位を要求し、持明院統の後伏見も皇子を邦良の次の皇太子にするため同調します。

しかし、後醍醐は断固として拒否します。そうしているうち、邦良が死去しました。幕府は、新しく後伏見の皇子（のちの光厳《こうごん》天皇）を皇太子とします。後醍醐が譲位すれば、邦良の長男康仁《やすひと》が皇太子になることになります。

こうなると、後醍醐の子孫は、永久に皇位に就くことはできなくなります。このため、後醍醐は、幕府の譲位の要求を断固拒否するとともに、倒幕の決意を固めたのです。

この後醍醐の決意は、皇統の正統を守るというよりは、自分の皇統を続けたいという私欲にもとづくものでした。

元弘《げんこう》元年（一三三一）、後醍醐は、内裏を脱出して奈良に向かい、笠置山《かさぎやま》（京都府相楽郡）に逃れました。しかし、捕らえられ、翌年、隠岐に流されます。光厳は天皇になり、康仁が皇太子になりました。また、両統迭立《てつりつ》状態に戻ったのです。

そもそもが後醍醐のわがままから起こったことですので、事態はこれで収まるはずでした。ところが、後醍醐の皇子・護良《もりよし》親王や河内国の非御家人の武士、楠木正成らが蜂起《ほうき》します。赤坂城や千早城という山城に籠もっての正成のゲリラ戦は、『太平記』のハイライトです。幕府は、鎮圧軍を送りますが、苦戦します。

彼のような武士は、当時、「悪党」と呼ばれました。荘園を襲って年貢を奪うなどの行為があり、荘園領主らがそう呼んだのです。荘官として公家などに仕え、それまでの慣行を打ち破る新興の武士たちが生まれていたのです。

正慶二年（一三三三）閏《うるう》二月、後醍醐が隠岐から脱出し、伯耆《ほうき》国船上山《せんじようさん》に立て籠もって、全国の武士に幕府打倒を呼びかけます。

これに応《こた》えて六波羅探題を落とした足利高氏は、源義家《よしいえ》の子、義国《よしくに》を祖とする下野《しもつけ》国の有力御家人でした。代々、北条氏の得宗家と婚姻関係を結び、高氏の「高」の字も最後の執権・北条高時（貞時の子）から賜ったものでした。

高氏は、執権・北条高時の命令で反幕府勢力の鎮圧に向かったのですが、後醍醐の綸旨《りんじ》（天皇の命令を伝える文書）によって源氏再興を決意し、六波羅探題を攻撃したのです。

鎌倉を落とした新田義貞は源義国の子、義重《よししげ》を祖とする源氏の末裔《まつえい》ですが、鎌倉時代には北条氏に冷遇され、上野国《こうずけのくに》新田荘を領するだけでした。そうした不満もあり、倒幕の兵をあげ、鎌倉に向かいます。すると、義貞の軍勢に上野国や武蔵国の御家人が続々と加わってきました。

幕府軍は、分倍河原《ぶばいがわら》（東京都府中市）の合戦で敗れます。義貞は、稲村ケ崎（神奈川県鎌倉市）を磯伝いに鎌倉に入り、北条高時を追い詰めます。高時は、逃れた鎌倉・葛西ケ谷《かさいがやつ》で自害しました。鎌倉幕府は、御家人たちの手によって滅亡したのです。

鎌倉幕府滅亡の原因

鎌倉幕府滅亡の原因として、元寇のあと、十分な恩賞を与えられなかったことや得宗専制への不満、「悪党」と呼ばれる新興武士の勃興《ぼっこう》などがあげられています。これらは、幕府滅亡をもたらした火薬だといっていいでしょう。しかし、それが爆発するためには、火が必要です。

何がそれに火をつけたかといえば、自己の皇統の創始にこだわった後醍醐天皇の倒幕への意思だったでしょう。これがあって初めて、楠木正成ら「悪党」勢力が蜂起して幕府の討伐軍を悩ませ、ついに幕府を支えてきた関東在住の御家人までが幕府を見限ることになったのです。

幕府側の問題は、河内祥輔氏が指摘するように、両統迭立という天皇家内部の対立が致命的な結果をもたらすことになるかもしれないという危機感を持っていなかったことです（河内祥輔・新田一郎『天皇の歴史04天皇と中世の武家』講談社、二〇一一年）。

幕府は、たしかに武家政権であり、幕府の力で元寇も乗り切りました。このとき、朝廷は、異国調伏の祈禱《きとう》をすることしかできませんでした。しかし、幕府は、朝廷によって正当化されていたのであり、それを維持するためには天皇家の安定が必要だったのです。後醍醐の登場は、朝廷を分裂させ、幕府統治の正当性に疑問を抱かせることになりました。幕府滅亡の原因は、まさに天皇家の分裂にあったのです。

北条高時が自害したとき、七、八百人の得宗御内人が高時に殉じて自害しました。逆にいえば、御家人は北条氏を攻撃する側に回っており、滅んだのは北条氏だけだったということもできます。

とはいえ、幕府機構を握っていた北条氏が滅亡すれば、宮将軍も意味のない存在となり、幕府も消滅します。こうして権力は、廃位された天皇である後醍醐の手に戻りました。しかし、幕府を成り立たせてきた大多数の御家人は健在のままでした。

まず流れをつかむ！

第三章　南北朝と室町幕府

――南北朝・室町時代

鎌倉幕府滅亡後、後醍醐《ごだいご》天皇は天皇中心の政治を始めます。これを当時の年号をとって「建武《けんむ》の新政」といいます。しかし、後醍醐の政治は、国司《こくし》を復活させて貴族を任ずるなど、当時の社会の実態とかけ離れ、武士社会の慣行を無視することも多かったため不満が高まります。

建武二年（一三三五）、信濃《しなの》国（長野県）で諏訪《すわ》氏が、北条高時《ほうじょうたかとき》の遺児時行《ときゆき》を奉じて反乱を起こし、鎌倉を占領します（中先代の乱）。足利尊氏《あしかがたかうじ》（後醍醐の名前「尊治《たかはる》」の「尊」を賜って尊氏と名乗っていた）は、鎌倉を守っていた弟の足利直義《ただよし》の救援のため、後醍醐の命令のないまま関東に下って鎌倉を奪回し、後醍醐の政権の打倒を試みます。いったんは敗れて九州に落ちた尊氏でしたが、そこで勢力を回復し、翌年には京を回復します。

尊氏は、持明院《じみょういん》統の光明《こうみょう》天皇を立て、室町幕府を開きます。吉野に逃れた後醍醐は、正統な皇位にあるのは自分だとします。光明天皇の朝廷を「北朝」、吉野の朝廷を「南朝」と呼び、天皇二人が並立するこの時代を「南北朝時代」といいます。

南朝は劣勢でしたが、幕府内で尊氏の弟の直義と執事・高師直《こうのもろなお》とが武力抗争を始め、尊氏派、直義派、南朝の三勢力が離合集散を繰り返す奇妙な内乱が継続します。

京の室町に「花の御所」と呼ばれる邸宅を築いていた三代将軍足利義満《よしみつ》（尊氏の孫）は、明徳《めいとく》三年（一三九二）、南北朝の合体を実現します。義満は、有力守護を圧迫し、将軍権力の強化をはかります。

この頃、東アジアでも大きな変化があります。中国大陸では、貧農出身で紅巾《こうきん》の乱の指導者の一人になった朱元璋《しゆげんしよう》が、揚子江《ようすこう》の南北を支配下に置き、一三六八年、明《みん》を建国します。その後、大軍を派遣して、元の都・大都《だいと》を占領し、元の順帝《じゆんてい》をモンゴル高原に追い返し、一三八八年には元の残存勢力をほぼ滅ぼしました。

朝鮮半島では、軍事能力に優れた李成桂《りせいけい》が出て、女真人《じよしん》の平定や、元の残存勢力の討伐、倭寇《わこう》の鎮圧に功績があり、高麗《こうらい》政府の中枢に進出します。そして一三九二年、高麗国王を廃し、李氏朝鮮を建国しました。成桂は、親明政策をとり、九四年には首都を開城《かいじよう》から漢《かん》陽《よう》（漢城《かんじよう》、現在のソウル）に移します。成桂の第五子芳遠《ほうえん》（のちの太宗《たいそう》）は、異母弟や成桂擁立に功績のあった家臣らを殺し、王位に就きました。

六代将軍義教《よしのり》は、「万人恐怖」と呼ばれる専制政治を行いますが、有力守護の赤松満祐《あかまつみつすけ》に殺害されます。このため、将軍の権威は揺らぎ、八代将軍義政《よしまさ》の時代には、有力守護家の内紛に将軍家の家督争いがからんで、応仁《おうにん》元年（一四六七）、京都を舞台に応仁の乱という内乱が起こります。この内乱は、文明《ぶんめい》九年（一四七七）まで十年に及び、室町幕府の権力は衰退し、戦国時代に入っていきます。

室町時代の文化は、南北朝の頃を南北朝文化と呼び、室町時代前期の幕府最盛期の文化を、義満が建てた鹿苑寺《ろくおんじ》金閣の場所にちなんで北山文化、後期の文化を義政が建てた慈照《じしょう》寺《じ》銀閣の場所にちなんで東山文化と呼びます。

南北朝文化は、公家《くげ》文化と武家文化、それに中国からもたらされた禅宗文化が混在するものです。時代が変化していたことから、軍記物の『太平記』や『神皇正統記《じんのうしょうとうき》』のような史論も生まれます。

北山文化は、禅宗の影響が強い文化で、鹿苑寺金閣のほか、水墨画や五山（禅宗の名刹《めいさつ》五寺院をいう）文学、能や狂言などの演劇が代表的なものです。観阿弥《かんあみ》・世阿弥《ぜあみ》は、義満の保護を受け、能を完成させました。

東山文化は、書院造や枯山水《かれさんすい》などの建築や庭園、村田珠光《むらたじゅこう》が始めた侘茶《わびちゃ》や池坊専慶《いけのぼうせんけい》の華道など、現在に繋《つな》がる文化が多く発祥しています。

1　建武の新政の挫折

後醍醐天皇の理想

元弘《げんこう》三年（一三三三）六月五日、後醍醐天皇は京都に帰ります。幕府打倒に功績のあった足利高氏は、鎮守府将軍に任ぜられますが、征夷《せいい》大将軍には任ぜられませんでした。後醍醐は、鎌倉幕府のような権力の名目となる征夷大将軍に任ずるのは弊害があると考えたのです。しかし、信貴山《しぎさん》に籠もった護良《もりよし》親王を慰撫するため、征夷大将軍に任ずるというぶれもありました。

後醍醐は、鎌倉幕府が立てた光厳《こうごん》天皇を認めず、翌年、寵愛《ちょうあい》する阿野廉子《あのれんし》との間にできた恒《つね》良《よし》親王を皇太子に立て、年号を「建武」と改めます。武力で回復した天皇の政権を象徴する年号ですが、貴族の間には「武」という物騒な文字を使うことを批判する声もありました。

後醍醐が理想としたのは、天皇親政の時代とされる醍醐・村上天皇の時代、すなわち「延《えん》喜《ぎ》・天暦《てんりゃく》の治」に復古しようというものです。「後醍醐」という諡号《しごう》も、本来は崩御したあとに贈られるものですが、後醍醐は醍醐天皇にあやかって自ら選んでいます。

後醍醐は、記録所や雑訴《ざっそ》決断所を設け、土地をめぐる訴訟を裁定させますが、大量の訴訟が集中したため、混乱します。また、大内裏を新築するため二十分の一税などを課したため、不満が高まります。

東北地方には陸奥《むつ》将軍府、関東地方には鎌倉将軍府が置かれ、皇子が派遣されました。皇子を守護したのは武士たちですから、これも小幕府ができたようなものでした。諸国には守護に加えて国司を置き、貴族を任命しました。国司が国政と徴税を、守護が軍事を担当するということですが、軍事力を持つ守護の力が圧倒していましたから、うまく行くはずもありません。

中先代の乱

護良親王は、父、後醍醐に警戒され、征夷大将軍を解任されます。護良は、主導権を回復しようと足利尊氏の暗殺を企てますが、後醍醐によって逮捕され、尊氏の弟、直義が守る鎌倉に送られます。

建武二年（一三三五）七月、信濃国で、北条氏の譜代（代々同じ主家に仕えること）の家臣だった諏訪氏が高時の遺児、時行を奉じて反乱を起こします（中先代の乱）。時行の軍勢は強力で、直義は小手指原《こてさしがはら》、府中などの防衛線を破られ、鎌倉を脱出して三河《みかわ》に逃れます。このとき、時行に擁立されかねない護良を殺害しています。

尊氏は、後醍醐に時行討伐のため、総追捕使《そうついぶし》と征夷大将軍の任命を願います。しかし、関東に下ることすら許されませんでした。やむなく尊氏は、許可なく軍勢を動かします。すると、後醍醐は、尊氏に「征東将軍」の肩書きを与えてその行動を追認します。佐藤進一《さとうしんいち》氏は、護良を征夷大将軍に任じたときと同じであるとして、後醍醐は「状況判断の甘さ」があるだけでなく、「一見強気そうでいて、意外に弱気」だとしています（佐藤進一『日本の歴史9南北朝の動乱』（改版）中公文庫、二〇〇五年）。

後醍醐は、乱を鎮圧した尊氏に上洛《じょうらく》を命じますが、尊氏は直義の助言に従って鎌倉にとどまります。後醍醐は、尊氏を「朝敵」とし、新田義貞《にったよしさだ》らに討伐を命じます。尊氏は動揺し、鎌倉の浄光明寺《じょうこうみょうじ》に籠《こ》もります。義貞の軍勢は鎌倉をめざし、迎え討った直義の軍勢を破ります。ようやく腰をあげた尊氏は、義貞らの軍勢を破り、翌年正月には京都に入ります。

しかし、奥州《おうしゅう》から遠征してきた北畠顕家《きたばたけあきいえ》や義貞、楠木正成《くすのきまさしげ》らの軍勢に攻められ、九州に逃れます。その途中、尊氏は持明院統の光厳上皇と連絡をとり、義貞追討の院宣《いんぜん》を得ることができました。当時の武士にとってはこの名目が意外に大きな効果をもたらします。朝敵でなくなった尊氏は、九州で軍勢を立て直し、再び京都をめざします。防衛を命じられた正成は、湊川《みなとがわ》の戦い（兵庫県神戸市）で討ち死にし、後醍醐は京都から比叡山《ひえいざん》に逃れました。

2　南北朝の内乱

室町幕府の成立と南北朝内乱

京都に入った尊氏は、光厳上皇の弟豊仁《ゆたひと》親王を践祚《せんそ》（皇位を受け継ぐこと）させ、光明天皇とします。年号は、「建武」を復活させ、建武三年（一三三六）になります。

尊氏は、後醍醐に講和を呼びかけます。後醍醐は、あっさりこれを受け入れ、京都に戻りました。後醍醐は、保持していた三種の神器《じんぎ》を光明に引き渡し、太上《だいじょう》天皇の尊号を贈られます。皇太子には、後醍醐の皇子、成良《なりよし》親王が立てられました。この和睦《わぼく》は、再び両統迭立《てつりつ》の形をとることによって成立したのです。室町幕府成立の指標とされる建武式目十七カ条の制定は、この尊氏と後醍醐との講和時代のことです。

ところが後醍醐は、新田義貞が越前《えちぜん》で勢力を回復し、楠木正成の遺児正行《まさつら》が摂河泉《せっかせん》（大阪府）で態勢を立て直したことを知ると、軟禁されていた花山院《かざんいん》から脱出し、吉野に逃れます。そして後醍醐は、光明に渡した神器は偽物で、本物は自分が持っているとし、尊氏討伐を諸国に命じます。ここに吉野の南朝と京都の北朝が並立する南北朝時代が始まるのです。

自分で渡しておいて「偽物」とするのもどうかと思いますが、このため北朝の権威は揺らぐことになりました。徳川光圀が編纂した『大日本史』で南朝を正統としたのも、三種の神器が南朝にあったことが大きな理由になっています。この後、五十年以上にわたって南北朝の動乱が続きます。

北朝では、暦応《りやくおう》元年（一三三八）、尊氏を征夷大将軍に任じました。これを室町幕府の成立と考えることができないわけではありませんが、学界では佐藤進一氏の説（前掲書）にしたがって建武式目の制定に置くことが主流です。

ちなみに、「室町」というのは、三代将軍義満が建設した花の御所の所在地ですから、まだ「室町幕府」は成立していないということもできますが、教科書にある年表では南北朝時代と室町幕府は併存する形にしています。実際には、京都を握っていた足利氏が中央政権だったわけですから、室町幕府と呼んでいいと思います。

実は、室町時代後期にも同様の問題があります。応仁の乱あたりを境に戦国時代になると説明していますが、室町将軍は織田信長《おだのぶなが》に追放されるまでそれなりの権威を持っていますから、室町幕府も継続しているわけです。そのため年表では、やはり室町時代と戦国時代を併存させています。

室町幕府の支配体制と観応の擾乱

室町幕府は、尊氏が全国の武士を家来として従属させる武家の棟梁《とうりょう》となり、弟の直義が全国を統治する政務を行うという二頭体制をとりました。このため、尊氏が「主従制的支配権」を握り、直義が「統治権的支配権」を握ったとされます（佐藤、前掲書）。これは、たいへんきれいな説明の仕方ですが、支配権がきれいに分割できるというのは近代的な発想です。やはり主従制的支配権を握っていた兄の尊氏に統治権も含めて主導権があったと考えられます。

南朝との戦いでは、新田義貞が暦応元年に越前、藤島の戦いで敗死します。わずかな手勢で藤島城を襲おうとして、矢で射られたのです。尊氏が征夷大将軍に任ぜられたのは、義貞追討の賞を名目としています。

南朝は、奥州の北畠顕家を上洛させて、勢力を回復しようとします。顕家の軍勢は強力でしたが、奈良で敗れ、顕家は義良《のりよし》親王を吉野へ送り、和泉《いずみ》国石津《いしづ》で討ち死にします。まだ二十一歳の青年でした。父の北畠親房《ちかふさ》は、南朝を正統とする『神皇正統記』を書いたことで有名で、その後も南朝の中心人物として活躍します。

延元《えんげん》四年（一三三九）八月十六日、後醍醐が崩御します。五十二年の波乱の人生でした。十二歳の義良親王が践祚し、後村上《ごむらかみ》天皇になりました。

後醍醐がいなくなったわけですから、南北朝の内乱も収まってもいいはずなのですが、諸国の武士は、領地をめぐって互いに争い、相手が北朝方なら自分は南朝方といったぐあいに正当性の根拠をどちらかに求めたため、内乱は続きます。

そして、北朝の幕府でも、直義と尊氏の執事・高師直とが対立するようになります。鎌倉時代以来の武士官僚を使い、先例にもとづく政治を行おうとする直義と、新興の武士を配下に収め、彼らの横暴を擁護する師直の争いでした。

貞和《じょうわ》五年（一三四九）四月、直義が尊氏に迫り、師直の執事職を罷免させます。これが「観《かん》応《のう》の擾乱《じょうらん》」の始まりです。同年八月、師直は兵を挙げ、直義を攻めます。直義は尊氏の屋敷に逃れ、尊氏が師直を説得して直義が引退することで決着しました。しかし、観応元年（一三五〇）十月、直義が挙兵し、南朝と和睦をはかることによって南朝方の武士を味方につけます。直義は有利な戦いを進め、翌年二月、尊氏は講和します。師直は配流途上で殺害されました。

この年七月末、直義は、近江《おうみ》と播磨《はりま》に出陣した尊氏とその子義詮《よしあきら》の動向に危機を感じ、京都を脱出し、越前に逃れます。尊氏は、南朝と講和し、南朝は北朝の崇《す》光《こう》天皇を廃します（正平一統）。

越前の直義は、北陸から関東に向かい、鎌倉に入りました。尊氏は鎌倉を攻め、直義軍を降します。直義は、鎌倉に幽閉され、なぞの死を遂げました。しかし、尊氏と南朝の講和は破れ、尊氏派、直義の養子直冬《ただふゆ》派、南朝の三勢力が「擾乱」の言葉通り入り乱れて争います。

守護大名の成立

南北朝の内乱が長引いた原因として、鎌倉時代後期から始まった惣領《そうりよう》制の解体があげられています。本家と分家が独立し、それぞれの家では嫡子が単独相続するという形に変化してきたのです。

これによって、武士団内部が分裂し、互いに対立するようになります。その場合、何らかの権威に頼る必要があり、それが北朝であったり、南朝であったりしたのです。

内乱の中で力をつけたのは、各国に置かれた守護です。守護は、半済《はんぜい》令によって、国内の荘園や公領の年貢の半分を徴収する権利を与えられました。これは軍費調達のための措置ですが、これによって経済力を得た守護は、荘官や地頭《じとう》などを配下に置くようになりました。

守護は、荘園や公領を侵食するだけでなく、国衙《こくが》の機能も吸収して、一国全体の支配権を握るようになります。こうした守護を「守護大名」と呼びますが、領域支配をしていないので、「大名」とすることに反対する説も有力です。

荘官や地頭は、その国に根を下ろした侍ということで、のちに「国侍《くにざむらい》」とか「国人《こくじん》」と呼ばれるようになります。多くは守護の配下に入りますが、独立性は強く、地縁的に結合して国人一揆《いっき》を結成し、守護の支配に対抗することもありました。

3　室町幕府の確立と動揺

三代将軍義満の政治

明徳三年（一三九二）、三代将軍足利義満は、南朝の後亀山《ごかめやま》天皇と交渉し、南北朝の合体を実現しました。北朝では後円融《ごえんゆう》上皇、後小松《ごこまつ》天皇の時代です。

このときの条件も、三種の神器を後小松天皇に引き渡すかわりに両統迭立にする、というものでしたが、義満はその約束を果たそうとはしませんでした。そのため、後亀山は吉野に出奔《しゅっぽん》して、再び南朝を立てます。これを後南朝と呼びます。

翌年、後円融上皇が崩御すると、義満は子の義持《よしもち》に征夷大将軍を譲り、太政《だいじょう》大臣になります。義満は、後小松の実父として振る舞い、三后（太皇太后・皇太后・皇后）に準ずる准三后《じゅさんごう》になります。つまり天皇家の家族扱いになったのです。

将軍の邸宅は室町に建てた室町第《むろまちだい》（花の御所）ですが、隠居した義満は、西園寺《さいおんじ》家から北山にあった山荘の地を譲り受け、北山第《きたやまだい》を建設します。北山第に付属する山荘の舎利殿は、金箔《きんぱく》が張られており、金閣と呼ばれるようになります。北山第は、義満の死後、鹿苑寺になります

◎室町時代の乱と政変

義満	土岐康行の乱	明徳元年（1390）	美濃・尾張・伊勢の守護土岐康行を討伐する
	明徳の乱	明徳２年（1391）	西国11カ国の守護を兼ねる山名氏清らを滅ぼす
	応永の乱	応永６年（1399）	周防などの守護大内義弘を討伐する
義持	上杉禅秀の乱	応永23年（1416）	前関東管領上杉禅秀が鎌倉府の内紛に乗じて反乱
義教	永享の乱	永享10年（1438）	鎌倉公方足利持氏を討伐する
	結城合戦	永享12年（1440）	結城氏朝が持氏の遺児を擁して挙兵
	嘉吉の変	嘉吉元年（1441）	足利義教が赤松満祐らに殺害される
義政	享徳の乱	享徳３年（1454）	足利成氏が上杉憲忠を謀殺する
	応仁の乱	応仁元年（1467）	東軍（細川勝元）と西軍（山名宗全）が争う
義材	明応の政変	明応２年（1493）	細川政元が足利義材を廃す

が、通称である金閣寺の名のほうが有名です。

幕府の機構は、三管領四職《さんかんれいししき》と呼ばれます。管領は、将軍を補佐する役職で、侍所《さむらいどころ》や政所《まんどころ》などを統轄し、諸国の守護に命令を伝達します。三人が任命されたわけではなく、足利氏一門の細川《ほそかわ》・斯波《しば》・畠山《はたけやま》の三氏が交代で任ぜられます。四職も、侍所の長官（所司）に任命される赤松・一色《いっしき》・山名《やまな》・京極《きょうごく》の四氏を呼ぶものです。

鎌倉には、尊氏の子・足利基氏《もとうじ》が置かれました。これを鎌倉府といい、基氏とその子孫は鎌倉公方《くぼう》と呼ばれました。「公方」とは将軍を呼ぶ言葉で、鎌倉公方はいわば東国を治めるもう一つの幕府でした。鎌倉公方を補佐する関東管領は、上杉《うえすぎ》氏が世襲しました。

そのほか、奥州、羽州《うしゅう》、九州には、それぞれ探題が置かれ、その地域の軍事指揮権を握りました。

また、将軍直属の軍隊として、足利家の家臣や守護の一族、有力国人などを集め、奉公衆を編成しました。義満は、将軍権力の強化をはかって、多くの守護職を兼務する土岐《とき》氏、山名氏、大内氏を攻めます。これは、それぞれ土岐康行《やすゆき》の乱、明徳の乱、応永《おうえい》の乱と呼ばれていますが、「乱」というよりは義満の挑発による戦いでした。

日本国王に冊封

南北朝の内乱の頃、対馬《つしま》・壱岐《いき》・肥前《ひぜん》松浦《まつら》地方の海賊集団が、朝鮮半島や中国大陸の沿岸を襲う事件が頻発しました。これを倭寇といいます。のちに豊臣秀吉《とよとみひでよし》が禁圧する十六世紀の倭寇と区別して、「前期倭寇」とか「十四世紀の倭寇」ということもあります。

一三六八年、中国大陸では朱元璋が元の支配を脱し、漢民族の王朝である明を建国しました。義満は、正式な日明《にちみん》貿易を行うため、明に朝貢する形で使者を送り、明皇帝から「日本国王」に冊封《さくほう》（明の朝貢国として日本を統治することを認められる）されました。これは、当時の貴族の間でも、屈辱外交として評判が悪いものでした。日本国王に冊封されることによって皇位を簒奪《さんだつ》（奪い取る）しようとしたのだという説もありますが、義満は国内向けに日本国王の称号を使おうとはしていないので、あまり支持する研究者はいません。

義満は、遣明船を送り、莫大《ばくだい》な富を得ることができました。遣明船は「勘合」と呼ばれる明の証明書を持参する必要があったので、「勘合貿易」とも呼ばれます。

義満のあとを継いだ義持は、朝貢形式の貿易を嫌って日明貿易は中断しますが、六代将軍義教《よしのり》の時代に再開されました。十五世紀後半、幕府の力が衰えると、貿易の実権は、堺商人と結んだ細川氏と博多商人と結んだ大内氏に移ります。細川氏と大内氏は互いに争い、大永《だいえい》三年（一五二三）には寧波《ニンポー》の乱という衝突事件を起こします。その後は、これに勝利した大内氏が貿易を独占します。

応永の外寇

応永二十六年（一四一九）六月二十日、一万七千余の朝鮮軍が対馬を襲い、民家約二千戸を焼き払い、船約百艘《そう》を奪い、百名以上の島民を殺害しました。「応永の外寇《がいこう》」です。その後、朝鮮国王の太宗は、対馬島主の宗《そう》氏が島民をあげて朝鮮に投降するか、日本本土に引きあげるよう迫りますが、翌年、宗氏は朝鮮属州化を拒否します。

この事件は、対馬を根拠地とする倭寇を殲滅《せんめつ》しようとしたとも言われますが、国家形成時によくある領土拡大政策でしょう。ちなみに「倭寇」は、日本人、朝鮮人、中国人、さらにそれらの混血の者などで構成された境界領域に住む海の民で、必ずしも対馬島民ではありません

（村井章介『中世倭人伝』岩波新書、一九九三年）。

朝鮮では太宗の没後、親日的な世宗《せいそう》が即位し、交易を願う者に「図書《としよ》（銅印）」と「書契《しよけい》（文書）」を与え、それを携行する者に朝貢を許すという政策に変わりました。これにより朝鮮との交易を行う者が増大します。朝鮮では、渡航者には宗氏が発給する「文引《ぶんいん》（渡航証明書）」の携行を義務づけたので、朝鮮との交易は宗氏が管理するようになります。

民衆の成長と商業の発展

室町時代で強調されるのは、民衆の成長です。これまでの時代にも民衆の成長はあったでしょうが、この時代には農民たちが歴史の表舞台に登場することになります。

その特徴は、荘園や郷などの支配単位を超えて、惣村《そうそん》と呼ばれる地域的に団結する自治組織が生まれたことです。惣村の農民を「惣百姓」と呼びますが、これは名主《みようしゆ》や名主に成長した小農民です。その下には、名主の土地を耕す作人《さくにん》や名子《なご》、被官《ひかん》などと呼ばれる隷属民がいました。

惣村は、惣百姓による寄合《よりあい》で運営され、惣掟《そうおきて》と呼ばれる規範が定められました。また、荘園領主や国人などの領主に対して年貢を請け負う「地下請《じげうけ》」を行うようになりました。

名主の中で有力な者は、武士化して守護などと主従関係を結ぶようになります。こうした者を「地侍《じざむらい》」といいます。

商業の発達も室町時代に特徴的なもので、大量に輸入された永楽通宝《えいらくつうほう》などの明銭により貨幣経済が発達しました。都市では常設の小売店も増加し、応仁の乱後には月六回の六斎市《ろくさいいち》が一般化しました。

物資の保管や委託販売をしていた問丸《といまる》は、卸売りを行う問屋《といや》になり、馬借《ばしゃく》などの運送業者も成立しました。公家や寺社に販売の独占権などの特権を保証された同業者組合である座も、発達しました。

都市民や惣百姓は、「徳政（債務の免除）」を求めて土一揆《つちいっき》を起こすこともありました。正長《しょうちょう》元年（一四二八）の正長の土一揆は、近江の馬借が徳政令を要求して始めたもので、京都周辺の農民も参加し、金融業を営んでいた酒屋や土倉《どそう》、寺院を襲いました。これは、いわば自力による債務免除でした。

嘉吉の変

五代将軍義量《よしかず》が夭逝《ようせい》すると、義持が復帰して政治を行いますが、跡継ぎを決めないまま没します。そのため石清水八幡宮《いわしみずはちまんぐう》で籤《くじ》が行われ、義持の弟、義教が六代将軍に選ばれました。

義教は、神意を得たということで将軍権力の強化に乗り出し、鎌倉公方の足利持氏《もちうじ》を滅ぼします（永享《えいきょう》の乱）。

ほかにも有力守護を圧迫したため、嘉吉《かきつ》元年（一四四一）、播磨などの守護・赤松満祐《みつすけ》は、義教を京都の自邸に招き、殺害します（嘉吉の変）。赤松氏は幕府に討伐されますが、幕府の権威は失墜します。

義教のあとを継いだのは、九歳の義勝《よしかつ》（七代）でした。しかし、八カ月後には急死し、同母弟の三春《みはる》（元服して義成《よししげ》、のち義政と改名）が八代将軍となりました。義政は、成長すると将軍権力の強化をめざし、守護家の内紛にも介入するようになります。そのため、管領の斯波家や畠山家の内紛が長引きます。

享徳《きょうとく》三年（一四五四）、鎌倉公方足利成氏《しげうじ》（持氏の子）が関東管領上杉憲忠《のりただ》を謀殺したことから、享徳の乱が起こります。義政は、弟の政知《まさとも》を関東に派遣し、このため鎌倉公方は、政知の堀越《ほりごえ》公方と成氏の古河《こが》公方に分裂し、戦国時代に入っていくことになります。

将軍家では、男子のなかった義政が、弟の義視《よしみ》に将軍職を譲ることにしていましたが、正室の日野富子《ひのとみこ》との間に男子（義尚《よしひさ》）が誕生したため、義視と富子が対立することになります。

応仁の乱

応仁元年（一四六七）、山名宗全《そうぜん》が支援する畠山義就《よしなり》と、細川勝元《かつもと》が支援する畠山政長《まさなが》が合戦を起こしました。応仁の乱の始まりです。

これを契機に、守護大名が細川勝元と山名宗全のそれぞれに味方し、勝元の東軍と宗全の西軍が京都を舞台に戦うことになります。『応仁記』という軍記では、将軍家内部でも、義視が勝元、日野富子が宗全を頼っていたとされています。ちなみに、絹織物で有名な「西陣」の地名は、西軍が陣を置いたためについたものです。

緒戦は、勝元が室町第を占拠し、義政・義尚・義視らの身柄を確保したため、東軍が有利に戦いを進めます。しかし、周防《すおう》（山口県）の大内政弘《まさひろ》が海路三万の軍勢を率いて上洛して西軍に合流すると、西軍が優勢になります。義視は、室町第を抜け出し、西軍方の伊勢《いせ》に下ります。翌年九月、義視はいったん京都に戻りますが、十一月、再び室町第を脱出して西軍に擁立されます。これによって、幕府も東西に分裂することになりました。

応仁の乱では、新たに足軽部隊が登場します。守護大名が、戦力の不足を補うため、銭で雇った傭兵《ようへい》でした。彼らは、徳政一揆を起こした都市住民の末裔《まつえい》で、放火を繰り返し、京都を荒廃させました。

文明五年（一四七三）、宗全と勝元がともに世を去り、翌年には山名氏と細川氏の和議が結ばれますが、義視や畠山義就はなお戦いを継続し、同九年、ようやく義視が帰順するまで続きます。

後花園天皇の王者意識

南北朝合体を成し遂げた後小松天皇は、皇子の称光《しょうこう》天皇に譲位し、院政を始めました。しかし、称光天皇は、近臣や女官を鞭《むち》で打ったり弓で射たりする乱暴者で、しかも病弱でした。

正長元年（一四二八）七月、称光天皇が崩御すると、足利義教は、伏見宮貞成親王《ふしみのみやさだふさ》の子彦仁《ひこひと》皇子を後小松上皇の猶子《ゆうし》（名目的な養子）とし、践祚させました。後花園《ごはなぞの》天皇です。

後花園の時代には、後南朝勢力が内裏を襲い、三種の神器のうち、神璽《しんじ》（八尺瓊勾玉《やさかにのまがたま》）と宝剣が奪われるという「禁闕《きんけつ》の変」が起きました。これは、のちに取り戻されます。後南朝は、その後、歴史の闇の中に消えていきます。

後花園は、後土御門《ごつちみかど》天皇に譲位し、院政を始めます。

応仁の乱で大内政弘が上洛したときには、上皇や天皇は仙洞《せんとう》御所（院御所）と内裏から室町第に避難しました。この頃になると、天皇も教科書には出てこなくなりますが、後花園の時代にはまだ強い王者意識を持ち、幕府などの要請を受けて政敵追討の綸旨《りんじ》を発給するなど、政治に関与しています。

第四章　戦国時代

まず流れをつかむ!

戦国時代は、おおむね応仁《おうにん》の乱以降の室町幕府の時代を指します。百年ほど続いたこの時代は、室町幕府の権力は畿内近国にしか及ばず、各地に戦国大名が成立し、覇を競うことになります。

戦国大名とは、一国規模で独自の支配を行う地方権力のことをいい、その支配する領域を「領国」あるいは「分国」といいます。戦国大名には、一族や直属の直臣《じきしん》団のほか、国人《こくじん》、地侍《じざむらい》などが家臣に編成されていました。

戦国大名の第一号とされるのは、伊豆《いず》・相模《さがみ》を奪って小田原を根拠地とした北条早雲《ほうじょうそううん》です。子の氏綱《うじつな》、孫の氏康《うじやす》の時代には関東の大半を支配下に置き、豊臣秀吉《とよとみひでよし》の小田原攻めまで関東に君臨しました。

同様の戦国大名として、美濃《みの》を支配した斎藤道三《さいとうどうさん》がいます。これらの大名は、出自はさほどでもないにもかかわらず、一国以上を領国としたことで、戦国大名の典型とされています。

しかし、戦国大名の出自は、まちまちです。守護大名から戦国大名に成長する者もいれば、守護代やその家臣から成り上がる者もいます。薩摩《さつま》の島津《しまづ》氏のように、もともと守護家であっても、その分家から本家を継ぎ、戦国大名になる者もいます。中国地方十カ国を領した毛利《もうり》氏は、国人出身で、他の国人と縁戚《えんせき》関係を結ぶことによって勢力を拡大し、戦国大名になります。

戦国時代には、地域権力が自立していき、都市にも富裕な商人が市政を運営する自治都市が成立します。外国貿易で栄えた堺や博多はその典型です。

天文《てんぶん》十二年（一五四三）には、ポルトガル人を乗せた倭寇《わこう》の船が種子島《たねがしま》に漂着します。このとき、鉄炮《てっぽう》が伝来します。

同十八年（一五四九）には、イエズス会の創立者の一人、フランシスコ・ザビエルが鹿児島に来航し、鹿児島、山口、京都、豊後《ぶんご》などを訪れてキリスト教の布教をします。

ポルトガル船も、毎年のように来航して貿易を行います。外国との貿易に目をつけた九州大名の中には、豊後の大友宗麟《おおともそうりん》のようにキリシタン大名となる者もいました。

1　戦国時代の始まり

下剋上と戦国大名

応仁の乱は、室町幕府の権威を失墜させました。それまで京都に在住していた守護大名たちは、あいついで国に帰っていきました。守護の領国では、守護代などの家臣や国人たちが力を持つようになっていきました。

幕府では、文明《ぶんめい》五年（一四七三）、九歳の足利義尚《あしかがよしひさ》が九代将軍になります。まだ幼く、義政《よしまさ》が政治に無関心になっていたため、正室の富子《とみこ》が政務を代行するようになりました。

長享《ちょうきょう》三年（一四八九）、義尚は近江《おうみ》の軍中で急死します。二十五歳の若さでした。十代将軍には、義視《よしみ》と富子の妹の子、義材《よしき》（のち義稙《よしたね》）が迎えられました。

明応《めいおう》二年（一四九三）四月、細川勝元《ほそかわかつもと》の子、政元《まさもと》は、対立する義材を廃し、堀越公方《ほりごえくぼう》・足利政知《まさとも》の子、義澄《よしずみ》を十一代将軍に擁立しました。これを明応の政変といいます。

義澄は義尚、義材の従兄弟《いとこ》にあたり、義尚亡きあとの将軍候補でした。これは、富子も支持しており、以後、将軍家は、義澄の系統で続いていきます。

将軍が家臣によって廃された明応の政変は、「下剋上《げこくじょう》」の動きの最たるものであり、これを戦国時代の始まりとする説もあります。

南山城《みなみやましろ》地方では、文明十七年（一四八五）、国人たちの結合である山城国一揆《いっき》が、いまだに二派に分かれて争っていた畠山《はたけやま》氏の軍勢を国外に退去させるという事件が起こります。長享二年（一四八八）には、本願寺《ほんがんじ》の蓮如《れんにょ》によって布教された加賀《かが》の一向《いっこう》宗門徒が、国人と手を結び、守護大名の富樫政親《とがしまさちか》を倒し、その後、百年に及んで支配する本願寺領国ができました。

北条早雲と斎藤道三

関東では、足利持氏《もちうじ》の子成氏《しげうじ》が鎌倉公方になっていましたが、駿河《するが》では北条早雲（伊勢盛時《いせもりとき》）が、妹の夫、今川義忠《いまがわよしただ》を助け、対立する小鹿範満《おがのりみつ》を討っていました。明応の政変の年、早雲は堀越公方・足利茶々丸《ちゃちゃまる》を攻め、やがて滅ぼして伊豆を手に入れます。政知の庶子である茶々丸は、将軍になった義澄の同母弟、潤童子《じゅんどうじ》とその母を殺害して堀越公方になっていました。おそらく早雲は、将軍の弟の敵を討つという大義名分のもとに行動したのです。

さらに早雲は、小田原城主の大森《おおもり》氏を攻め、小田原を本拠地とします。

この北条早雲が、戦国大名第一号といわれています。かつては、一介の浪人から身を起こしたとされていましたが、現在では、室町将軍家に仕える伊勢氏の一員で、今川氏とも縁戚《えんせき》関係にあったことが知られています。

美濃では、西村新左衛門尉《しんざえもんのじょう》という者が、美濃の名族長井《ながい》氏に仕え、長井姓を名乗ります。新左衛門尉は、守護土岐《とき》氏や守護代斎藤《さいとう》氏から実権を奪います。その子規秀《のりひで》は、長井氏本宗家を滅ぼし、守護の土岐氏を追放し、土岐頼芸《よりなり》を擁立して美濃国の実権を握り、斎藤氏の名跡を継ぎました。これが司馬《しば》遼太郎《りょうたろう》氏の小説『国盗り物語』の主人公となった斎藤道三です。

北条早雲と斎藤道三は、一代で戦国大名に成り上がった下剋上の象徴的人物です。実際には単なる浪人でなく、また一代で成り上がったわけではありませんが、この時代でなければありえないことでした。

幕府の実権を握った細川氏でも、家臣の三好長慶《みよしながよし》が実権を握り、さらにその家臣の松永久秀《まつながひさひで》が実権を握るようになります。

2　戦国大名の群像

中国・九州・四国地方の戦国大名

中国地方の有力な戦国大名となった毛利元就《もとなり》は、安芸《あき》国吉田郡山《よしだこおりやま》城を本拠とする国人出身です。元就の三男は安芸国沿岸部の有力国人小早川《こばやかわ》氏を継いで小早川隆景《たかかげ》となり、次男は安芸国内陸部の吉川《きっかわ》氏を継いで吉川元春《もとはる》となります。これを「毛利両《りょうせん》川体制」といいます。元就は、毛利家を継いだ長男隆元《たかもと》と元春・隆景に一本なら折れる矢も、三本なら折れないという「三矢《さんし》の教え」を教訓したことで有名です。

中国地方では、周防《すおう》・長門《ながと》・石見《いわみ》を領し、山口を本拠地とする大内《おおうち》氏が有力でしたが、天文二十年（一五五一）、大内義隆《よしたか》は重臣の陶晴賢《すえはるかた》に攻められ、自害します。晴賢は、大友義鎮《よししげ》の弟を擁立して大内義長《よしなが》としますが、弘治《こうじ》元年（一五五五）の厳島《いつくしま》合戦で毛利氏に敗れ、自害します。元就は、大内義長も滅ぼし、安芸・備後《びんご》に加え周防・長門・石見を支配します。

その後、石見に出雲《いずも》の尼子《あまご》氏が進出し、石見銀山をめぐって毛利氏と尼子氏が争います。永《えい》禄《ろく》五年（一五六二）、元就は、石見銀山を奪還し、石見を制圧します。そして、同九年（一五六六）、尼子義久《よしひさ》が本拠地の月山富田《がっさんとだ》城を明け渡し、毛利氏の支配は出雲まで拡大しました。

北九州では、初代が豊後・筑後《ちくご》の守護という系譜を持つ大友氏が、鎌倉時代後期に豊後に下り、戦国時代に義鎮（宗麟）が出て、九州北部に勢力を拡大します。義鎮は、自らキリシタン大名となり、ポルトガルとの貿易で経済力をつけ、強大になりました。

南九州では、薩摩・大隅《おおすみ》・日向《ひゅうが》の三国の守護だった島津氏内部で抗争があり、分家の伊作《いざく》島津氏が有力になり、守護家を継いで島津貴久《たかひさ》が三国を支配、さらにその子の義久《よしひさ》の時代に南九州を支配し、豊後の大友氏と争いました。

四国では、国人出身の長宗我部《ちょうそかべ》元親《もとちか》が土佐《とさ》を統一し、四国全体に勢力を拡大していきました。

武田信玄と上杉謙信

戦国時代のハイライトとして語り継がれているのは、五度に及んだ川中島の戦いです。これは、甲斐《かい》を本拠に信濃《しなの》に進出した武田信玄《たけだしんげん》（晴信《はるのぶ》）と、越後《えちご》を本拠に関東管領上杉《うえすぎ》氏の名跡を継いだ上杉謙信《けんしん》（長尾景虎《ながおかげとら》）との戦いです。

武田氏は、もと甲斐国の守護で、晴信が父信虎《のぶとら》を駿河国に追放して支配体制を築き上げます。晴信は、妹が嫁いでいた信濃の諏訪《すわ》頼重《よりしげ》を滅ぼし、北信濃へ進出していきます。

謙信は、越後国の守護代の長尾氏出身で、病弱な兄晴景から家督を継ぎ、越後国を統一、十三代将軍義輝《よしてる》から越後国守護に任ぜられました。その後、関東管領の上杉憲政《のりまさ》から上杉家の名跡を譲られます。

永禄四年（一五六一）九月に行われた第四次川中島の戦いが、その最大の戦いです。海津城《かいづ》（長野県松代市）に拠点を築いた信玄に対し、謙信はその南方の妻女山《さいじょさん》に陣を布《し》きます。信玄は、千曲川《ちくまがわ》を越えて八幡原《はちまんばら》に本陣を移し、別動隊に妻女山を攻撃させ、上杉軍が逃げたところを攻撃しようとします。

しかし、これを察知した謙信は、夜、密《ひそ》かに雨宮の渡しを渡って八幡原に軍勢を移動させ、早朝から信玄の本陣を攻撃します。鶴翼《かくよく》の陣を取る武田軍に対し、車懸《くるまがか》りの陣で攻撃した上杉の軍勢が優勢で、武田軍は信玄の弟の信繁《のぶしげ》、軍師の山本勘助《やまもとかんすけ》らが討ち死にします。

しかし、妻女山攻撃に赴いた別働隊が八幡原に駆けつけると、武田軍が盛り返します。その混乱の中で、謙信がただ一騎で信玄の本陣を襲い、信玄に斬りつけたという逸話があります。

この戦いの模様は、江戸時代初期に成立した『甲陽軍鑑《こうようぐんかん》』という軍学書に書かれています。戦いの細部はフィクションだと思われますが、このとき、川中島で大きな戦いがあったこと自体は史実です。北信濃をめぐってこのような戦いを繰り返していたため、謙信も信玄も兵力を消耗し、京都に上るのが遅れたとされています。

もっとも、戦国大名の誰もが京都をめざしたというわけではなく、特に謙信は、関東管領として関東の秩序維持こそが自分の役割と考えていたようです。

桶狭間の戦い

永禄三年（一五六〇）の今川義元《よしもと》と織田信長《おだのぶなが》の間で戦われた桶狭間《おけはざま》の戦いは、戦国時代の転機となります。

当時、駿河・遠江《とおとうみ》を本拠とした今川義元は、三河《みかわ》に勢力を拡大し、尾張《おわり》への進出をはかっていました。この年五月、義元は、駿河・遠江・三河から二万五千余の軍勢を動員し、尾張に侵入しようとします。

対する織田信長は、尾張国の守護代の一族で、尾張統一の途上でした。織田方の鷲津《わしづ》・丸根《まるね》の両砦《とりで》が落ちたことを知った信長は、同月十九日早朝、「敦盛《あつもり》」を舞い、わずかの兵を率いて清洲《きよす》城を出て、熱田《あつた》神宮に達します。ここで軍勢が集まるのを待った信長は、善照寺《ぜんしょうじ》砦に軍勢を結集させ、さらに中島砦に進出します。ここは、桶狭間に陣を布いた今川軍から丸見えでした。

折からの豪雨があがると、信長は全軍に攻撃命令を出します。織田軍の決死の攻撃に、今川軍の先鋒《せんぽう》は後ろに崩れていきます。このため今川軍の陣形は崩れ、本陣の義元も退却を始めますが、追撃した織田軍は義元を追い詰め、その首を取ります。太田牛一《おおたぎゅういち》の『信長公記』を見る限り、信長は奇襲を行っていません。奇襲戦法は、近代の参謀本部が『甫庵《ほあん》信長記』によって作り出したものだったのです（藤本正行『桶狭間の戦い』洋泉社、二〇一〇年）。

この戦いを契機に、信長は尾張統一を推し進め、さらに斎藤龍興《たつおき》を追放して美濃に進出します。今川氏から自立した松平元康《まつだいらもとやす》（徳川家康《とくがわいえやす》）は、岡崎城を根拠に三河を固め、信長と同盟して遠江・駿河に進出します。

のちに信長が京都に進出して織田政権を樹立することができたのは、ひとえにこの戦いの勝利があったからです。もし負けていれば、さらに戦国時代が続いていたかもしれません。

このときの今川義元に、京都に上って政権を樹立する意図があったかどうかについては、否定的な説が有力です。おそらく義元は、尾張に勢力を拡張しようとしたのだと思います。これに敗北したことで今川氏は弱体化し、あとを継いだ今川氏真《うじざね》は徳川家に滅ぼされることになります。

戦国時代の天皇

室町幕府の権力が衰えた戦国時代は、天皇家の権威も究極にまで衰えます（渡邊大門『戦国の貧乏天皇』柏書房、二〇一二年）。

応仁の乱のときの天皇、後土御門《ごつちみかど》は、譲位して院政を行いたかったのですが、その費用を賄うことができず、天皇のまま崩御します。幕府も衰えていたので、譲位費用を出ししぶったのです。しかも、崩御したあとも、葬儀費用が工面できず、なかなか葬儀も行えませんでした。幕府が銭一万疋《びき》（銭一疋は十文のことをいい、一万疋だと銭百貫（十万文）で約一千万円）を贈り、葬儀が執り行われたのは、崩御後四十三日目のことでした。

あとを継いだ後柏原《ごかしわばら》天皇は、やはり費用がないため、即位式ができませんでした。ようやく即位式を執り行ったのは、践祚《せんそ》してから二十一年後のことでした。

後柏原のあとは、後奈良《ごなら》天皇が践祚しました。後奈良もなかなか即位式ができなかったのですが、周防の戦国大名大内義隆から二十万疋という大金が献上され、越前《えちぜん》の朝倉孝景《あさくらたかかげ》から銭百貫、美濃の土岐頼芸《よりなり》からも銭十貫の献金があり、ようやく即位式が行われました。践祚してから十年後のことでした。

戦国大名たちがなぜ朝廷を援助したかといえば、それは献金することによって官位を得たり、昇進したりすることができたからです。義隆は、度重なる献金によって、従五位上《じゆごいのじよう》、左京大夫《さきようのだいぶ》、正五位下《しようごいのげ》・周防介、筑前守、従四位下と官位を得ています。

筑前守に叙任されたからといって、筑前国を支配できるわけではありません。しかし、義隆は、大友氏と少弐《しように》氏の連合軍を破り、実際に筑前国を支配下に収めていました。その上で、筑前守の任官を申請したのです。筑前国支配を正当化する名目を得たということですが、なにより戦国大名にとって、官位は名誉なことであったのです。

戦国大名の多くは、官位を名乗っています。毛利元就が大膳大夫《だいぜんのだいぶ》を名乗り、島津貴久が修理大夫《しゅりのだいぶ》を名乗ったのもその一例です。これらは献金によって得たものですが、戦国大名の権威を高めることにもなりました。

後奈良は、弘治三年（一五五七）に崩御し、正親町《おおぎまち》天皇が践祚します。後に述べるように、正親町は信長を深く信任するようになりました。

戦国大名と戦国時代

戦国時代には、荘園《しょうえん》や公領を管理していた荘官や地頭《じとう》が国人（国侍）として、中央の貴族や寺社などの上級領主から独立していきます。つまり、中世社会の基礎になっていた荘園公領制が解体していくのです。戦国大名は、これらの国人を家臣団に組織していきます。

戦国大名の中には、領国支配のために分国法を制定する者もいました。有名な分国法に、駿河の今川家の「今川仮名目録」、甲斐の武田家の「甲州法度之次第」、越前の朝倉家の「朝倉孝景条々」、奥州の伊達《だて》家の「塵芥集《じんかいしゅう》」などがあります。「甲州法度之次第」には、有名な喧嘩《けんか》両成敗法の規定もあります。

また戦国大名は、大きな城を築き、城下町には商工業者を集めるなどの施策を行い、大河川の治水事業や鉱山の開発を行いました。領地には検地を行い、生産高を銭で換算して貫高で表示し、家臣に領地の貫高に応じた軍役を負担させる者もありました。

このように、戦国大名は、朝廷や幕府の権力に頼ることなく、自力で領国を形成し、独自の支配を行う地方権力でした。

京都にはなお室町幕府が命脈を保っていましたが、十三代将軍足利義輝が家臣の松永久秀と三好三人衆（三好長逸《ながやす》・三好政康《まさやす》・岩成友通《いわなりともみち》）によって殺害されるなど、その権威は極限にまで縮小していました。

戦国大名が各地に分立した時代を、戦国時代といいます。いつも戦っていたように感じられる名称ですが、領国支配を行うまでに成長した戦国大名は、それぞれの領国内の秩序を形成していきます。こうした歴史的な達成の上に、天下統一が行われるわけです。

第三部 近世

第一章　織豊政権
——安土・桃山時代

まず流れをつかむ!

織田《おだ》信長《のぶなが》、豊臣秀吉《とよとみひでよし》の政権を織豊《しょくほう》政権といい、この時代を、信長・秀吉が築いた城の地名から安土《あづち》・桃山時代といいます。「桃山」というのは、関白を甥《おい》の秀次《ひでつぐ》に譲って太閤《たいこう》となった秀吉が政務をとった伏見《ふしみ》城のあった場所ののちの地名です。

信長は、足利義昭《あしかがよしあき》を奉じて上洛《じょうらく》します。しかし、信長のおかげで将軍となった義昭は、信長の傀儡《かいらい》の地位に甘んじることを嫌い、甲斐《かい》の武田《たけだ》氏など有力な戦国大名と連絡をとり、信長を排除しようとします。そのため逆に信長に攻められ追放されることになり、まがりなりにも十五代、約二百四十年続いた室町幕府は滅亡することになります。

信長は三河《みかわ》の徳川家康《とくがわいえやす》と同盟し、朝倉義景《あさくらよしかげ》・浅井《あざい》長政《ながまさ》らを始めとする戦国大名を次々と滅ぼし、一向一揆《いっこういっき》も殲滅《せんめつ》していきます。そして天正《てんしょう》十年（一五八二）、ついに甲斐の武田勝頼《かつより》を滅ぼします。天下をほぼ手中にした信長でしたが、家臣の明智《あけち》光秀《みつひで》に謀叛《むほん》を起こされ、本能寺《ほんのうじ》で自害します。

信長の後継者となったのは、部将の羽柴《はしば》秀吉でした。秀吉は、光秀を討ち、同じ織田氏の有力部将柴田《しばた》勝家《かついえ》を滅ぼします。信長の子信雄《のぶかつ》は家康と結んで秀吉に対抗しますが、結局は秀吉に従うことになります。上杉景勝《うえすぎかげかつ》、毛利《もうり》輝元《てるもと》、家康らも次々と秀吉に従います。秀吉は、関白となり、九州の島津《しまづ》氏を屈服させ、関東の北条《ほうじょう》氏を滅亡させ、奥羽《おうう》の大名も服属してきてついに天下を統一します。

秀吉は、さらに大陸への進出を企てます。当初、朝鮮に送った軍勢は十五万に及び、平壌《ピョンヤン》まで侵攻しますが、明《みん》の援軍に押し戻されます（文禄《ぶんろく》の役《えき》）。その後、講和交渉がなされますが、折り合わず再び戦端が開かれます（慶長《けいちょう》の役）。そしてその最中、秀吉は没し、全軍に撤兵命令が出されます。

織田政権下では、関所の撤廃や楽市楽座の政策がとられ、自由な物資の流通がはかられました。

豊臣政権下では、太閤検地が行われ、兵農分離がほぼ完成するとともに、中世を通じて存続していた荘園《しょうえん》制が最終的に解体されます。江戸時代の社会関係は、ほぼ豊臣政権下で完成していたのです。

戦国時代に日本に来航したポルトガル人は、鉄炮《てっぽう》やキリスト教をもたらし、日本の社会に大きな影響を与えました。信長は、世俗的な仏教勢力を嫌っていたので、遠い国から布教に来たイエズス会士たちを優遇しました。

天正十五年（一五八七）、九州を制圧した秀吉は、長崎がイエズス会に寄進されていること、ポルトガル人が日本人を奴隷として海外に売っていること、キリシタン大名が領内の神社仏閣を破却していることなどを知り、伴天連《ばてれん》（宣教師）追放令を出しました。ただしキリスト教の信仰そのものは許し、貿易も従来通り行ったので、宣教師は日本に潜伏して布教を続けていました。慶長元年十二月には、イスパニア船サン＝フェリペ号の土佐《とさ》漂着を契機に宣教師や信者が摘発され、長崎で「二十六聖人殉教」事件が起こります。

桃山文化は、新興の大名や貿易で富裕となった豪商などの経済力を反映した豪壮華麗な文化で、ヨーロッパ文化の影響も強く受けていました。

それを象徴するのは、安土城や大坂城といった天下人の居城です。安土城の天守は七層で、柱は朱や黒漆で塗られ、城の瓦《かわら》や壁には金箔《きんぱく》が張られ、城の内部には狩野永徳《かのうえいとく》らによって金地に濃厚な色彩を用いる濃絵《だみえ》の障壁画が描かれました。

一方、秀吉の茶頭《さどう》だった千利休《せんのりきゅう》によって、侘茶《わびちゃ》の作法が完成されました。芸能でも、大名から庶民まで楽しんだ能や狂言のほか、出雲《いずも》の阿国《おくに》によって始められたかぶき踊りも人々の評判となりました。三味線も、この頃、琉球《りゅうきゅう》から伝えられました。

1　織田信長の天下統一事業

織田信長の上洛

永禄《えいろく》三年（一五六〇）、今川義元《いまがわよしもと》を桶狭間《おけはざま》の戦いで破った織田信長は、今川氏から独立した三河の徳川家康と同盟を結んで背後を固め、永禄十年（一五六七）には美濃《みの》の斎藤龍興《さいとうたつおき》を追放して稲葉山《いなばやま》城に入城します。信長は、稲葉山城を岐阜城と改名し、「天下布武」の印判を使用しはじめます。この意味は、戦いをやめるなどの「七徳の武」をもって天下を治めるというものです。

信長が美濃を攻略した背景には、斎藤道三《どうさん》の娘、濃《のう》姫を正室としていたことがあります。斎藤家では、道三が子の義龍《よしたつ》に殺され、その義龍も永禄四年に急死し、その子龍興があとを継いでいました。道三の娘婿である信長には、美濃を攻める「正当性」があり、それを口実に斎藤氏の家臣を味方につけていき、ついには美濃を奪うことができたのです。

永禄八年五月、十三代将軍足利義輝《よしてる》が、幕府の実権を握る松永久秀《まつながひさひで》や三好《みよし》三人衆に御所を襲われます。義輝は、予備の刀を何本も畳に刺し、持ち替えて勇敢に斬り結びますが、とうてい支えきれず、自害します。

弟で奈良一乗院《いちじょういん》の僧侶《そうりょ》となっていた覚慶《かくけい》は、脱出して近江《おうみ》に逃れ、還俗《げんぞく》して足利義昭と名乗ります。

義昭は、越前《えちぜん》の朝倉義景を頼りますが、義景に上洛する気がないので、信長を頼ることにします。信長は、これに応《こた》え、永禄十一年（一五六八）九月、京都に軍を進め、十月には京都を回復します。義昭は参内《さんだい》し、室町幕府第十五代将軍に任ぜられます。

信長が京都に上ることができたのは、足利義昭を奉じていたためです。その意味では、現職の将軍が殺害されることがあったとしても、将軍自体は必要だと考えられていたわけです。

室町幕府の滅亡

将軍が必要だといっても、その地位を維持するには将軍が時の権力者の行動を認めることが条件でした。しかし、将軍になった義昭は、自由に政治を行おうとし、信長と衝突することになります。天皇にせよ、将軍にせよ、実力がなくても君主意識だけは強いのです。

永禄十二年、信長は、義昭に意見書を提出し、諸国に命令したいことがあれば自分に伝えるように、などと要請しています。義昭は、御内書《ごないしょ》（将軍の書状）を各地の戦国大名に発給し、自らの命令に従わせようとしていたのです。

このため、信長への包囲網が形成されていきました。元亀《げんき》元年（一五七〇）、信長は、姉川《あねがわ》の戦いで朝倉・浅井連合軍を破り、彼らに味方した比叡山延暦寺《ひえいざんえんりやくじ》の焼き討ちも行います。

元亀三年（一五七二）十月、義昭の要請を受けた武田信玄《しんげん》は、二万五千の大軍を率いて京都に向かい、十二月には織田・徳川連合軍を遠江《とおとうみ》の三方ヶ原《みかたがはら》の戦いで破ります。このとき、信玄が同盟破棄の通告をしなかったので、信長は終生、武田氏を目の敵《かたき》にします。信玄の勝利を聞いた義昭は、翌年二月、信長に対して挙兵しますが、四月に信玄が没したため、信長と講和します。

同年七月、義昭は、山城《やましろ》の槇島城《まきしま》で再び挙兵しますが、すぐに降伏することになり、追放されます。こうして室町幕府は滅亡しますが、義昭はまだ将軍のままでした。毛利氏を頼り、義昭が鞆《とも》（広島県福山市）にいたとき、これを「鞆幕府」と呼ぶ研究者もいますが、幕府の実体はありません。

勢いに乗った信長は、越前の朝倉義景、北近江の浅井長政を滅ぼします。さらに、天正二年（一五七四）に伊勢《いせ》長島の一向一揆を、翌年には越前の一向一揆を滅ぼします。そして信長は、近江の琵琶《びわ》湖に面した地に新たに七層の天守閣を持つ華麗な城（安土城）を築き、全国統一の拠点とします。

信玄の子勝頼は、甲斐から東美濃、遠江、三河を侵食していました。そして天正三年五月、両者は三河の長篠《ながしの》で激突することになります。

武田氏は、強力な騎馬軍団で有名でした。信長は、軍勢の前方に馬防柵《ばぼうさく》を築き、攻撃してくる騎馬軍団に対し、多数の鉄炮を撃ちかけ、武田氏の軍勢を殲滅します。

このとき、信長は、三千挺の鉄炮を三列に配し、交代で撃たせたとされていますが、三千挺という数字にも、三列の交代射撃にも、現在では疑問が呈されています。しかし、鉄炮が千挺を超えていたことはたしかですし、騎馬の軍勢が馬防柵まで到達できなかったことも事実なので、鉄炮の射撃方法になんらかの工夫があったことは間違いないでしょう。

信長の勝因は、堺《さかい》や近江の国友など、鉄炮の生産地を押さえ、多数の鉄炮を備えていたことだったのです。それには、経済力も必要です。

信長は、自治都市として繁栄した堺や大津を直轄地とし、安土城下では商工業者に自由な営業を認める楽市楽座の令を出して都市の繁栄をはかりました。

また、畿内に多くあった関所を撤廃し、貨幣の円滑な流通のために撰銭令《えりぜにれい》を出すなど、商業の発達に力をそそいでいます。こうした政策により、信長は、他の戦国大名とは比べものにならない経済力を手に入れていたのです。

信長の官位

天正三年（一五七五）十一月、朝廷は、武田氏を破った信長を従三位《じゅさんい》・権大納言《ごんのだいなごん》に叙任し、次いで右大将《うだいしょう》（右近衛大将《うこのえのたいしょう》）に任じました。これは、将軍に準ずる官位でした。

室町幕府の歴代将軍は、義昭の場合、従四位下《じゅしいのげ》・参議兼左中将で将軍宣下《せんげ》を受けています。他の将軍も左中将から右大将に昇進することはありますが、おおむねそれに準じています。ところが信長は、将軍宣下こそ受けていませんが、大納言になっています。

公家の場合なら大納言の上には大臣がありますが、武家が叙任する官位としては破格でした。つまり、朝廷は、長篠の合戦の勝利を受けて、信長の天下人としての地位を認めたといっていいでしょう。

翌四年十一月、信長は正三位《しょう》・内大臣になり、同五年十一月、従二位・右大臣、そして同六年一月には正二位というように急速に官位を上昇させていきます。

ところがこの年三月、信長は、右大臣・右大将の両官を辞官します。このため、信長が朝廷の官職から自由になろうとしたのだと評価する説もあります。しかし、信長は、「万国安寧、四海統一」のときに再び官職を受けますと返答しており、官職を否定していません。

朝廷の官職は、一度それに任ぜられることに意味がありました。朝廷の序列に関わるからです。信長がいつまでも右大臣の職にあると、公家《くげ》の昇進の邪魔をすることになり、居座り続けるよりは辞したほうがよい、という判断があったのではないでしょうか。

信長の関心は、すでに武家の第一人者として認められている以上、官位の上昇より、全国の大名の服属にこそあったのです。

信長の達成

天正八年（一五八〇）三月九日、小田原の北条氏政《うじまさ》は、信長に使者を遣わし、鷹《たか》十三足《もと》を進上しました。氏政の要望は、信長の娘を嫡子氏直《うじなお》の室に迎え、北条氏領国を織田家の分国にするというものでした。

信長は上機嫌で、滝川一益《たきがわかずます》を案内者として京都をゆっくりと見物し、その後、安土城へ立ち寄るように、と命じました。氏政の思惑は、信長ととりあえず良好な関係を築いておこうというものだったでしょうが、信長は、関東もほぼ自己の勢力下に入ったと思ったでしょう。

奥州《おうしゅう》の伊達輝宗《だててるむね》は、天正元年から信長と連絡を取っていました。天正五年閏《うるう》七月二十三日には、輝宗から鷹が進上され、信長は、上杉謙信《けんしん》の討伐に協力するようにと命じています。信長は、伊達氏を部将扱いしていたのです。

九州の島津氏とは、天正三年から通信がありました。信長と中国地方の毛利氏との対決が日程にのぼると、信長は、薩摩《さつま》・大隅《おおすみ》・日向《ひゅうが》を領する島津義久《よしひさ》に書状を送り、豊後《ぶんご》の大友宗麟《おおともそうりん》との間に和議を締結するよう命じています。天正八年のことです。

　このように、信長は、関東から奥州、そして九州まで勢力を拡大していました。敵対していたのは、隣接する甲斐の武田氏と中国地方の毛利氏だけでした。

　信長と朝廷、とりわけ正親町《おおぎまち》天皇との関係は良好でした。それを象徴するのが、天正九年（一五八一）二月二十八日に行われた京都での馬揃え（信長軍団による軍事パレード）です。

　正親町天皇は、安土で行われた馬揃えの評判を聞き、京都でも同様の催しを望みました。そこで信長は、家臣の明智光秀に命じ、京都で馬揃えを行うことにしたのです。正親町天皇や誠《さね》仁《ひと》親王は、たいへん喜び、再び馬揃えを要望し、信長は三月五日にも再度挙行しています。

　その二日後、正親町天皇は、急に使いを誠仁親王に遣わし、信長を左大臣に推挙することを告げます。左大臣は、非常置の太政大臣《だいじょう》を別にすれば最高の官職です。

　信長は、正親町天皇の譲位、誠仁親王の即位の上で左大臣の官職を受けると答えました。信長が天皇の譲位を要求したとして、信長と朝廷の対立だとする説もありますが、中世以来、天皇が譲位して上皇となるのが朝廷の慣行でした。戦国時代には、朝廷が衰微して行えなくなっただけです。この信長の申し出は、正親町天皇にとってもありがたいことだったはずです。

天正八年（一五八〇）、信長は、途中講和をはさんで十年にわたって敵対してきた石山本願《いしやまほんがん》寺《じ》を屈服させ、畿内全域をほぼ支配下におきました。

武田氏の滅亡

次に信長がめざしたのは、甲斐の武田勝頼の攻撃でした。

天正九年三月、勝頼の前線基地だった遠江高天神《たかてんじん》城が、徳川家康によって落城しました。このため、これを支援できなかった勝頼から国人《こくじん》たちが離反していきます。これを好機とみた信長は、家康と北条氏政に、武田領に攻め込むよう命じ、嫡子の信忠《のぶただ》を武田攻めの総大将としました。

南信濃《しなの》の武田方の城将は、城を捨てて逃げ、あるいは服属していきました。救援のため諏訪《すわ》に着陣していた勝頼は、新府城に引き返します。このとき、七、八千ほどもいた軍勢が千にも足りないほどに減少していました。遠江では、重臣の穴山信君《あなやまのぶきみ》が裏切って家康に服属しました。勝頼の弟仁科盛信《にしなもりのぶ》が守備していた高遠《たかとお》城は、徹底抗戦しますが、信忠によって落城します。

勝頼は、天目山《てんもくざん》を望む田野というところに陣屋を建てて籠《こ》もり、滝川一益の軍勢に発見され、周囲の家臣たちが最後の奮戦をする中、切腹して死にます。

戦国大名は、一門や譜代の武将のほか、その地域の武士団である「国人」を家臣団に編成していました。彼らは、主家が傾くと、主君を見限り敵に降《くだ》ることになります。このときの武田家も同様で、周囲を敵に囲まれ、抵抗できないと思った国人たちが離反し、勝頼が田野に籠もったときには、従う武士がわずか四十一人に減っていたということです。

太政大臣か関白か将軍に

天正十年四月二十五日、京都所司代村井《むらい》貞勝《さだかつ》に、朝廷から安土に使者を送り、信長を太政大臣か関白か将軍に推任するという意向が伝えられました。武田氏を滅ぼしたことで、先に信長が言明した「万国安寧、四海統一」が実現したと考えたのでしょう。

五月一日、朝廷では、勅使として上臈局《じょうろうのつぼね》、誠仁親王の使者として大御乳人《おおおちのひと》を安土に下向《げこう》させました。

勅使を受けた信長は、その使命を尋ねるため、小姓《こしょう》の森蘭丸《もりらんまる》を遣わしました。使者に随行した公卿《くぎょう》の勧修寺《かじゅうじ》晴豊《はれとよ》は、「関東を討ち果たされたので、将軍になさるとのことです」と答えました。もっともこれは晴豊の解釈で、誠仁親王の手紙には「どのような官職にでも任ぜられてください」と書かれています。

ところが信長は、返事を保留します。どうもこのとき、信長は、官職を受ける意思がなかったようです。おそらく、中国地方の毛利輝元、四国の長宗我部《ちょうそかべ》元親《もとちか》を服属させたあと、正親町天皇の譲位の儀式を挙行し、誠仁親王を天皇として、そのもとでいずれかの官職を受けるつもりだったのではないかと思われます。

天下統一を目前にしていた信長

天正十年、北陸方面では、越前北庄《きたのしょう》の柴田勝家が、越後《えちご》の上杉景勝《かげかつ》方の越中魚津《えっちゅううおづ》城を包囲していました。景勝は、魚津城の危機を救うため出陣しますが、信濃川中島の森長可《ながよし》の軍が景勝の居城の春日山《かすがやま》城近くまで進出してきたという報を受け、撤退します。魚津城の将兵は、六月三日、すべて討ち死にしました。同盟を結んでいた武田氏も滅亡していたので、景勝の運命も風前の灯《ともしび》でした。

四国方面では、土佐の長宗我部元親が、阿波《あわ》・讃岐《さぬき》に進出し、四国統一をめざしていました。信長は、阿波・讃岐東部で抵抗する三好家を救援するため、三男の信孝《のぶたか》を総司令官とし、四国討伐軍を編成させました。こうして、織田軍と長宗我部軍の決戦が行われようとしていました。

中国方面では、播磨《はりま》一国を征圧し、姫路《ひめじ》城を本拠とした羽柴秀吉が、因幡《いなば》・美作《みまさか》・備前《びぜん》に進出し、毛利方の城将清水宗治《しみずむねはる》が守る備中《びっちゅう》高松城の水攻めを行っていました。

天正十年五月二十九日、信長は上洛します。秀吉を支援するため、中国地方に出陣するつもりでした。

ところが六月二日未明、家臣の明智光秀が、本能寺に宿泊している信長を襲撃します。明智の軍に攻められていることを知った信長は、「是非に及ばず」といい、弓をとって二、三本矢を射、弦《つる》が切れると鑓《やり》で戦います（『信長公記』）。

この「是非に及ばず」という言葉は、よくいわれるあきらめの気持ちではなく、「今は議論すべきときではない、是が非でも生き延びよう」という決意を表している（藤本正行『本能寺の変　信長の油断・光秀の殺意』洋泉社、二〇一〇年）と思います。

しかし、肘《ひじ》に傷を受けたことでそれが不可能であることを悟り、御殿に火をかけさせ、奥に入って自害します。こうして信長は、天下統一を目前にして死んだのです。

本能寺の変については、光秀の単独犯行であったのか、黒幕がいたのかで議論があります。三重大学教授の藤田《ふじた》達生《たつお》氏は、足利義昭と光秀の間に事前の連絡があり、義昭こそが信長殺害の黒幕だったと主張しています（『謎とき本能寺の変』講談社現代新書、二〇〇三年）。これは一次史料の年代比定の見直しや独自の解釈を根拠とするものですが、藤本正行《ふじもとまさゆき》氏が批判する（前掲書）ように、史料解釈に問題があります。

ほかにも、正親町天皇やイエズス会、徳川家康らが想定されていますが、いずれも説得的な根拠はありません。古くからの説ですが、信長に叱責《しっせき》されて身の危険を感じた光秀が、信長を討つチャンスに遭遇し、それを実行したというのが一番ありそうな話です。

2　豊臣秀吉と「惣無事令」

豊臣秀吉の覇権

毛利氏と対陣中だった羽柴秀吉は、本能寺の変を知ると、急いで毛利氏と講和し、軍を返します。主君を殺害した光秀にはほとんど味方する者がなく、織田氏の家臣をまとめた秀吉は、山崎の戦いで明智光秀を倒しました。

その後、織田氏の重臣たちが尾張《おわり》の清洲《きよす》城で会議を開き、信長と同じく光秀に殺された信忠の子、三法師を跡取りとし、尾張を信長の二男信雄が、美濃を三男信孝が受け継ぎます。他の織田領国は、重臣たちの間で配分されました。

しかし、この体制は長くは続かず、秀吉と柴田勝家が対立し、天正十一年（一五八三）四月、秀吉は賤ヶ岳《しずがたけ》の戦いで勝家を破り、北庄城に追い詰めて自害させます。

信長の後継者としての地位をかためた秀吉は、同年、石山本願寺のあと地に大坂城を築きました。

秀吉の勢力の拡大を嫌った織田信雄は、徳川家康を頼り、秀吉と対抗します。織田氏の旧臣は、ほとんど秀吉に味方しました。光秀を討った功績、勝家を討った実力などにより、秀吉は旧織田家臣団の盟主になったのです。

天正十二年四月、長久手《ながくて》の戦いで家康に敗れた秀吉でしたが、信雄の支城を攻めて講和にもちこみました。朝廷は、秀吉を従三位・権大納言に叙任します。秀吉の地位を認めたわけです。

天正十三年、秀吉は、五摂家の対立につけこみ、朝廷から関白に任ぜられます。越後の上杉景勝、中国地方の毛利輝元も秀吉に服属しました。こうなると家康も、秀吉に服属せざるをえませんでした。

翌年十一月七日、和仁《たかひと》親王が祖父の正親町天皇の譲位を受けて践祚《せんそ》し、即位礼をあげました。後陽成《ごようぜい》天皇です。本来、正親町天皇のあとは誠仁親王が継ぐはずだったのですが、誠仁が没したため、その子の和仁が継ぐことになったのです。十六歳と若い天皇だったので、秀吉が太政大臣に任ぜられ、豊臣の姓も与えられました。

秀吉の天下統一と「惣無事令」

関白となった秀吉は、戦国大名間の争いを「私戦」として、戦いをやめるよう命じました。これが「惣無事令《そうぶじれい》」です（藤木久志『豊臣平和令と戦国社会』東京大学出版会、一九八五年）。

戦国大名の戦いは、おもに実力によって領地を拡大しようとする紛争です。秀吉は、これを裁定する立場にあるとしたのです。九州の島津氏に対しては、「勅諚《ちょくじょう》（天皇の命令）」であるとして、戦いの停止を命じました。関東に対しては、「惣無事」を命じました。

これらの指示を一括して「惣無事令」と呼ぶことには否定的な見解も提出されています（藤井譲治「『惣無事』はあれど『惣無事令』はなし」『史林』九三―三）が、秀吉が、戦国大名に停戦を命じ、それに応じない大名を攻めたのはたしかなことで、政策の基調として「惣無事」、すなわち停戦命令があったことは否定できません。

天正十四年（一五八六）、九州の島津氏は、筑前《ちくぜん》や豊後を攻め、九州を統一する勢いでした。しかし、翌年、秀吉の軍勢が九州に入ると撤退し、ついには当主島津義久が、秀吉の本陣、泰《たい》平寺《へいじ》（鹿児島県薩摩川内市）に剃髪《ていはつ》して出頭し、服属しました。弟の島津義弘《よしひろ》もまもなく服属し、島津氏には、薩摩・大隅と日向一郡が与えられました。

関東の北条氏は、秀吉に服属する姿勢を見せていましたが、家臣で沼田城代だった猪俣邦憲《いのまたくにのり》が真田昌幸《さなだまさゆき》の支城である名胡桃城《なぐるみ》（群馬県利根郡みなかみ町）を攻撃したことで、秀吉の怒りを買うことになります。

天正十八年、秀吉は、前田利家《まえだとしいえ》、上杉景勝らに関東への出兵を命じ、自らは兵を率いて北条氏の本拠地である小田原城を包囲しました。三河・遠江・駿河《するが》を領する家康は、領内の城を秀吉に明け渡し、秀吉軍の先鋒《せんぽう》として出陣しました。

関東の北条氏の支城は次々と落とされ、小田原城は孤立します。そのため北条氏直は、義父の家康を頼り、秀吉に投降します。秀吉は、氏直を高野山に追放し、父の氏政らに自害を命じました。奥州の伊達政宗《まさむね》も秀吉に服属し、ついに天下統一が完成したのです。

秀吉の権力基盤と太閤検地

秀吉の経済基盤は、征服のたびに全国各地に設けた約二百万石《ごく》の蔵入地《くらいりち》（直轄地）と、大坂、京都、伏見、堺、長崎などの重要都市、さらに佐渡《さど》相川、石見《いわみ》大森、但馬《たじま》生野の金山や銀山などでした。これらの経済力を背景に、秀吉は金貨である天正大判などの貨幣を鋳造しました。また、堺の千利休や博多の島井《しまい》宗室《そうしつ》などの豪商を優遇し、その経済力を利用しました。

戦国大名の領国では、ほとんど荘園制は解体していました。しかし、畿内・近国では、秀吉の時代にも、いまだ中世以来の本所などの荘園領主を頂点に複雑な土地の権利関係がありました。

秀吉は、天正十年以降、繰り返し検地を行って土地の生産力を把握し、一地一作人を原則として検地帳に載せた土地一筆ごとに耕作者の氏名を入れました。検地では、土地測量の基準を統一し、全国の郷村の田畑・屋敷ごとに面積と等級を定め、それにもとづいて決定した石高によって年貢を決めました。これを太閤検地といいます。

太閤検地によって、畿内・近国においても荘園制は最終的に解体し、知行《ちぎょう》を与えられた領主と耕作する農民の単純な関係が成立しました。天皇や公家も、荘園ではなく、武士と同じく知行を与えられることになります。

太閤検地は、征服した領地や降伏した戦国大名の領地にも行われ、土地の生産力が米の収穫量である石高で表示されました。これによって、全国の土地が同じ基準の数値で把握され、大名の領地も石高であらわされるようになりました。秀吉は、この石高を基準に、大名に統一的な軍役を賦課しました。

また、天正十六年（一五八八）、秀吉は、大仏建立を口実に刀狩令《かたながりれい》を出して、百姓たちから武器を取り上げて武力を奪いました。九州や奥羽《おうう》では、大規模な検地反対の一揆が起こりますが、秀吉は、これらを厳しく弾圧しました。天正十九年には、家臣がかかえる奉公人（侍）が町人や百姓になることや、百姓が商業や賃仕事に従事することを禁ずる人掃令《ひとばらい》（身分統制令ともいう）を出し、身分の固定化をすすめました。軍役をはたす兵と、耕作し刀を奪われた百姓とを身分的に区別する政策を兵農分離といいます。

3　秀吉の「唐入り」

秀吉の強硬外交

信長は、南蛮貿易の利益に着目し、また仏教勢力を嫌っていたことから、ルイス・フロイスらの宣教師を保護し、布教に便宜をあたえました。秀吉も、積極的に南蛮貿易をすすめ、布教は黙認していました。

ところが、九州出兵の際、秀吉は、長崎がイエズス会に寄進されていることを知り、同地を直轄領に編入するとともに、博多で伴天連（宣教師）追放令を出しました。ただし秀吉は、キリスト教の信仰と貿易は認めたので、宣教師はこののちも日本に潜入して布教を続けました。そして、この頃には、イスパニア系の宣教師も布教に来日するようになっていました。

慶長《けいちょう》元年（一五九六）、イスパニア船サン＝フェリペ号が土佐に漂着したとき、秀吉は、布教を領土拡張に利用しているという話を聞き、宣教師・信者二十六名をとらえ、長崎で処刑しました（二十六聖人殉教）。これは、おもにイスパニア系の宣教師を処刑したものです。イエズス会は、なお健在でした。

秀吉は、海外貿易に積極的で、京都・長崎・堺などの商人が東南アジアへ渡航することを奨励し、天正十六年には海賊取締令を出し、倭寇《わこう》などの海賊行為を禁止して、貿易船の安全な航行をはかりました。日本を統一したのちは、東アジアの盟主となることをのぞんで、ゴアのポルトガル政庁、マニラのイスパニア政庁、高山国《こうざん》（台湾）などに入貢をもとめています。

唐入り

秀吉が、早くから表明していたのは、大陸出兵の方針です。これは、信長の遺志を継ぐものだったのでしょう。イエズス会宣教師の報告によれば、信長は、毛利氏を服属させたあと、大船団を大陸に派遣するつもりだったということです。

天正十五年（一五八七）、秀吉は、対馬《つしま》の宗《そう》氏をとおして、朝鮮に入貢と明出兵の先導を要求しています。天正十八年には宗氏の努力によって朝鮮使節が来日します。秀吉は、小西行長《こにしゆきなが》の説明によって、これを服属使節だと誤解したようです。そして、秀吉は、秀次に関白職を譲り、大陸出兵を行うことを決定します。

その拠点として築いたのが、肥前名護屋《ひぜんなごや》城です。ここには、多くの大名が屋敷を建設しました。

天正二十年（十二月八日に文禄に改元）、秀吉は、朝鮮に十五万余の大軍を送りました。釜山《ふざん》に上陸した日本軍は、各地に軍を展開し、朝鮮の都である漢城《かんじょう》（現、ソウル）をおとしました。国王宣祖《せんそ》はすでに逃亡し、宮殿は朝鮮の民衆が略奪を働き、放火されていました。喜んだ秀吉は、自身も渡海することを望み、また後陽成天皇にも渡海の準備を要請します。一番隊の小西行長は平壌まで進み、二番隊の加藤清正《かとうきよまさ》は咸鏡道《かんきょうどう》の会寧《かいねい》で、地元住民によって捕らえられていた朝鮮の二王子を受け取ります。

しかし、明の援軍が到着したため、日本軍は平壌を放棄せざるをえなくなります。また、朝鮮水軍を率いる李舜臣《りしゅんしん》によって海上の補給路が危険になり、各地では両班《ヤンパン》（貴族身分）らによる「義兵」が蜂起《ほうき》しました。

このため秀吉は、明との講和交渉をはかって休戦します。文禄二年（一五九三）から始まった講和交渉は、朝鮮二王子を返し、小西の家臣内藤如安《ないとうじょあん》が北京に赴くなどして進展し、文禄五年（十月二十七日に慶長に改元）の明使節の来日に結実しますが、明は秀吉を日本国王に冊封《さくほう》するというのみで、日明貿易も朝鮮国王の服属の条件も無視されていたので、講和は決裂しました。

慶長二年（一五九七）、秀吉は再び朝鮮に兵を送ります。今回は、朝鮮南部の占領をくわだてましたが、最初から苦戦をしいられました。翌年八月、秀吉が病死すると、政務を代行することになった五大老《ごたいろう》が全軍に撤兵を命じました。

秀吉の目的は何だったのでしょうか。

秀吉が関白秀次に宛てた書状によると、勝利のあかつきには天皇を明に移して秀次を大明《だいみん》関白とし、日本の帝位には若宮の良仁《ながひと》親王か皇弟の八条宮《はちじょうのみや》智仁《としひと》親王を就け、豊臣秀保《ひでやす》（秀次の弟）か宇喜多《うきた》秀家《ひでいえ》を関白とし、自身は寧波《ニンポー》に移るという構想を持っていたようです。

武田《たけだ》万里子《まりこ》氏は、秀吉の目的は明の征服ではなく、明を屈服させて大明四百余州のうちの四分の一（「百カ国」）を割譲させようとしたものだった、とし、秀吉の関心は東シナ海から南シナ海にあったとしています（「豊臣秀吉のアジア地理認識」『海事史研究』六七号）。つまり、秀吉の意図は、キリシタン国に対抗するため、海禁政策をとる明に軍事的圧力をかけ、中国沿岸から東南アジアにかけて展開していた東アジア海域の中継貿易の主導権を握ることにあった、ということになります。

ここで注目すべきなのは、大陸に後陽成天皇を移し、日本にも天皇を置くという構想です。現関白である秀次は大陸の関白となりますから、大陸が主、日本が従の二重国家となります。秀吉の頭の中では、大陸こそが世界の中心であり、そこに日本の天皇が君臨し、武家関白がそれを支えるという国家構想を持っていたことがわかります。実力は武家にありますが、その中心は天皇でなくてはならなかったのです。

豊臣政権の政治機構

秀吉は、すべてのことがらについて独裁的な権力を握っていましたが、政務の一部はのちに五奉行《ごぶぎょう》と称される腹心の部下に分担させました。五奉行は、諸大名に指示を与える浅野長政《あさのながまさ》・石田三成《いしだみつなり》・増田長盛《ましたながもり》と財政担当の長束正家《なつかまさいえ》、京都の民政担当の前田玄以《まえだげんい》の五人です。

秀吉の子鶴松《つるまつ》が死去したため、天正十九年、秀吉は関白の位を甥《おい》の秀次に譲ります。ところが文禄二年、のちの秀頼《ひでより》が生まれたため、秀吉は、苦慮することになります。結局、文禄四年(一五九五)、秀吉は、秀次に謀叛《むほん》の疑いがあるということで高野山に追放し、秀次は自害することになります。

これを機に秀吉は、有力大名である徳川家康・前田利家・毛利輝元・小早川隆景《こばやかわたかかげ》・上杉景勝・宇喜多秀家の六人を特に重んじることになります。この六人は、隆景が死んだことによって五人となり、秀吉死後は、合議して政務を代行します。これを五大老といいます。

前後七年に及ぶ朝鮮への出兵によって、国内では陣夫《じんぷ》として百姓が動員されたため荒れはてる耕地が増大し、大名の間にも対立が生まれ、豊臣政権の没落をはやめる原因となりました。

関ヶ原の戦い

秀吉死後、しばらくは五大老の合議で、知行の宛行《あてがい》(与えること)などが行われました。有力だったのは、家康と利家です。しかし、慶長四年（一五九九）三月、利家が病死したことによって、豊臣大名内部の争いが生じます。福島正則《ふくしままさのり》・加藤清正・黒田長政《くろだながまさ》ら七将が、石田三成を襲撃したのです。

家康の調停により、三成は領地の佐和山《さわやま》（滋賀県彦根市）に引退します。その後、豊臣政権は、五大老筆頭である家康が政務を代行するようになります。

慶長五年（一六〇〇）四月、家康は、領地会津《あいづ》に帰国していた上杉景勝に謀叛の疑いがあるとして、大名たちを率いて関東に下向しました。その隙に三成が挙兵し、五大老の毛利輝元や宇喜多秀家を味方につけます。

小山《おやま》にいた家康は、上杉攻めに従軍した大名たちの支持を得、上方《かみがた》に攻めのぼることにします。当時、清洲は、福島正則の領地でした。家康方である東軍は、難なく清洲まで戻り、美濃の織田秀信《ひでのぶ》の居城、岐阜城を落とします。三成率いる西軍は、大垣《おおがき》城まで出陣していました。

九月十五日未明、三成は、家康の進路を阻むため、関ヶ原に布陣しました。従うおもな大名は、宇喜多秀家、小早川秀秋《ひであき》、小西行長、大谷吉継《おおたによしつぐ》、島津義弘らでした。そして、関ヶ原に進んだ東軍と激突します。ちなみに、徳川家の主力となるべき秀忠《ひでただ》の軍は、真田昌幸が守る信州上田城攻撃に手間取り、関ヶ原には来ていませんでした。

戦いは午前十時頃に始まり、しばらくはほぼ互角でしたが、正午頃、小早川秀秋が寝返ったことにより、一挙に東軍有利となり、西軍は敗走していきます。大谷吉継は自害し、三成、小西行長は捕らえられました。島津義弘は、家康の本陣近くを突破して、薩摩まで逃げ帰りました。宇喜多秀家は、薩摩に落ち延びていきます。

白峰旬《しらみねじゅん》氏は、こうした事実経過は『関ヶ原軍記大成』などの軍記物に書かれたフィクションで、実際は、小早川秀秋が開戦と同時に裏切り、西軍は瞬時に敗北したという新説を提出しています（白峰旬『関ヶ原合戦の真実』宮帯出版社、二〇一四年）。これを語る一次史料は一点のみですが、秀秋が動かないことに業を煮やした家康が、秀秋の陣に鉄炮を撃ちかけて寝返りを催促したという誘い鉄炮の話など、軍記物の記述はできすぎているので、たしかにその通りかもしれません。

この戦いは、どちらも秀頼への忠節ということで行っています。のちに島津義弘が赦《ゆる》されたのも、奉行である三成の要請に応えただけ、ということがわかっていたからでした。

まず流れをつかむ！

第二章　天下泰平の時代
――江戸時代

徳川家康《とくがわいえやす》は、征夷《せいい》大将軍宣下《せんげ》を受け、江戸に幕府を開きます。正確にいえば、将軍になったことで成立した家康の政権が、その城下町である江戸の名を冠して「江戸幕府」と呼ばれたということです。家康は、二年後には秀忠《ひでただ》に将軍職を譲り、徳川氏が政権を世襲することを示しました。家康は駿府《すんぷ》城に移りますが、なお「大御所《おおごしょ》」として政治の実権を握り、朝廷に対しては禁中 并公家中諸法度《きんちゅうならびにくげちゅうしょはっと》を制定して厳しく統制します。

明《みん》との講和は実現しませんでしたが、対馬《つしま》藩の努力で朝鮮との国交は回復しました。また、安南《アンナン》（ベトナム）・呂宋《ルソン》（フィリピン）・柬埔寨《カンボジア》（カンボジア）などの東南アジア諸国には外交文書を送り、朱印船《しゅいんせん》貿易を始めました。キリスト教宣教師に対しては布教を許しますが、イスパニア系の宣教師が多数来日し、キリスト教徒が増大したこともあって、慶長《けいちょう》十八年（一六一三）にはキリスト教を禁止しました。

そして慶長十九年、二十年の二度の大坂の陣で豊臣《とよとみ》氏を滅ぼし、幕府権力を確立しました。

三代将軍家光《いえみつ》の時代、老中《ろうじゅう》制、参勤交代制などの江戸幕府の制度が固まり、「鎖国」も完成します。この頃までは、幕府が定めた武家諸法度に違反したとして、大名の改易（領地の没収）も数多く行われました。

四代将軍家綱《いえつな》の時代は、末期養子の禁の緩和を行い、殉死の風習を厳しく禁じたことで、武断《ぶだん》政治から文治《ぶんち》政治へ移行した時期だと評価されています。五代将軍綱吉《つなよし》の治世は、極端な動物愛護政策である生類憐《しょうるいあわ》れみの令を行ったこともあり、評判の悪い時代です。しかし、家綱、綱吉の治世にあたる十七世紀後半、江戸は大きく発展し、戦国の余韻の残る殺伐とした世相は変化していきました。その達成が元禄《げんろく》文化です。

この文化は、上方《かみがた》を中心に文学や演劇、美術、生活文化が発展したものです。井原西鶴《いはらさいかく》の浮世草子（小説）、近松門左衛門《ちかまつもんざえもん》の脚本、人形浄瑠璃《じょうるり》や歌舞伎の発達などが特筆されます。国史研究が盛んになり、儒学でも陽明学や古学など、新たな発展がありました。関孝和《せきたかかず》は和算ですぐれた業績を残し、天文学を学んだ渋川春海《しぶかわはるみ》は日本独自の貞享暦《じょうきょうれき》を作成します。

六代将軍家宣《いえのぶ》、七代将軍家継《いえつぐ》の時代には、儒者の新井白石《あらいはくせき》が側用人間部詮房《そばようにんまなべあきふさ》の協力で政治を主導し、「正徳の治《しょうとく》」と評価されました。

徳川宗家の血筋は家継で絶え、家康の曾孫《ひまご》にあたる紀州藩主徳川吉宗《よしむね》が八代将軍となります。吉宗は、幕府財政を再建するため、享保《きょうほう》の改革を行います。十代将軍家治《いえはる》のとき、老中となった田沼意次《たぬまおきつぐ》は、商業や流通に課税し、長崎貿易の振興をはかりました。

田沼が失脚したあと、政権を握った松平定信《まつだいらさだのぶ》は、寛政《かんせい》の改革を行います。これは七分積《しちぶつみ》金《きん》の制度や社倉《しゃそう》・義倉《ぎそう》の設置など社会保障制度を充実させるなどの成果がありましたが、規制が厳しすぎ庶民の反発を受けました。

定信が老中を辞め、十一代将軍家斉《いえなり》の治世である文化《ぶんか》・文政《ぶんせい》時代には、政治の規制が緩みます。このため江戸の庶民文化である化政文化が、全盛期を迎えます。

読本《よみほん》の滝沢馬琴《たきざわばきん》、浮世絵の葛飾北斎《かつしかほくさい》など、すぐれた作品を残した芸術家が誕生します。歌舞伎では七代目市川団十郎《いちかわだんじゅうろう》らの人気役者や「東海道四谷怪談」で有名な鶴屋南北《つるやなんぼく》らの脚本家も出、芝居小屋の装置も発達しました。庶民の教育熱も高まり、寺子屋が普及しました。

しかし、その間にも対外的な危機が迫ってきていました。家斉の死後、十二代将軍家慶《いえよし》の信任を得た老中水野忠邦《みずのただくに》は、天保《てんぽう》の改革を行って幕府権力の強化をはかりますが、わずか二年で失脚します。

1　江戸幕府の確立

大坂の陣

関ヶ原の戦いによって軍事的覇権を確立した家康は、西軍を指揮した石田三成《いしだみつなり》らを斬首し、名目上の西軍の大将であった毛利輝元を防長《ぼうちょう》二国に押し込めるなど戦後処理をすすめました。しかし、いまだ家康の主君は秀吉《ひでよし》の遺児秀頼《ひでより》でした。

秀頼を超えて独自の政権を樹立するためには、豊臣氏を超える権威が必要でした。そこで家康は、秀頼に孫千姫《せんひめ》を嫁がせて豊臣氏を懐柔する一方、外様《とざま》大名（関ヶ原の戦い後に従った大名）である藤堂高虎《とうどうたかとら》らのすすめによって将軍宣下を受けるという方策をとります。こうして家康は、豊臣政権の五大老《ごたいろう》という地位を脱することができました。

ただし、家康が将軍になると秀頼も内大臣となり、世間では秀頼が早晩関白になるとの噂もありました。このため、家康は、すぐに秀忠に将軍職を譲ります。将軍職は徳川氏で世襲し、天下の権を豊臣氏に返すつもりはないという意思表明でした。

しかし、諸大名は、江戸へ参勤する一方で、大坂の秀頼へもあいさつする姿勢をくずしませんでした。加藤清正《かとうきよまさ》や福島正則《ふくしままさのり》ら、豊臣氏恩顧の大名もいまだ健在でした。

こうした状況を脱するためには、秀頼を完全に屈服させるか、あるいは豊臣氏を滅亡させるしか手がありません。家康は、「国家安康」「君臣豊楽」という方広寺大仏殿の鐘銘の一部分に難癖をつけ、豊臣氏と戦端を開きます。この大坂の陣は、冬、夏両度にわたって行われ、豊臣家は滅亡しました。

幕府の大名統制

江戸幕府の大名配置の原形は、関ヶ原合戦の戦後処理の過程で形成されました。

御三家《ごさんけ》を筆頭とする徳川氏一門は、尾張《おわり》、紀伊《きい》、水戸《みと》、越前《えちぜん》、会津《あいづ》などの要所に配され、外様大名は、東北、中国、九州などの地域にすえられました。大坂は、家康の外孫の松平忠明《ただあきら》に与えられましたが、その後直轄地となり、大坂城代と大坂町奉行が置かれました。

京都所司代は、京都の二条城《にじょう》にあって朝廷を統制するとともに、幕府の出先機関として西国全体に睨《にら》みをきかせました。京都、奈良、長崎、駿府、佐渡《さど》など重要な地域は直轄地となり、遠国奉行《おんごく》が置かれました。

幕府は、領地から大名を移動させる転封《てんぽう》の命令を多発し、幕府が定めた法律に違反したとして、改易を命じました。秀忠は、福島正則の広島城の無断修築をとがめ、改易とします。一門の越前国福井藩主松平忠直《ただなお》も、江戸に参勤しなかったため豊後《ぶんご》に配流されました。家光は、弟の忠長《ただなが》を自害させ、加藤清正の子忠広《ただひろ》を改易処分とします。

諸大名は、改易や転封に処せられる口実を与えないため、幕府の意向をうかがい、幕府の好む態度を取ることに専念しました。こうして幕府に逆らおうとする大名はいなくなりました。

諸大名の妻子は国元にいたのですが、元和《げんな》（一六一五〜一六二四）年間に次第に江戸に出てくるよう命じられ、三代将軍家光は、寛永《かんえい》十二年（一六三五）、武家諸法度において参勤交代を制度化しました。こうして、江戸幕府は、非常に中央集権的な政権となったのです。

幕府と朝廷

豊臣政権下で即位した後陽成《ごようぜい》天皇は、かねて譲位の希望を漏らしており、慶長十五年（一六一〇）、幕府からの許可の返事がきました。しかし、幕府の都合で延期され、翌年三月、ようやく三宮の政仁親王《ことひとしんのう》への譲位が行われます。後水尾《ごみずのお》天皇です。

元和六年（一六二〇）、秀忠の五女和子《かずこ》が、後水尾天皇に入内《じゅだい》しました。すでに「およつ」という女性と子までなしている後水尾天皇には意に染まぬ縁組みでしたが、仲介者の藤堂高虎が奔走し、実現しました。

寛永四年（一六二七）七月には、紫衣《しえ》事件が起こります。朝廷が高僧に許可した紫衣を、幕府が違法であるとして剝奪《はくだつ》したのです。紫衣を与えた後水尾天皇としては、この上なく屈辱的な出来事でした。

寛永六年、腫《は》れ物を患った後水尾天皇は、幕府に譲位の望みを訴えます。しかし、後水尾天皇と和子の間には、二人生まれた皇子が夭逝《ようせい》し、女一宮《いちのみや》がいるだけでした。後水尾天皇はまだ三十四歳であり、秀忠は、三人目の皇子が生まれ成長するのを待ちたいと考えていました。

しかし、幕府に対して数々の不満を持つ後水尾天皇は、幕府の許可なく、公家《くげ》たちを集めて突然、譲位します。秀忠は憤慨しますが、結局は女一宮を践祚《せんそ》させることにします。奈良時代の称徳《しょうとく》天皇以来、かつてなかった女性天皇の誕生でした。明正《めいしょう》天皇です。

後水尾天皇の譲位は、幕府が強要したものではありません。しかし、この頃の幕府の態度は、天皇の意向を無視するものばかりでした。朝廷の権威など、ほとんど感じられませんが、それでも天皇はいなくてはなりません。天皇は、将軍の地位を与え、正当化する存在だったからです。

幕府中枢部の動向

家康の死後、外交僧金地院崇伝《こんちいんすうでん》、豪商の茶屋四郎次郎《しろじろう》ら家康のブレーンであった者たちは、次第に政権の中枢からは遠ざけられていきました。そうした中で、家康の側近本多正信《ほんだまさのぶ》の子で

◎江戸幕府の家来のしくみ

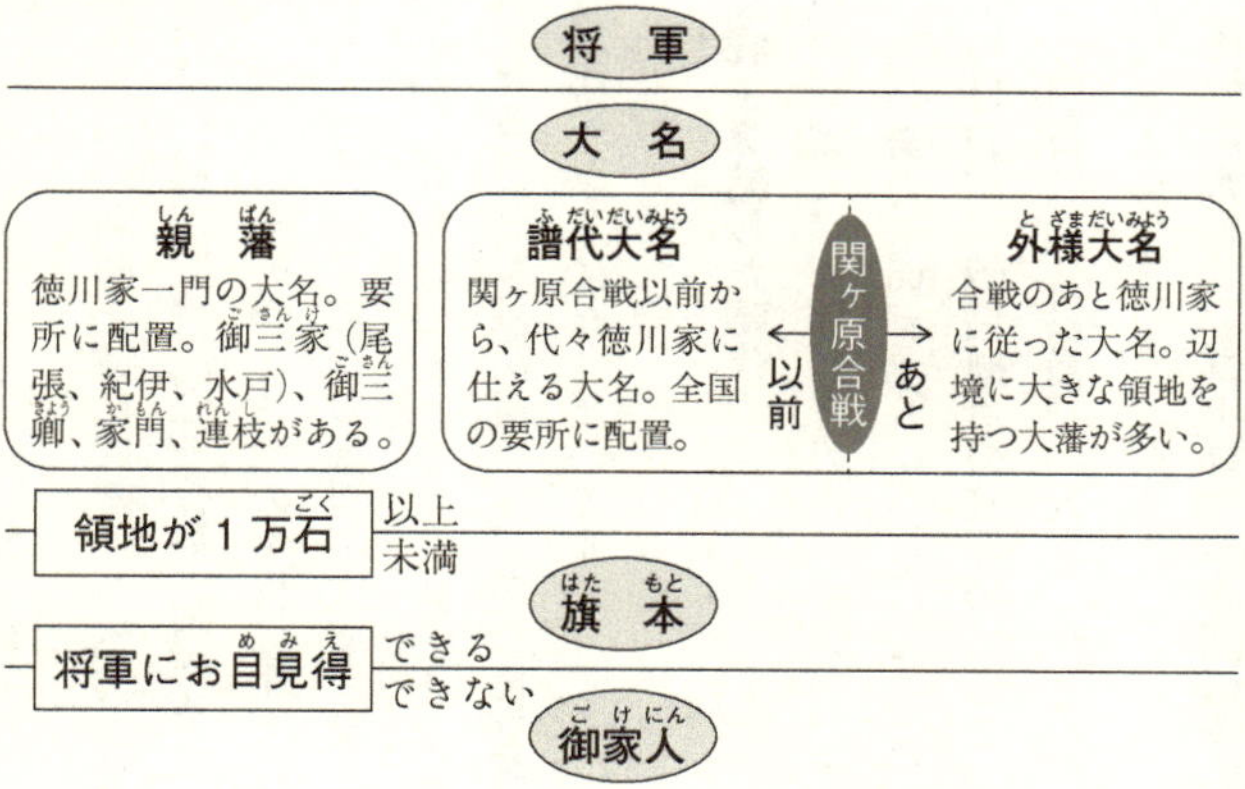

秀忠に付属させられていた本多正純《まさずみ》は、秀忠政権下でも重要な地位にありました。

しかし元和八年（一六二二）、正純は、出羽《でわ》国山形藩最上《もがみ》家の改易に際して江戸を離れたとき、突然改易を命じられました。秀忠の意向に背く言動が目立ったというのがその罪状でした。

正純改易後に権力を握ったのは、秀忠が最も信頼する土井《どい》利勝《としかつ》でした。利勝は、家康の落胤《らくいん》とされることもあるなど出自すらはっきりしませんが、幕府政治は利勝一人で決まるとの評判で、諸大名はこぞって利勝を頼るようになりました。

寛永九年（一六三二）、秀忠が没すると、利勝の地位にも翳《かげ》りが生じます。三代将軍家光は、利勝にだけ権力が集中することを嫌い、政務は年寄《としより》（のちの老中）の合議とすることを義務づけました。

同十五年、利勝と彼に匹敵する権力を持った酒井忠勝《さかいただかつ》は、日常の政務を免除され、家光の小姓《こしょう》出身の松平信綱《のぶつな》・阿部忠秋《あべただあき》・阿部重次《しげつぐ》の三人が老中として政務を行うことになりました。家光子飼いの側近が、政治の中枢にすえられることになったのです。

家光の時代は、幕府の職制がほぼ完成を迎えた時代でした。それまでは将軍の命令を伝達する側近的な存在だった「年寄」が、中央政権の閣僚としての地位を確立し、旗本（将軍にお目見得できる一万石《ごく》未満の直臣《じきしん》）であっても幕府の要職に就いていれば、大名に対して対等以上の権威を持つようになったのです。

武威を凍結した時代

東アジアでは、ポルトガル・イスパニアのカトリック国とイギリス・オランダのプロテスタント国が勢力争いを繰り広げていました。慶長十四年（一六〇九）、平戸《ひらど》に商館を設けたオランダの目的が、戦略拠点の確保のためだったことが指摘されている（加藤榮一『幕藩制国家の形成と外国貿易』校倉書房、一九九三年）ように、当時、東シナ海上では両勢力の戦いが繰り広げられていたのです。

二代将軍秀忠は、ヨーロッパ諸国の争いに関与することを避け、武器輸出を禁じ、日本人が傭兵《ようへい》として外国に渡ることも禁じました。日本との貿易を熱望するヨーロッパ諸国は、少なくとも日本近海においては戦闘行為を控えるようになりました。

三代将軍家光は、キリスト教の信仰を厳禁し、日本人が貿易のため海外に出ていくことすら禁じました。

島原の乱のあと、長崎出島に居留していたポルトガル人追放を議論した際、幕閣は再び日本船を東アジアに派遣し、必要物資を調達する必要性を感じていました。

しかし、ポルトガル・イスパニア両国と断絶状態にある中で日本船を派遣すれば、洋上での戦闘は避けられません。家光と幕閣は、日本船の海外渡航は禁止したままとし、オランダとの貿易に頼る道を選択しました。これらは、すべてキリスト教禁令が根底にあります。すなわち、キリシタンを排除するため、ヨーロッパ諸国との通交や貿易を犠牲にしたというのが「鎖国」の本質でした。

寛永十六年、幕府は、長崎の出島にいたポルトガル人を追放し、以後の来航を禁じ、同時に海岸のある九州・中国・四国の諸大名には、沿岸の警備を厳しくするよう命じました。平戸に商館を持っていたオランダ人には、石造りの倉庫が要塞《ようさい》のように見えることを咎《とが》め、倉庫を破却させ、同十八年、長崎の出島に移します。

これが「鎖国の完成」ですが、オランダ船、中国船は長崎に来航して貿易をしており、朝鮮とは対馬藩を介して外交関係があり、将軍の代替わりには朝鮮通信使が来日しました。琉球《りゅうきゅう》は薩摩《さつま》藩に属しながら中国とも冊封《さくほう》関係にありました。また、松前《まつまえ》藩はアイヌ民族と交易を行っており、「鎖国」と言っても外国や異民族と関係がないわけではありません。

中国では、女真《じょしん》族の勢力が強まり、清《しん》が建国され、明に代わって中国の支配者の地位につきます。明の遺臣は、日本に援軍を求める使者を派遣しました。秀吉の時代であれば、これを好機として中国に攻め込むという選択もあったでしょう。しかし、家光は、文書様式などを問題として援軍を送る道は選びませんでした。

明に援軍を派遣することは可能だったでしょうが、もし敗北すれば武家政権の基盤となるイデオロギーである「武威」が崩壊することになります。家光は、「武威」の建て前を維持するために、敗北の可能性のある戦いは回避せざるをえなかったのです。

江戸の大改造

江戸は、将軍のお膝元《ひざもと》として、急速に発展していきます。家康が江戸を本拠とした頃は、日比谷入江が江戸城付近まで延びていました。家康は、入江に流れ込む平川を日本橋川につけ替え、入江を埋め立て、縦横に堀を通し、江戸を大改造しました。

江戸の町は、幕府が開かれて間もない慶長十四年（一六〇九）には、すでに住民十五万人を擁していました。町奉行の下には、三河《みかわ》から家康に従って江戸に来た樽屋《たるや》藤左衛門《とうざえもん》、奈良屋市《ならやいち》右衛門《えもん》、喜多村《きたむら》彦右衛門《ひこえもん》の三家が世襲で務める町年寄《まちどしより》が置かれ、各町の町名主《まちなぬし》を統括しました。本町一、二、三丁目にあったかれらの住居は、御役所と呼ばれました。

名主は地主のうちの有力者で、家康入国の頃からの草創《くさわけ》名主を筆頭に、古町《こちょう》名主、平《ひら》名主などの階級がありました。江戸市政や警察・裁判業務を行う町奉行所の与力《よりき》・同心《どうしん》が、南北各二十五騎・百五十人しかいなかったにもかかわらず、その業務を遂行しえたのは、町年寄―名主―地主―家主の自治組織が機能していたからです。

江戸の飲料水は、家康が江戸に入った当初、井の頭池から引水して神田上水を通し、赤坂溜《ため》池《いけ》の水は江戸水道として下町への給水が行われました。

承応《じょうおう》元年（一六五二）、急速に拡大する江戸の人口に対応するため、玉川上水開削の計画が立てられました。多摩郡羽村から多摩川の水を分け、四ッ谷大木戸まで約四十三キロメートルにわたって水路を開削するという大工事でした。

工事は一年足らずで終了し、江戸城内を始めとして、四ッ谷、麹《こうじ》町、赤坂などの高台や芝・京橋方面への給水を行いました。また、武蔵野《むさしの》台地への灌漑《かんがい》用水としても活用され、新田開発に大きな役割を果たしました。こうしたインフラ整備が、江戸を百万都市にした基礎的条件でした。

2　武断政治から文治政治へ

かぶき者の横行

家康から家光までの間は、大名の改易がさかんに行われ、その弊害として牢人《ろうにん》が増加し、京都や江戸に流入しました。このため、社会不安も高まり、家光の没後には由井正雪《ゆいしょうせつ》の反乱計画なども発覚します。

いまだ荒々しい気風は衰えず、江戸では「かぶき者」と呼ばれる無頼《ぶらい》の徒が横行しました。「かぶき者」とは、異風の衣装を身につけ、ことさらに乱暴な行動をする者たちです。旗本らの武士にもそのような者がおり、また町の奉公人層にも遊侠《ゆうきょう》の徒が生まれました。これらを旗本奴《やっこ》、町奴と称し、相互に抗争を繰り広げました。その中で、旗本奴の首領水野十郎左衛門《みずのじゅうろうざえもん》が、町奴の首領幡随院長兵衛《ばんずいいんちょうべえ》を騙《だま》し討ちする事件も起こりました。

寛文四年（一六六四）三月、水野が不行跡の廉《かど》で切腹に処せられると、ようやくかぶき者の横行は沈静化し、折からの経済発展とともに、武士中心だった江戸は町人中心の大消費都市へと変貌《へんぼう》していきます。

明暦の大火と江戸の発展

明暦《めいれき》三年（一六五七）一月十八日、本郷丸山の本妙寺に発した火事は、北西からの激しい風にあおられ、江戸市街の大半を焼き、翌日にも小石川伝通院《でんずういん》などから火が出て、江戸城天守や本丸を始めとして、江戸の武家地・町人地のほとんどを焼き尽くしました。

この明暦の大火の被害は、死者約十万人といわれるほど大きいものでした。幕府は、大火のあと、江戸城吹上《ふきあげ》にあった御三家の屋敷を城外に出し、それにともなって大名屋敷も移転させていきました。寺社は江戸郊外に移転させられ、町人地にも広小路《ひろこうじ》や火除明地《ひよけあきち》を各所に設けるなど、江戸は大きく拡大しました。

寛文《かんぶん》元年（一六六一）には、上流に架けられた千住《せんじゅ》大橋しかなかった墨田川に、両国橋が架けられました。明暦の大火で多くの犠牲者が出た反省からです。江戸の町を本所《ほんじょ》・深川地域に拡大する意図もあったでしょう。

両国橋が架けられると、本所・深川地域に大名屋敷や町屋が立ち並ぶようになり、元禄六年（一六九三）には深川地域の発展とともに、新大橋が架けられました。さらにその河口には、元禄十一年（一六九八）に永代橋が架けられました。

三百町ほどだった江戸の町は、明暦年間（一六五五〜一六五八）に五百町、寛文二年（一六六二）に南は高輪、北は坂本、東は今戸橋までを加えて六百七十九町、正徳《しょうとく》三年（一七一三）に深川・本所・浅草・小石川・牛込・市谷・四谷・赤坂・麻布の二百五十九町を加えて九百三十八町となりました。名実ともに「大江戸八百八町」が成立したのです。この頃には、江戸は世界でも有数の百万都市になっていました。

天和の治と生類憐れみの令

子のなかった家綱のあと、弟の綱吉が将軍になりました。綱吉は、大老の堀田正俊《ほったまさとし》の補佐を受け、土豪的代官の綱紀粛正《こうきしゆくせい》など、「天和《てんな》の治」と評価される政治を行いました。また、儒教を重んじ、孔子廟《こうしびよう》である湯島聖堂を設けるとともに、林信篤《はやしのぶあつ》を大学頭《だいがくのかみ》に任じ、学問所を整備しました。

しかし、子を失ったことなどから、生類憐れみの令という極端な動物愛護政策を行い、庶民の反感を買いました。この法令は、綱吉が没すると、すぐに撤回されました。もっとも、その一環である捨て子の禁令は、その後も維持されました。

また、側用人という役職を置き、将軍と老中の間の取次にあたらせました。そのうちの一人、柳沢吉保《やなぎさわよしやす》は、大老格にまでのぼりました。吉保には権勢を振るうつもりはなかったようですが、諸大名は吉保を老中以上に尊重するようになりました。

赤穂事件

元禄十五年（一七〇二）、旧赤穂藩《あこう》の浪人四十七名が、吉良上野介《きらこうずけのすけ》邸に討ち入りました。これは、「天下の大法」とされた喧嘩《けんか》両成敗法を自力で実現したものでした。

主君浅野《あさの》内匠頭《たくみのかみ》が江戸城で刃傷《にんじょう》事件を起こし、即日切腹となったことはやむをえないにせよ、主君の喧嘩相手である吉良上野介に何の処分もないということは、当時の武士にとっては面目を失うことだったのです。

この事件には、幕閣のみならず庶民までが感動しました。死を覚悟して主君の敵《かたき》を討った武士らしい武士、ということでしょう。

討ち入りのあと現場から離れた一名を除く四十六名には切腹の処分が下りましたが、赤穂の浪人たちは「義士」とされました。平和な時代ではありましたが、武士はこのようなときには戦闘者としての能力を発揮することが求められていたのです。

正徳の治

六代将軍家宣、七代将軍家継の時代には、側用人の間部詮房と家宣の侍講《じこう》（儒学の教師）であった新井白石によって政治が主導されました。白石は綱吉の時代に行われた貨幣の改鋳を元の品位に戻しました。朝鮮通信使の待遇を簡素化し、これまで「日本国大君殿下」とされていた将軍の呼称を「日本国王」に改めさせるなど、将軍を日本の主権者として位置づけました。

また、金銀の流出は国の富を失うことだとして正徳新令を定め、長崎での貿易額をオランダ船を二隻、銀高三千貫、清船を三十隻、銀高六千貫に制限しました。

このとき、清船に交付した「信牌《しんぱい》」は、日本主導で清船との貿易を規制する貿易許可証でした。清船は、あくまで清の商人が来航しているだけで、国家間の関係ではありません。しかし、清国政府も、この存在を知って黙認していました。ちなみに、オランダも、オランダ東インド会社の商船で、国交はありません。

朝廷の尊重

赤穂事件の発端となった浅野内匠頭の刃傷事件は、綱吉が勅使・院使に接見する日に起こりました。そのため綱吉は、大名である浅野に対して、十分な調査もせず、即日切腹を申しつけます。その背景にあったのは、幕府が次第に朝廷を尊重するようになったという時代の変化です。平和な時代が続くと、徳川宗家の当主に将軍職を与える天皇が尊いものに思えてくるということだと思います。

すでに貞享《じょうきょう》四年（一六八七）には大嘗会《だいじょうえ》が二百二十一年ぶりに再興され、元禄七年（一六九四）には賀茂《かも》神社の葵《あおい》祭が再興されていました。六代将軍家宣は、朝廷の文化に憧《あこが》れ、正室の熙子《ひろこ》の父、関白近衛《このえ》基熙《もとひろ》を江戸に招き、幕府の儀式に助言を求めています。家宣死後には、わずか五歳で七代将軍となった家継のため、霊元《れいげん》天皇の皇女、八十宮《やそのみや》との婚約を求めています。これは、権威に欠ける幼少将軍を朝廷の力で補完しようとしたものです。家継が死去したため、婚姻こそ実現しませんでしたが、八十宮は、終生、将軍の夫人として待遇されました。

また、家宣・家継の時代、新井白石が行った正徳の治では、新しく閑院宮《かんいんのみや》家が創設されました。これまで天皇家に生まれた跡継ぎ以外の皇子は出家する慣行でしたが、天皇家が安定して継続するために世襲親王家を一つ立てたのです。初代は、東山《ひがしやま》天皇の第六皇子直仁《なおひと》親王で、この家からはのちに光格《こうかく》天皇が出ることになります。

3　享保の改革と田沼の政治

享保の改革

徳川宗家の血筋は七代将軍家継で絶え、享保元年（一七一六）、八代将軍には家康の曾孫である紀州藩主徳川吉宗が就任しました。当時、幕府財政は窮迫しており、旗本・御家人《ごけにん》への切米《きりまい》（給料としての米）支給すらままならない状態でした。

吉宗は、新田開発や年貢増徴策を推進する一方、享保七年、大名から領知一万石につき米百石を上納させる代わりに在府期間を一年から半年に減らす（在国は一年半になる）上米《あげまい》の制を始めました。これは、あくまで財政再建までの一時的な措置で、享保十六年には廃止され、参勤交代も元通りとされました。

恒久的な制度としては、幕府役職に基準の石高を定めた足高《たしだか》の制が重要です。たとえば町奉行は役高三千石で、家禄千石の旗本が就任すれば、差額の二千石分の年貢収入を在職期間に限って支給するというものです。それまで町奉行などの役職に登用したときは、大幅な加増をしていたため、将来にわたって幕府財政を圧迫することになっていましたが、これによって幕府は、低い家禄の旗本を重要な役職につけることができるようになりました。

また、幕府役職の序列が定まり、旗本の出世コースもはっきりしてきました。幕府官僚制の整備という面でも重要な政策でした。

幕府の役職では、側用人を廃止し、老中を政治の中心にすえなおしたことが重要です。しかし、将軍と老中の連絡役は必要ですから、側衆《そばしゅう》の中から御側御用取次《おそばごようとりつぎ》を任命し、連絡にあたらせました。これは単なる連絡役という位置づけでしたが、将軍の側近だけに大きな権力を持つことにもなりました。

新田開発や定免制の採用による年貢増徴のほか、米価の安定をはかるため、堂島米市場を公認し、米相場にも関与しました。

農村政策では、享保七年に質流地《しちながれち》禁止令を出しますが、翌年、撤回します。このため、有力百姓への土地集積が進み、階層分化していくことになります。

都市政策では、町奉行に大岡忠相《おおおかただすけ》を起用し、大きな成果をあげます。

防火対策としては、広小路、火除明地などを設け、町方に「いろは四十八組」の町火消しを組織させました。また、吉宗自らが発案した目安箱《めやす》への投書により、庶民のための医療施設小石川養生所を設けました。

法制の整備もすすみます。裁判の基本法令である公事方御定書《くじかたおさだめがき》を制定し、これまでの幕府の触《ふれ》（法令）を集めた『御触書寛保集成《おふれがきかんぽうしゅうせい》』を編纂《へんさん》します。これは、近世史研究の基本史料となっています。

また、全国規模での人口・反別・村数、産物などの調査も行い、これまで国ごとに作成していた国絵図をまとめて日本図の作成も行います。

さらに、当時、疫病が流行していたことから、薬草政策にも力を入れ、また西洋の科学技術を導入するため、漢訳洋書の輸入を許し、青木昆陽《あおきこんよう》らにオランダ語を学ばせます。

享保十三年（一七二八）には、四代家綱が寛文三年（一六六三）に行って以来絶えていた日光社参《しゃさん》を復活させました。これはいわば平和な時代における大軍事演習でした。

この享保の改革により、幕府財政は一時好転することになります。

吉宗は、延享《えんきょう》二年（一七四五）まで、三十年間にわたって政権の座にありました。吉宗の政策には、財政再建にとどまらず、法による統治システムや幕府官僚制の整備、庶民医療への目配りなど、国家的・公共的な性格が認められると指摘されています（大石学『享保改革の地域政策』吉川弘文館、一九九六年）。いわば近代的な国家の基礎を築いたと評価していいと思います。

田沼の政治

安永《あんえい》元年（一七七二）、五百石の小姓から側用人（九代将軍家重《いえしげ》のときに復活）、老中と昇進した田沼意次は、年貢収入だけでは幕府の財政を支えることができないと考えました。新田開発によって米の増産は実現しましたが、それによって米価は下がり、幕府財政と旗本らの収入は目減りすることになります。

そのため、当時発達していた商人資本を利用することを考え、株仲間を積極的に公認し、公認の謝礼としての冥加金《みょうがきん》や営業税である運上金《うんじょうきん》を課しました。これまで賤《いや》しいものと位置づけてきた商業資本に関与し、商業や流通への課税を積極的に行ったのです。

また、外国貿易の拡大にも努めました。従来、貿易対価として金・銀・銅などの貴金属の流出が問題とされ、貿易額は制限されていました。これを、銅の増産と、蝦夷《えぞ》地の産物である俵物《たわらもの》（煎海鼠《いりなまこ》・干鮑《ほしあわび》・鱶鰭《ふかひれ》）を輸出品とすることによって、貿易額を拡大することにしました。これによって逆に銀を輸入し、二朱の金貨として通用する南鐐二朱銀《なんりょうにしゅぎん》などを鋳造して貨幣規模を拡大しました。

田沼は、仙台藩医工藤平助《くどうへいすけ》の意見を徴し、蝦夷地探検の推進や開発計画も立案しようとしました。ロシアとの交易も視野に入っていたのです。発明家として名高い平賀源内《ひらがげんない》が鉱山開発に努めたのも、田沼の要請によるものでした（藤田覚『田沼意次』ミネルヴァ書房、二〇〇七年）。

ただし、経済的な面を重視するあまりに、田沼の政治には賄賂《わいろ》もついて回ります。商人たちは、特権を得るために金銭を使い、大名は官位上昇、旗本は役職の昇進をはかるため、「手入れ」と称して賄賂的な金品を使いました。とはいっても、金銭で得ることができるのは官位昇進や家格相応の出世に過ぎませんでした。その意味では、幕府の秩序は揺るぎないものだったのです。

日本的儒学の形成

江戸時代は、儒学の中でも朱子《しゅし》学《がく》が学ばれました。同時代の中国や朝鮮で、朱子学が官学として学ばれていたからです。日本では、朱子学は五山の禅僧が学んでおり、江戸時代初期の学界に受け継がれました。

江戸時代初期の中江《なかえ》藤樹《とうじゅ》、熊沢蕃山《くまざわばんざん》は、朱子学本来の精神を現実に貫くことをめざしましたが、社会からは脱落していきます（尾藤正英『日本封建思想史研究』青木書店、一九六一年）。元禄期前後からは、儒学の思想界の主流が学問的研究の重視という方向に向かい、朱子の解釈ではなく儒学の古典に立ち戻ることで本来の儒学の精神に戻ろうとします。伊《い》藤仁斎《とうじんさい》とその子東《とう》涯《がい》は古学、荻生徂徠《おぎゅうそらい》は古《こ》文辞《ぶんじ》学《がく》を始め、日本的儒学を完成させました。徂徠は、八代将軍吉宗の諮問に応《こた》え、『政談』を著します。これは、現実の社会問題を解決しようという経世学の出発点になっています。徂徠の弟子からは、経世学の分野で多くの人材を輩出しました。

国学の発達と尊王論

元禄時代以降、日本の古典を実証的に研究する国学が盛んになりました。賀茂真淵《かものまぶち》は万葉集や日本の古代思想を研究し、本居宣長《もとおりのりなが》は『古事記』を研究して、日本古来の精神に立ち返ることを主張しました。

こうした国学の研究は、古代からの日本の支配者である天皇を尊ぶ尊王論《そんのう》に向かっていきます。そして尊王論は、儒学の有力な学派である朱子学の大義名分論と結びつき、尊王攘夷《じょうい》思想のもとになっていきます。

宝暦《ほうれき》八年（一七五八）、国学者の竹内式部《たけのうちしきぶ》は、京都で公家たちに尊王論を説き、摂家によって処分されました（宝暦事件）。幕府と協調する摂家にとって、尊王論は危険な思想だったのです。

兵学者である山県大弐《やまがただいに》は、江戸で幕政の腐敗を批判し、尊王斥覇《せきは》を説きました。斥覇とは、覇者である幕府を排除することです。明和《めいわ》四年（一七六七）、山県は、謀叛《むほん》を企てたとして死罪となります（明和事件）。

蘭学の発達

蘭学は、田沼意次が殖産興業を奨励し、商業資本を重視したことによって、活発に行われるようになりました。

蘭学発祥の記念碑的著作は、西洋の解剖学書である『ターヘルアナトミア』を翻訳した『解体新書』です。江戸の小塚原で刑死者の解剖を実見した杉田玄白《すぎたげんぱく》らが、『ターヘルアナトミア』に記載された解剖図の正確さに驚き、苦労の末に翻訳して、安永三年（一七七四）に刊行したのです。

しかし、解剖を実見したのは、実は杉田玄白らが最初ではありません。宝暦四年（一七五四）、京都の古医方《こいほう》派の医師山脇東洋《やまわきとうよう》が、刑死者の解剖を見て、五年後にその記録である『蔵志《ぞうし》』を刊行しているのです。他の学問と同じく、医学でも、すでに古医方で実証的な姿勢が生まれていたのです。

これを嚆矢《こうし》として、仙台藩医の大槻玄沢《おおつきげんたく》が『重訂《ちょうてい》解体新書』やオランダ語訳されたドイツの外科《げか》書を『瘍医《ようい》新書』として翻訳刊行し、津山藩医の宇田川玄随《うだがわげんずい》は、オランダの内科《ないか》書の一部を翻訳して『西説《せいせつ》内科撰要《せんよう》』を刊行しました。そのほか、薬学や化学の研究もすすみました。

おもに医学に始まったヨーロッパの学問研究は、次第に西洋の事情や軍事科学を学ぶ政治的な研究にも繋《つな》がっていくことになります。

4　寛政の改革と文化・文政時代の政治

寛政の改革

十代将軍家治が危篤に陥ると、田沼意次は反田沼派の策動によって失脚することになります。天明《てんめい》七年（一七八七）、十一代将軍となった家斉は、まだ十五歳の少年でした。このため、御三家・御三卿《ごさんきょう》の支持によって登場した白河藩主松平定信が、老中首座、次いで将軍後見として、祖父吉宗の享保の改革を理想とした寛政の改革を推進します。

定信登場の契機となったのは、天明の大飢饉《だいききん》と江戸打ちこわしでした。このため、まず農村の復興に努めるとともに、江戸の治安問題を解決する必要がありました。

定信は、百姓の出稼ぎを制限し、江戸に出てきていた百姓も、旧里帰農令《きゅうりきのう》を出してもとの村に帰しました。農村には、社倉・義倉を設けさせ、米穀を供出させて囲米《かこいまい》（貯蔵）を行い、飢饉対策としました。

江戸では、町会所を設立し、飢饉や災害時のための社倉としました。また、江戸の町費の七割を節約させ、「七分積金」として町会所で運用させました。戸籍を失っていた江戸の無宿の者たちは、強制的に石川島に設けた人足寄場《にんそくよせば》に収容し、職業訓練を行いました。この人足寄場は、火付盗賊改《ひつけとうぞくあらため》だった長谷川平蔵《はせがわへいぞう》の建議によるものです。

旗本には、倹約を求め、文武を奨励しました。

「世の中に　蚊ほどうるさきものはなし　ぶんぶといひて　夜も寝られず」というのは、それに対する反発を示しています。また旗本が、金融業を営んでいた札差《ふださし》からの借金に苦しんでいたことから、それを帳消しにする棄捐令《きえんれい》も出します。これによって札差は大きな打撃を受けました。

庶民に対しては、出版統制や風俗の取り締まりを行いました。遊廓《ゆうかく》での遊びを描いた洒落《しゃれ》本は禁止され、戯作者《げさくしゃ》・山東京伝《さんとうきょうでん》は手鎖《てぐさり》の刑を受けました。黄表紙（絵本）作者の恋川春町《こいかわはるまち》、出版元の蔦屋重三郎《つたやじゅうざぶろう》らも弾圧されました。

定信は、学問を重視し、学問のある旗本を登用したほか、幕府大学頭林家《だいがくのかみりんけ》の私塾を改組して昌平坂学問所《しょうへいざかがくもんじょ》としました。そして、朱子学を正統な学問とする寛政異学の禁を出しました。

昌平坂学問所では、儒学の知識を問う試験である学問吟味を始め、幕臣の登用の参考としました。第二回学問吟味で初めての及第者となった一人に「遠山《とおやま》の金さん」こと遠山景元《かげもと》の父景《かげ》晋《みち》がおり、のちに長崎奉行に登用されました。幕末に活躍した幕府役人は、多くが学問吟味の及第者になります。

定信の政治は、賄賂を許さないなど清廉なものでしたが、あまりに取り締まりが厳しく、「白河の清きに魚も住みかねて　もとの濁りの田沼恋しき」などという狂歌も詠まれました。しかし、なお幕臣たちの定信に対する評価は高かったのですが、「尊号一件《そんごういっけん》」の処理をめぐって将軍家斉と対立が生じ、在職六年あまりで老中を辞めることになります。

これは、閑院宮家から皇位を継いだ光格天皇が、実父・閑院宮典仁《すけひと》親王に太上《だいじょう》天皇の尊号を宣下したいと幕府に願ったところ、定信が拒否した事件です。家斉も、実父一橋治済《ひとつばしはるさだ》に大御所の敬称を与えたいと考えており、定信が否定的だったことから、感情のもつれが生じたのです。

ただし、定信は老中を罷免されたわけではなく、辞職願いが聞き届けられただけ、という形でした。定信自身も、すでに家斉が成人していたため、引き時を考えていたようです。

鎖国を祖法とする

寛政四年（一七九二）、ロシア使節ラクスマンが根室に来航し、通商を要求します。定信は、ラクスマンに対して次のように回答します。

「兼《かね》て通信のない異国の船が日本の地に来る時は、召し捕らえるか、海上で打ち払うのが古くから国法で、現在もそれは同じである。国初から、通信のない国から漂流して来た船は打ち砕き、船員は永く日本に拘留して返すことはなかった」

これは、実は歴史的事実と異なります。外国との貿易を断ったのは家光のときですし、外国船を監視はしていましたが、打ち払いは命じていません。

しかも、正式にはこう答えながら、実際には身分の低い幕臣である徒目付《かちめつけ》に「日本でもロシアと交易を望んでいないわけではなく、長崎に来させなければ日本の国法が立たないので、今回は宣諭使《せんゆし》がこのように申し渡すのである」と話させ、内々に入港許可書である「信牌」を与えて帰したのです。

その後、すぐにロシア船が長崎に来航すれば、ロシアとの交易が実現したかもしれません。しかし、ロシアではエカテリーナ女帝が没するなどして、次にロシア使節レザノフが長崎に来航したのは、十二年後の文化元年（一八〇四）のことでした。

レザノフは、定信がラクスマンに与えた信牌を持参してきていました。当然、貿易が認められると考えていたのですが、すでに定信のいない幕閣は、半年も待たせた上に通交を拒否し、親書なども受け取りませんでした。

老中土井利厚《どいとしあつ》は、「丁寧に取り扱うほどそれに付けいるので、立腹させた方がよいのではないか。立腹させればもう来ないだろう」と見当外れな発言をしています。

腹を立てたレザノフは、部下に蝦夷地周辺を攻撃せよと命令を出しました。これはすぐに撤回されますが、部下のフボストフらは実際に蝦夷地を襲撃しました。

文化五年八月には、イギリス船フェートン号が長崎に来航し、オランダ商館員を人質にとるという事件が起こりました。フェートン号は水と食糧を得て長崎を去りますが、長崎奉行松平康英《やすひで》は責任をとって自害しました。

このように、長崎や蝦夷地では諸外国との緊張関係が生じはじめていましたが、その後は小康状態となり、政治のほうは寛政の改革の余波がようやく消えはじめ、庶民のエネルギーが高揚していくことになります。

文化・文政時代

寛政五年（一七九三）、定信が老中を引退したあとも、しばらくは「寛政の遺老」と呼ばれる定信影響下にあった老中によって政治が行われました。しかし、文化年間には次第に政治がゆるみ、文政になると定信の頃の規制はほとんど消滅しました。

天保八年（一八三七）、家斉は将軍職を家慶に譲りますが、なお大御所として君臨しました。「文化・文政時代」と称される家斉の治世は、対外的な危機もそれほど深刻なものではなく、政治的にも寛政・天保の改革政治にはさまれた比較的自由な時代で、庶民文化が花開きました。

寛政の遺老である松平信明《のぶあきら》が文化十四年（一八一七）に引退し、文政元年（一八一八）には側用人だった水野忠成《ただあきら》が老中を兼任しました。忠成は、もと家斉の小姓で、田沼意次の時代に老中を務めた水野忠友《ただとも》の婿養子となり、老中になりました。忠成の時代は、「水の出て　もとの田沼になりにける」と風刺されたように、田沼時代同様の世相に復しました。

多くの側室をもち五十人以上もの子どもをもうけた家斉だけに、大奥の規制も緩く、華美な風が行き渡りました。家斉の愛妾であったお美代《みよ》の方が、日蓮《にちれん》宗・下総《しもうさ》中山法華経寺《ほけきようじ》の子院の住職智泉院日啓《ちせんいんにつけい》の娘だったため、大奥女中に日蓮宗信者が増え、代参と称して中山法華経寺に参詣《さんけい》するようになりました。

天保五年（一八三四）には、雑司ヶ谷《ぞうしがや》に日蓮宗の寺院感応寺《かんのうじ》が再興され、江戸城に近いとあって、こちらにも多くの大奥女中が参詣するようになりました。女中を受け入れる寺のほうでは、美男の僧を集めて接待させたため、僧と女中の密通も行われました。

退廃的な時代だったともいえますが、反面、自由で人間性豊かな時代でもありました。庶民も歌舞伎、寄席、寺詣《まい》り、物見遊山《ものみゆさん》にしきりに出かけました。

5　対外的な危機と天保の改革

大塩平八郎の乱

天保期になると、天候不順の年が多くなり、天保三～四年（一八三二～一八三三）には天保の飢饉が起こります。天保七年の飢饉も深刻で、各地で百姓一揆《いっき》が起こったほか、大坂でも餓死者が出ました。ところが、富裕な商人が米を買い占め、大坂町奉行は大坂の米を江戸に回送していました。

陽明学者で大坂町奉行所のもと与力だった大塩平八郎《おおしおへいはちろう》は、翌天保八年、貧民を救済するため、門弟や民衆を動員して武装蜂起《ほうき》しました。乱はすぐに鎮圧されましたが、幕府役人の乱ということで、幕府に衝撃を与えました。

天保八年には、日本人漂流民の送還に来たアメリカの商船モリソン号を打ち払う事件も起こりました。蘭学者の渡辺崋山《わたなべかざん》や高野長英《たかのちょうえい》は、密《ひそ》かに幕府の政策を批判する書物を執筆しますが、幕府の知るところとなり、弾圧されました。

天保十一年には、オランダから「別段風説書《べつだんふうせつがき》」が提出され、アヘンの密貿易をとがめられたイギリスが清と戦端を開いたアヘン戦争の情報ももたらされました。
天保期は、まさに「内憂外患」の時代だったのです。

天保の改革

こうした中、大御所家斉が没しました。十二代将軍家慶の信任を得た老中水野忠邦は、天保の改革を始めます。忠邦は、これまでの改革と同様、倹約令を励行し、贅沢《ぜいたく》品や華美な衣服、高価な菓子・料理なども厳しく取り締まりました。家斉が再興した感応寺は廃寺となり、密通が疑われた大奥女中は摘発され、日啓らも牢に入れられました。歌舞伎小屋は浅草の外れに移転させられ、各町にあったとされる寄席も大幅に減らされました。江戸の人別改《にんべつあらた》めも強化し、江戸に流入していた貧民を帰郷させる人返しの法も制定しました。

窮乏する旗本・御家人のためには、棄捐令を出し、札差に低利の貸し出しを命じました。商業政策では、株仲間を廃止しました。独占的な営業を行う株仲間の存在が、物価騰貴の原因だと考えたのです。しかし、これによって流通に混乱が生じ、かえって物価は騰貴しました。

アヘン戦争は、イギリスの勝利に終わり、イギリスは香港を割譲させます。これを聞いた忠邦は、文政八年（一八二五）に出された異国船打払令を撤回し、食糧や燃料の補給を認める薪《しん》水給与令《すいきゅうよれい》を復活させました。また、軍事力強化をはかるため、西洋砲術を学んだ長崎町年寄の高島秋帆《たかしましゅうはん》を江戸に呼び、徳丸ケ原で西洋砲術の実射訓練を行わせました。

　忠邦は、相模《さがみ》の海岸防備を担当する川越藩のため、川越藩を庄内に、庄内藩を長岡に、長岡藩を川越に転封させる「三方領知替」を行おうとしました。しかし、藩や領民の反発が強く、実現できませんでした。これは、藩の領地が既得権化していたこともありますが、もともと川越藩の利益から計画されたものであり、反発を受けるのも当然でした。結果として、本来は自由に転封を命じることができる幕府の威信をゆるがすことにもなりました。

　そして、極めつきは、上知令《あげちれい》でした。江戸・大坂周辺の五十万石を直轄領にし、そこに領地を持つ大名・旗本には替え地を与えるというものです。これも対外防備の強化をめざしたものでしたが、幕府の利益のためだけの政策とみなされ、上知予定地に領地を持つ御三家の反発もあって、撤回されることになります。

　こうした失政によって忠邦は、老中を罷免されます。庶民を苦しめるだけの水野の評判は散々で、罷免されたときには快哉《かいさい》をさけぶ幕臣や庶民が水野邸に投石したということです。三方領知替や上知令の失敗でわかるように、大名の領地は既得権となっており、正当な理由がない限り、それに手をつけることはできなくなっていたのです。

第三章　幕末の動乱

まず流れをつかむ！

嘉永《かえい》六年（一八五三）六月三日（西暦七月八日）午後二時頃、アメリカ使節マシュー・ペリーの艦隊四隻が、浦賀沖に姿を現しました。これが、その後の日本の政局の混乱の始まりでした。

翌年、幕府は、再び来航したペリーと日米和親条約を結び、開国することになりました。条約にもとづいて来日したアメリカ駐日総領事タウンゼント・ハリスは、幕府に強く要求して日米修好通商条約を結びました。幕府が外国の圧力に負け、朝廷の許可なく通商条約を結んだことから、尊王攘夷《そんのうじょうい》運動が燃え上がります。

井伊直弼《いいなおすけ》は、反対派の大名・公家《くげ》・幕臣・尊王攘夷派の志士を弾圧します（安政《あんせい》の大《たい》獄《ごく》）が、万延《まんえん》元年（一八六〇）三月三日、これに反発する水戸《みと》藩の脱藩士たちに暗殺されました（桜田門外の変）。

文久《ぶんきゅう》二年（一八六二）三月、薩摩《さつま》藩主の父島津《しまづ》久光《ひさみつ》は率兵上京し、勅使大原重徳《おおはらしげとみ》とともに江戸に下り、幕府に政治改革を行わせました。翌年三月、上洛《じょうらく》した十四代将軍徳川家茂《とくがわいえもち》は、朝廷に攘夷の実行を約束せざるをえませんでした。しかし、八月十八日の政変が起こり、長州藩士や攘夷派の公卿三条実美《くぎょうさんじょうさねとみ》らが京都から追放されました。

元治《げんじ》元年（一八六四）七月、長州藩は、京都での主導権を取り戻すため、京都を攻めましたが、会津《あいづ》藩・薩摩藩などに撃退されました（禁門の変）。

幕府は、諸藩に命じて長州藩を攻めます。いったんは恭順の姿勢を見せた長州藩でしたが、高杉晋作《たかすぎしんさく》が挙兵し、藩論は再び反幕の立場となります。薩英戦争を経験した薩摩藩でも、西郷隆盛《さいごうたかもり》や大久保《おおくぼ》利通《としみち》らが実権をにぎり、イギリスに接近して軍備を強化していました。

慶応《けいおう》二年（一八六六）正月、土佐《とさ》藩出身の坂本龍馬《さかもとりょうま》の仲介によって、薩長同盟の密約が結ばれます。同年六月、幕府は再び長州藩を攻めましたが、出兵を命じられた藩の戦意は低く、各地で敗れた幕府は、家茂の死を理由に停戦しました。

この頃、外国貿易による米や生活用品の不足や値上がりのため、生活に行きづまる民衆が増え、不満は高まっていきました。民衆は、借金の帳消しや売り渡した耕地の返還、物価の値下げなどの「世直し」を求め、江戸や大坂周辺では大規模な一揆《いっき》や打ちこわしが起こりました。

世直し一揆は、これまでの体制を根本から変えようとするものでした。また伊勢《いせ》神宮のお札が降ったことをきっかけに、「ええじゃないか」といって人々が熱狂するさわぎが各地で流行しました。このような民衆の動きは、幕府の権威をゆるがすことになりました。

十五代将軍徳川慶喜《よしのぶ》は、慶応三年（一八六七）十月、土佐藩のすすめで大政奉還し、二百六十年余り続いた幕府はついに倒れました。

同年十二月、西郷や公家の岩倉具視《いわくらともみ》らは、天皇の名のもと王政復古の大号令を出し、天皇を中心とする政治にもどすことを宣言しました。また、慶喜の政治的な影響力を除くため、官職や領地の返上を命じました。

慶応四年（一八六八）正月、大坂城に退いていた慶喜は、京都に軍勢を送りますが、鳥《と》羽《ば》・伏見（京都市）の戦いに敗れます。慶喜は、大坂城を抜け出して、軍艦開陽丸で江戸に逃げ帰ります。

新政府は、江戸に進軍し、江戸城を無血開城させ、東北地方の諸大名も従わせました（戊辰《ぼしん》戦争）。翌年には箱館（北海道）で抵抗する旧幕府軍を最終的に降伏させました。

1　ペリー来航と日米和親条約

ペリー来航

アメリカは、イギリスから独立したあと、西部の開拓をすすめ、アメリカ大陸の西海岸に到達します。一八四八年にはカリフォルニアで金鉱が発見され、サンフランシスコ港がアジアへの貿易基地となりました。

アメリカは、鯨油《げいゆ》などをとるために太平洋で捕鯨を行っており、日本へ漂流する者もいました。アメリカは、太平洋横断航路の中継地点として、また捕鯨船の船員保護のために、日本を開国させることをめざしたのです。

アメリカ使節ペリーの来航は、幕府にとってまったく寝耳に水のことではありませんでした。前年六月、長崎に入港したオランダ商館長クルティウスが、「別段風説書《べつだんふうせつがき》」で、来年アメリカの艦隊が日本を訪れ、通商を求めるであろうという情報をもたらしていたのです。しかし、幕府は結局何も対策を立てられませんでした。

ペリーが浦賀に来航したとき、浦賀奉行所与力《ぶぎょうしょよりき》中島三郎助《なかじまさぶろうすけ》は、浦賀副奉行を名乗り、旗艦のサスケハナ号に乗船しました。中島は、国法にもとづいて長崎に廻航《かいこう》するよう告げますが、ペリーは、「あくまで浦賀で手渡すつもりであり、もし政府の高官が来ないならば力ずくでも親書を渡す」と答えます。

浦賀奉行戸田氏栄《とだうじよし》は、ペリーの要求を江戸に知らせました。怯《おび》えた幕閣は、ペリーの持参した大統領親書を受け取ることを決め、浦賀奉行の戸田を幕府高官に仕立て、久里浜で親書を受領することにしました。

大統領親書の受領式が行われたのは、七月十四日のことです。ペリーは、三百人の上陸部隊に正装させ、日本の軍勢数千名が整列する前で上陸し、軍楽隊の演奏する中、この日のために建設された建物に入りました。

ペリーは、大統領親書と自分の信任状、またペリー自身がしたためた書簡三通の計五通を、オランダ語・中国語の翻訳とともに手渡しました。戸田からは、受領書が渡されました。ついにペリーは、幕府の「祖法」を曲げさせ、長崎以外の地、しかも江戸至近の久里浜で、大統領親書を受領させることができたのです。

日米和親条約の締結

幕府は、先例を破って大名の意見を聞き、朝廷にも報告しました。これは、国内の意見をまとめるためでしたが、これを契機に朝廷や大名の発言権が強まることになりました。

翌嘉永七年正月十九日、ペリーが、今度は七隻の艦隊を率いて再び日本に来航しました。ペリーが来日を急いだのは、前年七月、ロシア使節プチャーチンが長崎に来航し、幕府と交渉したことを聞いたからです。ペリーは、日本開国はぜひとも自らの手で行いたいと考えていました。

両国の会見は、神奈川で行われることになりました。日本側の応接掛《がかり》（全権代表）は、幕府の学問を管轄する大学頭《だいがくのかみ》林家《りんけ》の当主林復斎《はやしふくさい》と浦賀奉行井戸覚弘《いどさとひろ》でした。

安政元年（一八五四）二月十日、ペリーと林復斎らの交渉が始められました。

代表団は、前日、昨年提出されたアメリカ大統領の親書への返書を手渡していました。

ペリーは、「帝国政府はおおかたの予想よりははるかに譲歩する気でいるようだった」と気分をよくしています。

全権代表といいながら、復斎に許されていたのは、薪水《しんすい》・食糧・石炭などの供与と、長崎への寄港許可、および五年後に行う他の一港の開港だけでした。遭難者の救助やその生命・財産の保護などは了解しましたが、琉球《りゅうきゅう》や松前の開港については日本の領地ではないとして難色を示しました。

これに対し、ペリーは、長崎はアメリカの交易ルートから外れているため、それに代わる港を一カ所以上、六十日以内に開くよう主張しました。また、遭難者や日本を訪れたアメリカ人の行動の自由は保障されるべきこと、琉球や松前が幕府の主権の地でないならば、直接交渉に赴くことを述べました。

ペリーの強硬な対応に窮した日本側代表は、長崎に代わる開港地として下田を提案しました。琉球は異国なので返答はできず、松前については時間が必要であると答えました。また、ペリーは、日本との貿易について要求しましたが、復斎は、日本は国内産物だけで自足できるので貿易は必要ないと謝絶しました。アメリカ大統領の親書は、人命尊重という観点からの開国要求であったため、この復斎の回答にはペリーも譲歩せざるをえませんでした。一方、幕府も、箱館の開港は認めざるをえないと判断しました。

二月二十六日には、ペリーが日本側の招待に応じて上陸し、互いに進物を交換しました。アメリカからの進物の中でひときわ目を惹《ひ》いたのは、電信機と蒸気機関車でした。

こうして三月三日、幕府は、ペリーと日米和親条約を結び、下田（静岡県）と箱館（北海道）の二港の開港、領事の駐留、アメリカ船への食糧・水・石炭などの供給を認めました。こうして長い間続いた鎖国政策が放棄され、開国することになったのです。

ペリーは、開港地となる下田に行き、海岸の測量を行い、下田の町を観察しました。下田の人々は初めて見るアメリカ人に興味津々で、親しく口をきこうとしたり、彼らの服に手を伸ばし、ボタンや剣をいじくり、珍しいものは英語で何と言うのか、手真似で尋ねたりしました。ペリーはこうした人々の姿に好感を持ちました。

ペリーが下田に停泊しているとき、吉田松陰《よしだしょういん》が金子重之輔《かねこしげのすけ》を連れてアメリカに密航したいと頼みました。しかしペリーは、せっかく友好関係になった日本の国法を犯すことはできないとして、彼らを陸に戻します。しかし、彼らの行動には感心し、「二人の教養ある日本人が、死の危険を冒しても、知識見聞を広めようとしたのである。（中略）こうした日本人の性向のなかに、どれほど希望に満ちた将来が読みとれることか！」と書いています（猪口孝監修・三方洋子訳『猪口孝が読み解く『ペリー提督日本遠征記』』NTT出版、一九九九年）。

幕府は、ロシア、イギリス、オランダと同様の条約を結びました。アメリカに開国を許した以上、他のヨーロッパ諸国の開国要求を拒否することは不可能でした。

この後、幕府は、江戸に西洋式の砲術を学ぶ講武所を、長崎にはオランダ人から軍艦の操縦法を学ぶ海軍伝習所をもうけ、軍備増強に努めました。また、洋学の研究と教育にあたる施設ももうけました。これらを主導したのは、長崎在勤の目付永井尚志《ながいなおゆき》ら開明的な幕府官僚たちでした（高村直助『永井尚志』ミネルヴァ書房、二〇一五年）。伝習生からは、榎本武揚《えのもとたけあき》ら近代日本を支える多くの人材が輩出しました。彼らの先見の明は特筆すべきです。

2　日米修好通商条約調印をめぐる争い

総領事ハリスの着任

安政三年七月二十一日（一八五六年八月二十一日）、アメリカ大統領から駐日総領事に任命されたハリスが、下田に着任しました。日米和親条約の締結から二年四カ月後のことです。

ハリスの任務は、日本とアメリカの間に通商条約を締結することでした。ハリスは、江戸に赴いて将軍に謁見《えつけん》することを要求し、難色を示す幕府役人を、拒否されれば軍艦で江戸に直行すると脅しました。

交渉は長引きましたが、安政四年十月二十一日、ハリスは、ついに江戸城に登城し、十三代将軍徳川家定《いえさだ》に謁見しました。

謁見のあと、ハリスは老中首座堀田《ほった》正睦《まさよし》に、アヘン戦争やアロー号戦争の例をあげてイギリス・フランスの脅威を説き、平和主義のアメリカと友好関係を結び、貿易を振興すれば、日本は安全であることを強調しました。

この頃には、幕閣の中にも積極的な開国を主張する者も出てきていました。堀田正睦も開国論者でしたし、岩瀬忠震《ただなり》ら海防掛目付《めつけ》も横浜で通商を行うことによって幕府「中興」を果たそうという意見でした。未曾有《みぞう》の国難を逆手にとることによって、幕府の経済力を強化し、幕府の権威を高めようとしたのです。

海防掛兼勘定奉行川路聖謨《かわじとしあきら》らは、アメリカの戦略にも疑惑の目を向けています。ハリスはアメリカが平和主義だというが、メキシコと戦争をして領土を奪い取っているではないか、というのです。しかし、そうであるからこそ、アメリカの要求を断固拒絶した場合には、戦争の危機があることもはっきりしていました。

こうして、幕閣の意見は、開国やむなしという方向に傾いていきました。ハリスは幕府側役人岩瀬忠震、井上清直《いのうえきよなお》と細かな協議を行い、安政五年正月末には、日米修好通商条約の草案がほぼ合意を得ることになりました。

堀田正睦の京都派遣

通商条約の締結が不可避であると考えた幕府は、老中首座堀田正睦自らが京都に赴き、条約勅許を得ることにしました。

文化五年（一八〇八）、外国に関することについて、幕府から朝廷に報告する先例ができていました。かならずしもそれは義務ではなかったのですが、日米和親条約のときも、調印後に朝廷に報告されました。今回、一歩進んで調印そのものの許可を得ようとしたのは、幕府が、朝廷の許可を得ることで、反対意見を封じ込めようとしたからです。朝廷を尊重したというものではありません。

幕府は、よもや朝廷が幕府の方針に反対するなどとは考えてもいませんでした。ハリスとの交渉にあたった幕府側役人は、「もしミカドが承諾を拒むなら、諸君はどうするつもりか」と聞かれたとき、「幕府はミカドからの如何なる反対をも受けつけぬことに決定している」と答えています。幕府にとっては、勅許がなされることは当然の前提で、その勅許を得るという手続きそのものが重要だったのです。

ところが、当時二十七歳だった孝明《こうめい》天皇は、自分の代に外国との通商条約を結ぶことは先祖に対して申し訳ないと考えており、関白九条尚忠《くじょうひさただ》などの五摂家《ごせっけ》の面々に、いかに幕府が多額の進物を用意したとしても、それに心を動かしてはならない、と命じていました。

安政五年正月十四日、上京した堀田は、九条を説いて、通商条約を締結することは不可避であることを了承させました。江戸時代の朝廷は、幕府の後ろ盾あっての存在です。九条は、孝明天皇がいかに条約勅許に反対であるにせよ、強硬方針を主張したとしたら朝廷と幕府の間に亀裂《きれつ》が入り、今後まずいことになると考えざるをえなかったのです。

九条の働きで、朝廷は通商条約締結に賛成はしないけれども、幕府の判断に任せる、という勅答が用意されました。

これに対して、権大納言中山忠能《ごんのだいなごんなかやまただやす》、前《さきの》権中納言正親町三条実愛《おおぎまちさんじょうさねなる》らの公卿が反対の声を上げました。これに力を得た孝明天皇は、三月七日、公卿に条約の案文を見せて意見を聞いた上で相談したいと九条に告げました。

三月十一日、朝議（朝廷の会議）は、関白案通りに決定されました。責任ある立場の公卿たちは、幕府の方針を認めざるをえなかったのです。

中山らの公卿たちは、翌十二日、案文訂正の意見書を提出しました。そして、この日の午後、公家八十八人が、御所と関白邸に群参して、再度大名の意見を聞くようにとの意見を主張しました。もちろん公家たちは、誰もが自分たちの反対が受け入れられるとは考えていませんでした。このような意見を述べることによって、有力な大名家から条約締結反対の意見が提出され、それによって幕府が条約締結をあきらめることを期待したのです。

三月十四日、あらためて朝議が再開され、「三家以下諸大名の意見を徴した上で議論せよ、その議論を聞いた上で回答する」という勅答に変更されました。老中首座の堀田が京都に乗り込んだにもかかわらず、条約勅許を得ることに失敗したのです。

井伊直弼の大老就任と日米修好通商条約調印

この頃、通商条約調印問題のほか、将軍家定の継嗣《けいし》問題が重大な政治問題となっていました。家定は健康に問題があり、子どももいなかったので、養子をとる必要があったのです。候補となっていたのは、英明と評判の高い一橋慶喜と、紀州藩主徳川慶福《よしとみ》の二人でした。家の序列でいえば、御三卿《ごさんきょう》の慶喜が有力であるはずですが、慶喜は水戸藩主徳川斉昭《なりあき》の子で一橋家に養子に入っており、一方の慶福は十一代将軍家斉の孫でした。家斉の七男斉順《なりゆき》が紀州藩を継ぎ、家斉の二十一男斉彊《なりかつ》をはさんで斉順の子慶福が紀州藩主となっていたのです。

こうなると、どちらが有力ともいえません。慶喜を推すのは、徳川斉昭や福井藩主松平慶永《よしなが》（春嶽《しゅんがく》）らであり、薩摩藩の島津斉彬《なりあきら》ら雄藩大名（政治的、経済的に力のある有力藩主）や幕府海防掛の諸有司も、国難のおりから英明で指導力のある将軍が就任することを望んでいました。

しかし、当の家定が慶喜を嫌っており、大奥も反水戸斉昭の立場でした。彦根藩主井伊直弼や幕閣を形成する譜代大名の多くもそれを支持していました。

将軍継嗣問題が幕府を二分する争いになった場合、双方ともに決め手がありません。一橋派は、勅命（天皇の命令）を得ることによって、慶喜擁立を実現しようとしました。

家定は、幕閣から、越前《えちぜん》の松平慶永に大老を仰せつけられてはどうかと上申されましたが、慣例にもとづき、彦根藩主の井伊直弼を大老にするよう命じました。

大老は、老中と違って一人役です。定まった職責があったわけではありませんが、幕府職制の最高位として、将軍の代理として、強い権限を持ちました。

大老に就任した直弼は、就任直後の同年五月朔日《さくじつ》、将軍家定に、老中を集めた席上で紀州藩の徳川慶福を継嗣に定める旨を申し渡させました。

ついで六月十九日、直弼は、世論の反対を黙殺して日米修好通商条約に調印しました。これは、アロー号戦争で清が英仏連合軍に敗れ、すぐにでも調印しなければ両国が日本に攻めてくるかもしれないというハリスの脅しに屈したからです。二十五日には将軍継嗣を紀州家の慶福に定める旨を公式に発表しました。慶福は、家茂と改名して江戸城西の丸に入りました。

この条約によって、箱館、神奈川（横浜）、長崎、新潟、兵庫（神戸）の五港を開港し、居留地で外国人が自由な貿易を行うことになりました。また、外交代表である公使の江戸駐在を認め、各開港場には領事が置かれることになりました。条約は、外国人の犯罪を日本側で裁判できず（治外法権）、輸入品の関税を日本だけで決める権利（関税自主権）がないなど、日本にとって不利な内容を含む不平等条約でした。

次いで幕府は、オランダ、ロシア、イギリス、フランスとも、ほぼ同じ条約を結ぶことになりました（安政の五カ国条約）。これ以後、アメリカ、イギリス、フランスの公使が江戸に着任し、それぞれの開港場では外国人との貿易が始まりました。

家定は、この年七月六日に没しました。大奥では、水戸・尾張《おわり》・一橋・越前などによる毒殺であるとの噂も流れています。家定のあとを継いだ家茂は、この年十二月朔日将軍宣下《せんげ》を受けました。家茂は、まだ十三歳の少年でした。

貿易港横浜の発展

日米修好通商条約で開港の決まった神奈川（横浜）は、家数わずか百軒ほどの一寒村でした。幕府は、三井などの大商人に支店を出させるとともに、横浜に出店する商人をつのりました。これは、幕府の期待以上の成果があり、在方《ざいかた》商人や関東の豪農などが横浜に進出しました。こうして横浜は、貿易港として大発展を遂げ、日本の貿易額の七割以上を占め、東アジアでは上海に並ぶようになりました。

輸出品は生糸と茶、輸入品は綿織物と毛織物が中心でした。貿易相手国はイギリスとアメリカが上位を占めましたが、一八六一年に起こった南北戦争の影響でアメリカの貿易額は減少し、イギリスが圧倒的な地位を占めることになりました。

安政の大獄と桜田門外の変

一橋派は、直弼が勅許なく条約に調印したことから、登城日でないのに許可なく登城（不時登城）して、厳しく直弼を批判しました。これは、条約調印を怒ったからではありません。これによって直弼を失脚させ、まだ公式発表がなかった将軍継嗣に、慶喜を立てようとしたのです。

しかし直弼は、断固たる決意で臨み、斉昭らを論破します。そして、不時登城をとがめ、徳川斉昭・慶篤《よしあつ》父子のほか、尾張藩主徳川慶恕《よしくみ》（のち慶勝《よしかつ》）らに隠居や「急度慎《きつとつつしみ》」を申し渡しました。この申し渡しは、将軍家定の上意を前面に立てたものでした。家定の死は、その翌日です。

朝廷は、幕府の無断調印と斉昭らの処罰を責め、諸大名一致して外夷《がいい》の侮りを受けぬようにせよという「戊午《ぼご》の密勅」を水戸藩に下していました。朝廷から直接、大名に勅命が下されるようになれば、幕府の支配はゆらぎます。そのため直弼は、「安政の大獄」と呼ばれる弾圧政治を行います。

水戸藩では、家老の安島帯刀《あじまたてわき》が切腹、京都留守居鵜飼吉左衛門《うかいきちざえもん》、小姓頭取茅根伊予之介《ちのねいよのすけ》が斬首、吉左衛門の子幸吉《こうきち》に至っては獄門に処せられました。

幕臣では、川路聖謨、岩瀬忠震、土岐頼旨《ときよりむね》、鵜殿長鋭《うどのながとし》、永井尚志らが御役御免、隠居を命じられました。一橋派であり、直弼が大老就任にあたって反対したということで報復を受けたものでした。直弼は、長崎海軍伝習所を廃止し、講武所の洋式銃採用をやめ弓に戻すなど、頑迷な保守的政策をとります（高村、前掲書）。

対象は、近衛《このえ》忠熙《ただひろ》らの公家、越前藩士橋本左内《はしもとさない》や長州藩士吉田松陰などにまでおよびました。彼らが死罪にまでなったのは、直弼が罪を重くしたからです。

この直弼の強権政治に対し、水戸藩、薩摩藩、長州藩、越前藩の藩士は憤激しました。特に水戸藩士の一部は脱藩し、薩摩藩士と連携して直弼襲撃計画を立てました。

万延元年（一八六〇）三月三日、水戸藩士十七名と薩摩藩士一名は、江戸城桜田門外で登城する直弼の乗物を襲い、直弼を討ちました。薩摩藩では、藩主島津忠義《ただよし》の父島津久光が大久保利通らの過激派（誠忠組）に自重を求めたため、有村次左衛門《ありむらじざえもん》だけが参加していました。

将軍に準ずる権威を持つ大老が江戸城桜田門で討たれるという事件は、それまでの幕府の秩序を根底からゆるがすことになりました。

幕府は、朝廷との融和なくしては国内支配すらおぼつかないと考え、老中安藤信正《あんどうのぶまさ》を中心に皇女和宮《かずのみや》の降嫁を軸に公武合体政策を進めていきます。

しかし、文久二年（一八六二）正月、信正は江戸城坂下門外で水戸藩士ら六名に襲撃され、負傷します。こうして、旧来の幕府主導の政治は、終焉《しゅうえん》を迎えることになります。

3　薩摩藩と長州藩

島津久光主導の幕政改革

文久二年（一八六二）三月十六日、島津久光は、千人余の兵を率いて薩摩を出発し、京都に向かいました。一藩主の父にすぎない無位無官の久光が、これほどの行動をとれたことは、この時期の幕府の支配力の弱体化を示しています。

久光は、関白九条尚忠の罷免と近衛忠熙の登用、幕府に一橋慶喜と松平慶永の登用を申し入れることなどを要請しました。幕府寄りの関白を退け、さらに譜代大名主導の幕府を、雄藩連合に好意的な体制に変えようとしたのです。孝明天皇自身は九条尚忠の罷免には反対でしたが、薩摩藩軍事力の圧力のもとでこれを受け入れ、さらに勅使として公卿大原重徳を江戸に派遣することにしました。

六月七日、勅使大原と久光は江戸に入ります。大原は、一橋慶喜と松平慶永を幕府の役職に登用するよう要求します。朝廷の人事介入に抵抗した幕閣でしたが、結局受け入れ、七月六日、慶喜を田《た》安慶頼《やすよしより》に代えて将軍後見職に、同月九日には慶永を新設の政事総裁職に任じます。慶喜らは京都の治安を回復するため、会津藩主松平容保《かたもり》に新設の京都守護職を受けるよう懇請し、容保は藩士の反対を押してこの職に就任します。慶喜らは、参勤交代制の緩和などを行います。

薩摩藩は、帰途、東海道生麦村において、行列を横切ったイギリス人商人リチャードソンを斬殺《ざんさつ》し、二名に重傷を負わせました（生麦事件）。これは偶発的な出来事でしたが、度重なる外国人殺傷事件に横浜居留地の外国人は憤激し、即時開戦を唱える者もありました。

イギリス政府や海軍は、その動きを押さえましたが、翌年薩摩藩に軍艦を派遣し、鹿児島城下を焼き払いました。イギリス軍も大きな被害を受けましたが、薩摩藩は、当時の日本の軍事力で攘夷を実現することは不可能であることを悟り、イギリスと結び、すすんだ軍備を導入することによって、軍事力を増強する道を歩むことになります。

長州藩と尊王攘夷派公卿

長州藩では、直目付《じき》の長井雅楽《ながいうた》が、開国した以上、日本から積極的に貿易して国力を増強すべきだという「航海遠略策」を唱え、幕府の政策に協力する方向をとっていました。

文久元年（一八六一）五月、長井は、藩主の命令によって京都に上り、公家の正親町三条実愛を説いて孝明天皇に上奏して（意見を申し上げて）もらい、次いで江戸に下って幕府に献言しました。幕府にとって、「航海遠略策」は都合のよいものでしたが、それだけに攘夷派の批判は強く、薩摩藩などとも真っ向から対立しました。

ところが文久二年七月、それまで開国論を唱えていた長州藩が、一転して尊王攘夷論の盟主となり、「破約攘夷」を朝廷に建言します。外国との条約を破棄し、攘夷を実現しようというのです。八月には、土佐藩主山内豊範《やまうちとよのり》が入京します。随行してきた土佐勤王党の武市半平太《たけちはんぺいた》は、岡田以蔵《おかだいぞう》らを使って、安政の大獄で攘夷派弾圧に関与した者を「天誅《てんちゅう》」と称して暗殺していきます。京都は無法地帯のようになりました。

これまで政治に大きな影響を与えていた島津久光は、この過激化した動きに対して何もできず、薩摩へ帰っていきました。同年九月、勅使三条実美が、土佐藩主山内豊範とともに、幕府に攘夷決行の勅旨を伝達するため江戸に向かいました。

勅使を迎えた将軍家茂は、上洛を約束せざるをえませんでした。十二月、朝廷に国事御用掛が置かれ、二十九人の尊王攘夷派（以下、尊攘派と略す）の公家が任命されます。

翌文久三年正月には、関白近衛忠熙も辞職し、鷹司輔熙《たかつかさすけひろ》が関白となります。こうして、朝廷は、尊攘派が主導権を握ることになります。

将軍家茂の上洛と攘夷期日

十二月五日、将軍徳川家茂は、奉答書を勅使三条に提出し、上洛を約します。

明けて文久三年二月十三日、家茂は三千の兵を率いて江戸城を発ち、三月四日、二条城《にじょう》に入ります。将軍の上洛は、三代家光《いえみつ》以来、二百二十九年ぶりのことでした。

三月七日、家茂は参内し、小御所で天盃《てんぱい》を授与された後、御学問所で、「攘夷を成功させるため尽力せよ」との言葉を伝えられます。

孝明天皇は、攘夷成功を祈願するため、三月十一日、賀茂別雷《かもわけいかずち》神社と賀茂御祖《みおや》神社に行幸《ぎょうこう》します。天皇が御所を出たのも、三代将軍家光が上洛したとき、後水尾《ごみずのお》天皇が二条城に行幸して以来のことでした。

こうした中で幕府は、四月二十日、朝廷に五月十日を攘夷期日としたいと答えます。朝廷は、諸藩に攘夷期日に外国を打ち払えという勅命を伝えます。幕府も諸藩に通達を出しますが、「外国が襲来した場合には打ち払うように」と諸大名に伝えています。

文久三年八月十八日の政変

攘夷期日の文久三年五月十日、長州藩は、下関を航行するアメリカ商船ペムブロゥク号に砲撃を加え、下関海峡を封鎖しました。ところが、情報を聞き、アメリカ軍艦ワイオミング号が報復に訪れ、長州藩の軍艦二隻を沈没させました。フランス軍艦も前田砲台に艦砲射撃を加え、陸戦隊が上陸して砲台を破壊しました。

こうして長州藩も、今の軍事力で欧米諸国と戦うことは無謀だと悟りました。高杉晋作は、この苦い経験から奇兵隊の組織を思い立ちます。

一方、尊攘派の公家たちは、ますます急進化し、八月十三日、孝明天皇の大和《やまと》行幸を朝議決定します。これは攘夷親征を名目とし、倒幕をも視野に入れた計画ですが、まったく天皇の意向に背くことで、天皇は不安をつのらせました。

薩摩藩士高崎正風《たかさきまさかぜ》は、会津藩に、京都守護職松平容保が今こそ決起すべきだと申し入れます。彼らは、中川宮《なかがわのみや》や近衛忠煕《ただひろ》・忠房《ただふさ》父子、右大臣二条斉敬《にじょうなりゆき》を説得し、クーデターを計画します。八月十八日、会津藩、淀《よど》藩、薩摩藩などの軍勢が御所の門を警備し、大和行幸の中止と長州藩の堺町御門警備の解除が命じられます。長州藩は、三条実美ら急進派の公家七人を連れ、京都を去りました（文久三年八月十八日の政変）。

参予会議

この年十二月晦日《みそか》、朝廷は、一橋慶喜・松平容保・松平慶永・伊達宗城《だてむねなり》・山内容堂《ようどう》（豊信《とよしげ》）に朝議に参予《さんよ》するよう命じました。翌年一月十三日には発案者の島津久光も加えられます。同月十五日、家茂は攘夷の方針を報告するため二度目の上洛をしています。

参予会議は、久光ら外様大名にとっては政治に関与できる場ができたことを意味し、幕府にとっても彼らと協調することで挙国一致の体制を築く可能性がありました。

しかし、政治の主導権を奪われると感じた老中は反発し、なにより慶喜が雄藩大名と同列ということに我慢できませんでした。慶喜は、老中の決めた「横浜鎖港《さこう》（開港地である横浜を鎖《とざ》すこと）」を主張して久光らの「開国論」を攻撃し、久光らを罵倒《ばとう》するなどして参予会議を解体に追い込みました。そして三月二十五日、慶喜は将軍後見職を辞任し、朝廷から禁裏守衛総督・摂海防禦《ぼうぎょ》指揮に任命され、政治の主導権を握ります。

禁門の変と長州征討

政変後も長州藩士を中心とする尊攘派の志士は京都に潜入していました。京都守護職松平容保の配下にあって京都の治安維持にあたっていた新撰組《しんせんぐみ》は、元治元年（一八六四）六月五日、尊攘派の志士が会合を開いていた京都の池田屋を襲い、九名を殺害し、四名を捕縛しました。

これに憤激した長州藩は、この年七月十九日、京都を奪回するため、軍勢を送りました。しかし、会津藩や薩摩藩の軍勢によって撃退されました。指揮をとった久坂玄瑞《くさかげんずい》や真木和泉《まきいずみ》は討ち死にしました（禁門の変）。

その直後の八月、アメリカ・イギリス・フランス・オランダの四カ国は、連合艦隊を結成して下関を砲撃し、上陸して砲台を占領しました。この講和交渉にあたったのは、高杉晋作です。

高杉は、賠償金の支払いについては攘夷を命じた幕府に要求せよと突っぱね、彦島《ひこしま》租借についてもあくまで拒否しました。

幕府は、尾張藩主後見徳川慶勝を長州征討総督に任じ、慶勝は、薩摩藩など諸藩の軍勢を率いて広島まで進軍しました。長州藩では穏健派（いわゆる「俗論派」）が勢力を増し、幕府に恭順の意を表しました。西郷隆盛は、これまでの強硬姿勢を改め、戦わずして征討を実現しようとします。慶勝もそれに同意し、西郷に全権を与えて長州藩と交渉させます。長州藩は、藩主父子が謝罪文を提出して謹慎し、禁門の変の責任者である三人の家老を切腹させ、首を征討軍に提出しました。

十二月二十七日、幕府は兵を退《ひ》きましたが、高杉晋作が奇兵隊など諸隊に呼びかけ下関で挙兵しており、萩に攻めこんで藩論を再転換させます。これを見た幕府は、長州の再征討を行うため、慶応元年（一八六五）五月、将軍家茂が三度目の上洛を行います。しかし、この年正月には、土佐藩の脱藩士坂本龍馬の仲介で、薩摩藩と長州藩の間で同盟が結ばれていました。

慶応二年六月に始まった長州再征では幕府軍が各地で敗北しました。その中で将軍家茂は、脚気衝心《かっけしょうしん》により大坂城で没します。幕府は、家茂の死を理由に、軍を退きました。

薩長同盟と世直し一揆

家茂死後、徳川宗家を相続した徳川（一橋）慶喜は、慶応二年十二月五日、将軍職に就任しました。孝明天皇は、この慶喜を信任していました。尊攘派がここまで勢力を得てくると、朝廷と幕府によって創り上げた江戸時代の秩序そのものが崩壊する危険があります。当初は頑固な攘夷主義者だった孝明天皇でしたが、ここに至って、慶喜を中心とした幕府を頼ろうとしていました。

慶喜は、幕政改革を行い、国内事務総裁、会計総裁、外国事務総裁、海軍総裁、陸軍総裁などの役職を創設して専任の老中を任命しました。これは、近代の内閣制度に似た組織です。さらに、洋式軍制改革を行って旗本を銃隊編成とし、アームストロング砲数十門を発注し、横須賀には大規模な製鉄所の建設を始めました。

ところが、十二月二十五日、孝明天皇が三十六歳の若さで急死します。あとを継いだのは、十六歳の祐宮《さちのみや》（のちの明治天皇）でした。孝明天皇の信任を受けていた慶喜には打撃であり、天皇は毒殺されたとの説もあります。

しかし、慶喜は、政治力を発揮して朝廷を動かし、懸案であった兵庫開港の承認を得ました。朝廷をめぐる政争は、慶喜の勝利に終わりました。薩摩・長州両藩の尊攘派には、武力倒幕しか打つ手はなくなりました。

4　大政奉還と戊辰戦争

大政奉還

慶応三年六月、薩長の間に武力倒幕が合意されました。一方、薩摩藩と盟約を結んだ土佐藩は、慶喜に大政奉還を建白するという独自の路線を取ります。

十月十四日、慶喜は土佐藩の建白を容《い》れ、大政奉還の要請書を朝廷に提出しました。これは大変な英断と考えられ、坂本龍馬などは、「この君のためなら死んでもいい」とまで言っています。しかし、倒幕をめざしていた西郷隆盛らにとっては、挙兵の理由を失うことになりました。

慶喜が大政奉還した意図については、多くの議論が提出されています。有力なのは、慶喜は、大政奉還をすることによって、将軍と摂関（朝廷政治の最高責任者である摂政・関白）を合一した権力を握ろうとしたものだ、という説です。

『旧幕府』（第二巻第一号）という明治時代に発行された雑誌に掲載された旧土佐藩士福岡孝悌《ふくおかたかちか》の回想談によれば、大政奉還の建白書は、直接慶喜に提出したものではなく、若年寄《わかどしより》格の永井尚志を介したものでした。このとき、京都には、薩摩藩士があふれていたといいます。

福岡は、薩摩藩の大久保利通に、「挙兵するのを五日間待ってほしい」と頼み、永井に談判に行きました。大久保は、五日間の延期すらたいへん不満なようでした。このとき、公家の岩倉具視らと共謀して、「倒幕の密勅」を得て、一挙に幕府を倒そうと考えていたからです。これは、明治天皇の意思ではなく、岩倉が勝手に創り上げたものでした。

福岡から大政奉還をすすめられた永井は、不承知の様子でした。しかし、福岡が「幕府の兵は、薩兵を圧する力があるか」とたずねると、しばし思案し、「とうてい圧服すべき力はない」と言って、大政奉還のことを言上することを承諾した、といいます。

土佐藩の後藤象二郎《ごとうしょうじろう》と福岡が老中板倉勝静《いたくらかつきよ》に正式に建白書を提出したのは、十月三日のことでした。福岡らは、「これは平常の建白書ではありません」と念を押しましたが、板倉は「承知している」と言っただけで、他には何も言わなかったといいます。

十月十日、慶喜は、政事総裁職の松平慶永に板倉を遣わし、大政奉還に関する意見を求めました。慶喜は、この頃までは迷っていたのです。

しかし、十月十二日、ついに決意した慶喜は、土佐藩に通知し、老中や大目付・目付らを二条城に招集し、大政奉還を決断したことを告げました。

翌日、慶喜は、京都にいた諸藩の重臣を二条城に招集し、大政奉還の意見書を示して諮問しました。慶喜は、薩摩藩に対しては、特に家老小松帯刀《こまつたてわき》を指名して召しました。小松は薩摩藩の佐幕派であり、大久保などが出てくると面倒だと思ったからでした。

このとき、二条城に集まった諸藩の重臣は、ちょうど五十人でした。諸藩から議論噴出かと思われましたが、実際は意見を言うものはいませんでした。ただ「非常の御大事であるから、速やかに本国へ申し遣わしまして、藩論を承った上で、改めて上申をいたすでございましょう」と言って、みな退散しました（『昔夢会筆記《せきむかいひつき》――徳川慶喜公回想談』）。

その後、薩摩藩の小松と土佐藩の後藤、福岡、広島藩の辻将曹《つじしょうそう》らが会見を申し出、即座に大政奉還を朝廷に申し出るよう意見し、事態は大きく変わっていきます。

大政奉還決意の理由

当然、幕臣たちは、大政奉還など論外の選択だと考えていました。諸藩も、慶喜の言葉をどう受け取っていいのか迷っていました。そのような中で、慶喜はなぜ決意したのでしょうか。

家近良樹《いえちかよしき》氏は、もし大政奉還を申し出なければ薩摩藩士が暴発すると、慶喜が本気で考えていたのではないか、と推測しています（家近良樹『徳川慶喜』吉川弘文館、二〇〇四年）。慶喜が「内乱」を恐れていた、というのですが、本当のところは、慶喜が自分の身の危険を感じていた、ということだったと思います。

一橋家出身の慶喜には、自ら頼りにできる軍事力がありませんでした。旗本らもそれほど多数は京都におらず、頼りになるのは、京都守護職松平容保率いる会津藩の軍勢しかいません。こうした中で、慶喜は不安にかられたのではないでしょうか。

しかし、そこまで慶喜を追い詰めた薩摩藩も、実際には一枚岩ではありませんでした。薩摩藩の挙兵計画の噂は、慶応三年五月二十四日、徳川慶喜主導で、兵庫開港の勅許が行われた頃から流れています。兵庫開港勅許は、慶喜と薩摩・土佐・越前・宇和島《うわじま》の四藩藩主との関係を悪化させることになったからです。

長崎から上京してきた土佐藩の後藤象二郎は、薩摩藩の挙兵計画を聞き、何としても内乱を避けなければならない、と考えます。そこで、土佐藩京都藩邸の重役に、大政奉還を将軍に働きかけ、奉還後は朝廷内に新たに設置する議会に国政の運営を任せる、という案を提出します。内乱なく幕府を終焉させ、慶喜を中心に雄藩藩主が政治を遂行する体制に移行させる、という構想でした。

この構想に西郷も飛びつきます。もし、慶喜が大政奉還を拒否すれば、それを大義名分として挙兵することができるからです。

八月十四日、薩摩藩の西郷隆盛は、長州藩に挙兵計画を打ち明けています。京都に滞留している薩摩藩兵千名を三つに分け、御所の守衛を行うとともに、会津藩邸と幕府屯所を襲撃する、というものです。このとき、島津久光は鹿児島におり、これは出先の西郷や吉井《よしい》友実《ともざね》らの先走った行動であったと見られます。

大久保から出兵要請を受けた鹿児島では、なぜ京都へ出兵しなければならないのか理解できず、また財政窮乏もあって出兵はむずかしいとの議論が主流でした。また、京都藩邸の最高責任者である家老関山糺《ただす》らは、挙兵に大反対で、久光の許可を得て西郷を手討ちにしようとまで考えていました。

多くの薩摩藩士は、とうてい薩摩藩一藩で倒幕などという大それた計画を実現できるとは考えていなかったのです。おそらくは西郷にしても、薩摩藩の京都挙兵で倒幕が実現するという成算があるわけではありませんでした。ただ、倒幕の先兵となって死ねばよいという、この頃の尊皇攘夷派に特徴的な思考方法があったにすぎません。

しかし、薩摩藩内部が対立を含み、西郷らの強硬路線が少数派であったとしても、土佐藩が大政奉還の建白書を出した頃には、薩摩藩の挙兵計画が実体のあるものと受け取られていました。こうして慶喜は、薩摩藩の挙兵という恐怖から逃れられず、それを打開する方策として大政奉還の受け入れという政治的選択を行ったのです。

大政奉還は、摂政二条斉敬や中川宮にとっても衝撃でした。即位したばかりの明治天皇は十六歳の少年にすぎず、政治を数百年にわたって武家に任せていた公家たちに政治担当能力はなかったからです。

しかし慶喜は、督促してまで大政奉還の受諾を求めました。形式的にではなく、本気で大政を奉還しようと考えていたのです。

その後の歴史的経過から考えれば、政治の実権を握る根拠となる将軍職を手放したのは失敗でした。しかし、この時点では、大政奉還によっていったん事態を収め、その後は自分の政治力で国政の主導権を握るという選択もありうるように思えたのでしょう。

激動する政治の場では、相手の内情や本当の実力は見えません。慶喜の場合は、相手を過大評価し、一時後退の手段をとったために、流れを相手に渡してしまったのです。このとき、別の決断をしたら、政局は別の形で動き、日本近代のあり方もまったく違っていたかもしれません。

戊辰戦争
大政奉還のあと、慶喜は、諸外国に向けて、外交は今後も徳川家が行うことを告げました。このままで行くと、再び徳川家の力が強まっていきます。
局面を打開するため、岩倉具視は、十二月九日、王政復古の大号令を発し、天皇を中心とする政治にもどすことを宣言します。同時に倒幕派の首領であった西郷隆盛は、薩摩藩・土佐藩・広島藩・福井藩の藩兵を指揮して御所や御所の諸門を固めました。朝廷は、倒幕派の手に落ちたのです。

また、慶喜の政治的な影響力を除くため、官職や領地の返上を命じました。これは、土佐藩の山内容堂なども大反対した措置でした。

当然、旧幕府側では、これに憤激しました。しかし、慶喜は、軽挙を戒めます。西郷は、旧幕府を挑発するため、江戸の薩摩藩邸を根城に、江戸市中に放火などを行いました。江戸の警備を任されていた庄内藩は、これに憤激し、薩摩藩邸を焼き討ちしました。

この知らせが届くと、大坂城の旧幕府軍の中では、京都奪還の軍を出すことを強硬に主張する勢力が主流となりました。慶喜は、この声を押さえることができませんでした。

慶応四年正月、旧幕府軍は、ついに大坂城から京都に軍勢を出しました、鳥羽・伏見の戦いの始まりです。

軍勢で勝《まさ》っていた旧幕府軍でしたが、油断したこともあり、緒戦に敗れました。新政府軍には、岩倉が用意した錦《にしき》の御旗《みはた》がひるがえりました。このため旧幕府軍側では、津藩の藤堂家が新政府軍側につき、老中を出している淀藩でも、敗走する旧幕府軍を淀城に入れませんでした。

こうして、鳥羽・伏見の戦いは旧幕府軍の完全な敗北に終わりました。

徹底抗戦を告げた慶喜でしたが、これはポーズに過ぎず、その夜、大坂城に兵を置き去りにしたまま軍艦開陽丸で江戸に逃げ帰りました。ここにおいて、勢力関係は、完全に新政府に有利な情勢となります。

薩摩藩・長州藩を中心とする新政府軍は、江戸に進軍してきました。東海道の諸藩は、ことごとく新政府に味方しました。

三月、勝海舟《かつかいしゅう》は、西郷と対談して、慶喜の赦免を願い、江戸城引き渡しを申し出ます。西郷はこれを了承し、四月十一日、江戸城は新政府軍に引き渡されました。上野寛永寺《かんえいじ》に謹慎していた慶喜は、実家の水戸家に逃れます。上野に籠《こ》もった彰義隊《しょうぎたい》は、佐賀藩のアームストロング砲に打ちのめされました。

新政府軍は、会津藩の恭順の申し出を容れず、禁門の変などの報復のためもあって会津藩を攻めようとします。これを不当とした東北諸藩は、仙台藩を中心に奥羽越《おううえつ》列藩同盟を結び、新政府軍に対抗します。

しかし、仙台藩が降伏し、武装中立の立場をとった長岡藩も敗れます。そして九月下旬、鶴ヶ城に立て籠もって戦っていた会津藩もついに降伏しました。

そして翌年、新政府軍は、旧幕府の軍艦を率いて脱走し、箱館五稜郭《ごりょうかく》に籠もって最後の抵抗をする榎本武揚ら旧幕府軍の脱走兵を降伏させ、国内を平定しました。

◎徳川氏の系図

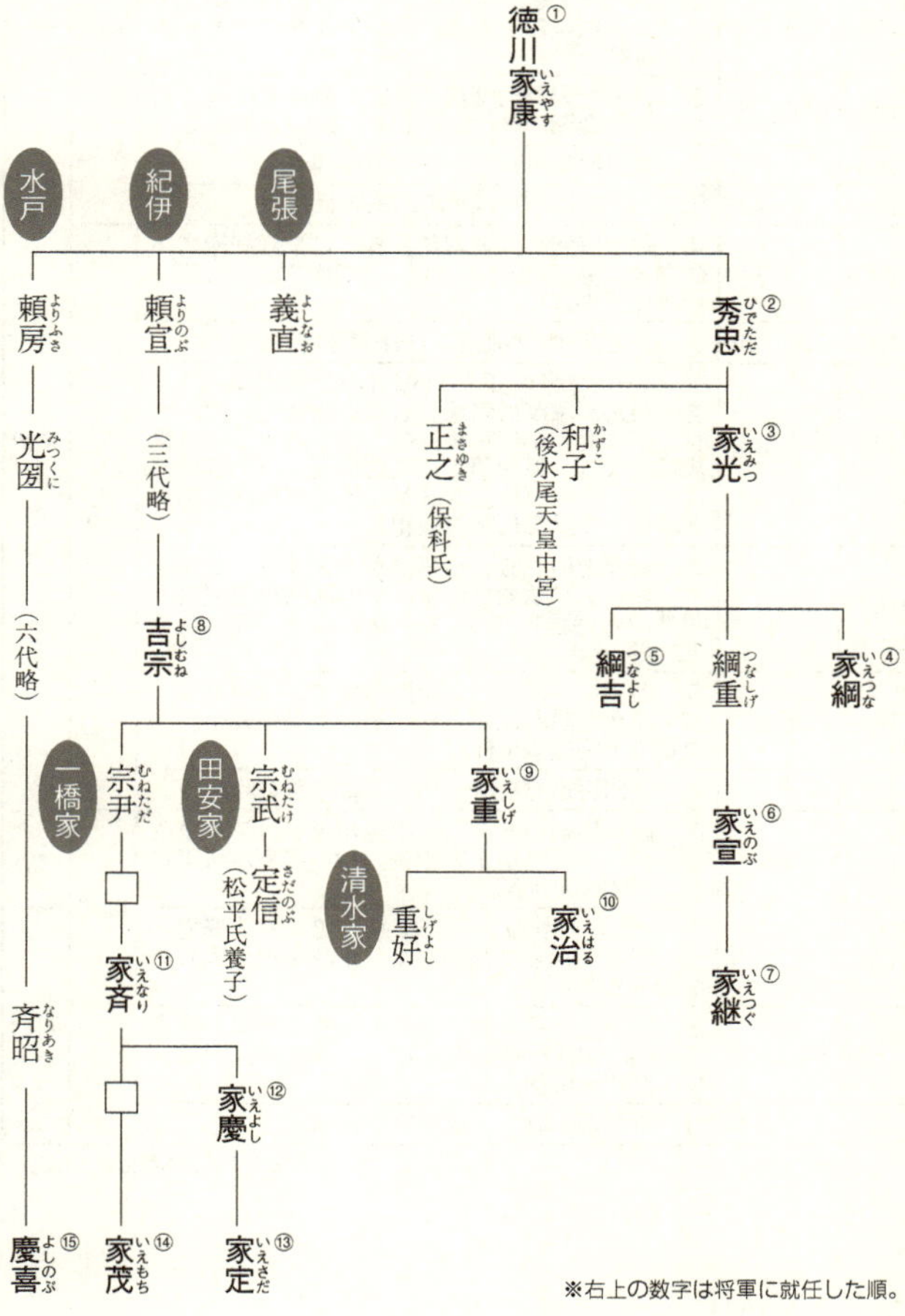

※右上の数字は将軍に就任した順。

◎幕末史の流れ

<table>
<tr><th>西暦</th><th>年 号</th><th>出 来 事</th><th>将軍</th><th>天皇</th></tr>
<tr><td>1853</td><td>嘉永６年</td><td>６　ペリー来航。７　浦賀奉行戸田氏栄がアメリカ大統領親書を受領。ロシア使節プチャーチンが長崎来航。</td><td>家慶</td><td rowspan="13">孝明</td></tr>
<tr><td>1854</td><td>安政元年</td><td>３　日米和親条約締結。下田、箱館を開港、領事駐留、食糧等の供給を認め、鎖国が終わる。</td><td rowspan="3">家定</td></tr>
<tr><td>1856</td><td>３年</td><td>７　駐日総領事ハリスが下田に到着。</td></tr>
<tr><td>1857</td><td>４年</td><td>10　ハリスが江戸城で将軍家定に謁見。</td></tr>
<tr><td>1858</td><td>５年</td><td>４　井伊直弼が大老就任。６　日米修好通商条約調印。９　安政の大獄（〜59）。12　家茂、13歳で将軍宣下。</td><td rowspan="7">家茂</td></tr>
<tr><td>1860</td><td>万延元年</td><td>３　大老井伊直弼暗殺（桜田門外の変）。</td></tr>
<tr><td>1862</td><td>文久２年</td><td>正　老中安藤信正が負傷（坂下門外の変）。２　和宮が家茂に降嫁。６　島津久光、江戸参府。７　慶喜が将軍後見職、松平慶永が政事総裁職となる。長州藩が「破約攘夷」を朝廷に建言。８　生麦事件。閏８月　松平容保が京都守護職に。参勤交代制の緩和。</td></tr>
<tr><td>1863</td><td>３年</td><td>３　家茂上洛。５　長州藩がアメリカ、フランス、オランダ艦船を砲撃、下関海峡を封鎖（下関外国船砲撃事件）。７　薩英戦争。８　八月十八日の政変。</td></tr>
<tr><td>1864</td><td>元治元年</td><td>６　池田屋事件。７　禁門の変で、久坂玄瑞、真木和泉が討ち死に。８　第一次長州戦争。四国艦隊下関砲撃事件。</td></tr>
<tr><td>1865</td><td>慶応元年</td><td>４　長州再追討発令。10　安政の諸条約勅許。</td></tr>
<tr><td>1866</td><td>２年</td><td>正　薩長同盟。６　第二次長州戦争。７　家茂死去。一橋慶喜が宗家相続。12　慶喜が将軍宣下。孝明天皇崩御。</td><td rowspan="2">慶喜</td></tr>
<tr><td>1867</td><td>３年</td><td>８「ええじゃないか」騒動。10　大政奉還。12　岩倉具視らの協議により王政復古の大号令が発令される。</td><td rowspan="3">明治</td></tr>
<tr><td>1868</td><td>明治元年</td><td>正　鳥羽・伏見の戦い（戊辰戦争。〜69）。慶喜、開陽丸で江戸へ撤退。４　江戸城無血開城。９　会津藩降伏。</td><td rowspan="2"></td></tr>
<tr><td>1869</td><td>２年</td><td>５　五稜郭の戦い、戊辰戦争終結。</td></tr>
</table>

※事件の前の数字は起きた月。

第四部 近代

第一章　近代国家の成立

——明治時代

まず流れをつかむ！

戊辰《ぼしん》戦争に勝利した新政府は、版籍奉還《はんせきほうかん》、次いで廃藩置県《はいはんちけん》により、国内の政治統一を実現します。

新政府では、岩倉具視《いわくらともみ》を大使とし、大久保利通《おおくぼとしみち》・木戸孝允《きどたかよし》ら政府要人が米欧諸国に使節として赴きました。これは不平等条約の改正が目的とされていましたが、まったく相手にされず、結果的にアメリカ・ヨーロッパを視察する大旅行になりました。その間、西郷隆《さいごうたか》盛《もり》を中心とする留守政府は、学制・徴兵制・地租改正などの内政改革を行います。

明治六年（一八七三）十月、征韓論争により、西郷隆盛・板垣退助《いたがきたいすけ》・江藤新平《えとうしんぺい》らが下野《げや》した（官職を辞めて民間に下った）ことにより、政府は危機に陥ります。板垣らは、民撰議院設立の建白書を提出し、国会開設を求めます。

武士は、身分的特権を失い、秩禄《ちつろく》処分により従来の家禄も失ったため、不平を持つ者が多く、佐賀の乱を始めとする士族の反乱が続発します。政府は軍隊を派遣してこれを鎮圧し、明治十年の西郷による西南戦争を最後として収まります。

士族反乱が収まると、自由民権運動が高まり、明治十三年には国会期成同盟が結成されます。

翌年、政府は、開拓使官有物払下げ事件《かいたくしかんゆうぶつはらいさげ》を乗り切るため、大隈重信《おおくましげのぶ》を罷免するとともに、国会開設の勅諭を出します。板垣退助は自由党を、大隈重信は立憲改進党を結党し、国会開設に備えました。しかし、松方《まつかた》デフレの影響で不況が進み、自由党員らの激発事件が起こりました。

政府は、伊藤博文《いとうひろぶみ》をヨーロッパに派遣して憲法を調査し、華族令を制定して貴族院の母体とし、内閣制度を作り伊藤が初代総理大臣となりました。

明治二十二年（一八八九）、大日本帝国憲法が発布され、貴族院と衆議院からなる帝国議会が開設されました。

日本は、明治九年、朝鮮を開国させ日朝修好条規を締結していましたが、朝鮮では次第に清国《しんこく》の影響力が強まります。

明治二十七年、朝鮮の独立をめぐって日清戦争が勃発《ぼっぱつ》し、日本が勝利します。宗主国の清から独立した朝鮮は、今度はロシアに接近します。

明治三十七年（一九〇四）、日本はロシアと戦うことになります。この日露戦争において日本は、多大な犠牲を払いながら勝利しましたが、それほど有利な講和はできませんでした。

日本は、三次にわたる日韓協約で朝鮮（大韓帝国）を保護下に置き、明治四十三年（一九一〇）には伊藤博文の暗殺を契機に朝鮮を併合しました。

こうした過程で日本は、明治二十年頃から紡績業や製糸業などの軽工業で産業革命が進行し、重工業も次第に発展していきました。しかし、日本の外貨獲得の主要産業は生糸で、明治末年には世界最大の生糸輸出国となります。それを支えたのは若い女工たちでした。

明治の初めの大学では、お雇い外国人が学問研究を指導しましたが、次第に日本人自身によって研究や教育が行われるようになります。本格的なジャーナリズムも誕生し、大新聞があいついで創刊されました。

文学では言文一致体が一般的になり、島崎藤村《しまざきとうそん》や夏目《なつめ》漱石《そうせき》による優れた小説も生まれました。

都市では、サラリーマンが誕生し、大手呉服店がデパートを営業するなど、現在に近い生活様式が一般的になっていきました。

1　明治維新

版籍奉還と廃藩置県

成立したばかりの明治新政府は、名目的には全国政権でしたが、徳川《とくがわ》家や戊辰戦争で敵対した藩から領地を取り上げただけで、全国のほとんどにはまだ諸藩が健在でした。新政府を運営する役人も、諸藩から召し出された徴士たちでした。この徴士の中から、明治の政治史を動かす政治家が出ることになります。たとえば、薩摩藩からは西郷隆盛・大久保利通ら、長州藩からは木戸孝允・伊藤博文・井上馨《いのうえかおる》・山県有朋《やまがたありとも》、土佐《とさ》藩からは板垣退助・後藤象二郎《ごとうしょうじろう》・佐々木《ささき》高《たか》行《ゆき》、佐賀藩からは江藤新平・大隈重信・大木《おおき》喬任《たかとう》・副島種臣《そえじまたねおみ》です。

明治二年（一八六九）、新政府は、版籍奉還を各藩に命じます。藩の領地と民衆を朝廷に返上するということです。藩主は、上層の公家《くげ》とともに華族に列せられ、藩士と旧幕臣は士族、農民と町人は平民となりました。しかし、それまでの藩主を知藩事に任命しましたから、それほど大きな効果はありませんでした。

そこで明治四年（一八七一）には、廃藩置県を行います。知藩事を辞めさせ、新政府の官僚にその地域の支配を任せたのです。これは大きな改革で、知藩事や旧藩家臣の反抗が予想されるため、薩摩・長州・土佐の藩兵一万を東京に集めた上で行いました。

しかし、意外なほどあっさりとこの大改革は実現しました。諸藩とも経済的に窮乏しており、その債務を新政府が肩代わりしたからです。また、尊王思想が行き渡っていたため、天皇に領地を返上することが当然のように思われたという事情もあります。ただ、薩摩藩の島津《しまづ》久光《ひさみつ》は大反対で、激高しています。

知藩事を始めとして旧幕臣や旧藩士らの士族には、国家から家禄が与えられました。領地を返上したことに対する反対給付です。しかし、これでは国家財政を永遠に圧迫することになるので、明治九年には、一時金として金禄公債証書を交付し、家禄の支給を廃止しました。これを秩禄処分といいます。旧武士の特権としての帯刀も禁止されました。

岩倉使節団と留守政府

廃藩置県が実現すると、政府は、右大臣の岩倉具視を正使に、参議の大久保・木戸らを副使とする大使節団をアメリカ・ヨーロッパに派遣します。目的は不平等条約の改正でしたがほとんど相手にされず、一行は目的を欧米諸国の視察に変え、二年近くにわたって欧米のすすんだ政治や産業を見て回りました。

これは結果的に日本の近代化に大きな役割を果たすことになりましたが、政府の要人の半数以上が日本を留守にするというのは常識外れです。よほど外国を見たかったのでしょう。日本に残ったのは、参議の西郷・板垣・江藤・副島らで、これを留守政府と呼びます。留守政府は、小学校から大学までの学校制度を定める学制、国民から兵隊を徴発する徴兵令を告諭します。

また、土地制度と税制の改革である地租改正を行いました。これは、江戸時代以来の年貢を廃止し、税を土地の公定価格である地価の三パーセントとするものでした。三パーセントというと低いようですが、これは旧来の年貢収入に相当する額で定めたものです。

これらの改革に対しては、徴兵反対の血税一揆《いっき》や地租改正反対一揆などが起こります。これは、江戸時代の百姓一揆と同じ行動でした。政府は、これを徴兵を主とする軍隊で鎮圧するとともに、税率を二・五パーセントに引き下げました。

近代産業の育成によって富国強兵をめざす殖産興業もすすめられました。旧幕府の軍需工場や造船所を官営として拡充し、鉱山も官営事業としました。群馬県の富岡製糸場などの官営模範工場も作りました。

2　国家間の戦争

征韓論と台湾出兵

日本が近代国家になると、対馬《つしま》藩を媒介とした朝鮮との国交や貿易が途絶え、新たに国家間で条約を結ぶ必要がありました。しかし、朝鮮は日本の開国に反発していたため、留守政府では、条約締結を求めて西郷隆盛を全権使節として朝鮮に派遣するという案が決定されていました。もし西郷が殺害されるなどのことがあれば、軍隊を派遣するという決意を持ったものだとされています。

急ぎヨーロッパから帰った大久保利通は、内政優先を唱えて、これに反対します。そして続いて帰国した岩倉具視が、留守政府の案を握り潰《つぶ》します。このため、「征韓論」派の参議、西郷・板垣・副島・江藤・後藤らは、明治六年（一八七三）十月、一斉に下野します。

翌年、政府は、日本に属する琉球《りゆうきゆう》島民が台湾で殺害されたとして台湾に出兵し、清から賠償金を得ました。台湾出兵は大久保の主導で行われ、木戸孝允は政府を去っています。

こうして清に琉球の領有を認めさせた日本は、明治十二年（一八七九）に琉球藩を廃して沖縄県を置きました。最後の琉球国王である尚泰王《しょうたいおう》は華族となり、華族令が発令されると侯爵となります。

この時期の日本は、国境の画定が大きな課題となっていました。当時の世界では、領有の権利を主張して認められなければ、いつどこの国に奪われて脅威となるかわからなかったからです。たとえばハワイはポリネシア人の王国でしたが、一八九三年、移住者であるアメリカ人農場主らがアメリカ海兵隊の援助を得て王政を倒し、一八九八年にはアメリカに併合されています。

明治八年、朝鮮との外交交渉が行き詰まると、日本は江華島《こうかとう》付近に軍艦を派遣しました。そして軍艦が砲撃されると、江華島に上陸して占領しました。

翌年、日朝修好条規を結び、主要な港を開港させるとともに、朝鮮は「自主の邦」だと認めさせました。要するに、清の宗主権を認めないということです。駐日アメリカ公使はこれに抗議しましたが、外務卿寺島宗則《てらしまむねのり》は、「貴国のペリーがしたことと同じだ」とつっぱねました。

江華島事件が起こった明治八年には、駐露特命全権公使榎本武揚の努力で、ロシアと樺太《からふと》・千島交換条約を結び、全千島列島を日本領としています。小笠原《おがさわら》諸島も、翌年、日本への帰属が決まりました。

士族反乱

下野した板垣・後藤・江藤・副島らは、民撰議院設立の建白書を提出し、板垣は土佐に立志社を設立するなど、自由民権運動を始めました。明治八年、大久保は、板垣・木戸と会談し、二人を参議に復帰させ、「漸次《ぜんじ》立憲政体《りっけんせいたい》樹立の詔《みことのり》」を出すことにしました。

一方、秩禄処分などで特権を失った士族の中には、武力で政府に抗議しようという動きも出てきました。萩の乱、秋月の乱、神風連の乱、佐賀の乱などが起こりましたが、相互に連携したものではありませんでした。佐賀の乱では、暴発を押さえようとした江藤新平が逆に首領に祭り上げられ、捕縛されて斬首《ざんしゅ》されました。

そして鹿児島に私学校を設立し、青少年に軍事教育を行っていた西郷隆盛が、明治十年、ついに蜂起《ほうき》しました（西南戦争）。西郷は、自分が立てば味方する者も多いだろうと考えていたようですが、熊本鎮台の谷干城《たにたてき》は徹底抗戦し、田原坂《たばるざか》で新政府軍と激戦の末、西郷軍は敗北。ついには鹿児島にもどり、西郷は城山で自害しました。

その頃、木戸は病死し、大久保も翌年、加賀《かが》藩の旧士族によって暗殺されました。こうして幕末から活動していた明治維新の第一世代は、ほぼ姿を消しました。

国会開設

士族反乱の鎮圧とともに、反政府運動としての自由民権運動も衰退しましたが、再び盛り上がりを見せるようになり、国会期成同盟が結成されます。

明治十四年（一八八一）、北海道開拓長官・黒田清隆《くろだきよたか》が、同じ薩摩藩出身の五代友厚《ごだいともあつ》などが興した関西貿易商会に開拓使官有物を無利子で安く払い下げることを決定した開拓使官有物払下げ事件が起こりました。政府への批判が高まると、薩長を中心とする政府は払い下げを中止し、大隈重信を政府から追放するとともに、国会を開設することを約束しました。

このため、板垣は自由党を、大隈は立憲改進党を結成し、国会開設に備えました。

明治十四年大蔵卿に就任した松方正義《まさよし》は、増税とデフレ政策をとり、正貨の蓄積を進め、日本銀行を設立しました。しかし、この政策によって深刻な不況が全国に及び、階層分化が進みます。このような中、福島事件、高田《たかだ》事件、群馬事件、加波山《かばさん》事件などの自由党員や農民による抵抗行動が激化しました。加波山事件のあと、自由党は解党しますが、明治十七年、困民《こんみん》党を称する約三千人が蜂起する秩父《ちちぶ》事件が起こり、政府が軍隊を派遣して鎮圧しました。立憲改進党も党首大隈が離党し、事実上の解党状態になりました。こうして民権運動は、次第に退潮していきます。

しかし、国会開設の時期が近づくと、土佐の後藤象二郎が大同団結を唱え、三大事件（地租の軽減、言論・集会の自由、外交失策の回復）建白運動が盛り上がりました。そして、自由党や立憲改進党が再建されていきます。

政府は、明治十五年、伊藤博文らをヨーロッパに派遣して、各国の憲法を調査し、ドイツ流の憲法を採用することとしました。明治十七年には華族令を制定し、旧上層公家や大名以外に国家に功績のあった者も華族とし、貴族院開設に備えました。明治十八年には内閣制度を作り、伊藤が初代の総理大臣となります。憲法の起草にあたったのは、伊藤とそのブレーンたちでした。

大日本帝国憲法が発布されたのは明治二十二年で、翌年、第一回の衆議院議員総選挙が行われました。立憲改進党や立憲自由党などの民党が大勝利し、衆議院の過半数を占めました。議会には予算案の決定権があったので、以後、日清戦争までの五年間、民党はこれを楯《たて》に政府と対抗していきました。大日本帝国憲法は天皇主権が明記された欽定《きんてい》憲法（君主の意思で制定した憲法）ですが、意外に議会の力が強かったのです。

日清戦争

朝鮮では、日本の明治維新に倣って近代化をはかろうとする勢力と、保守的な勢力が対立していました。この政争は、保守派の大院君《だいいんくん》（国王の父）が勝利しました。日本は、清と天津《てんしん》条約を結び、両国の朝鮮からの撤兵と、出兵の際には事前通告することが取り決められました。

岩倉使節団以降、日本は不平等条約の改正を求めて交渉していましたが、明治二十七年、日英通商航海条約に調印し、領事裁判権の撤廃と関税自主権の一部が回復されました。

同年、朝鮮では、西洋の宗教に対抗する東学という宗教団体を中心に、甲午《こうご》農民戦争が起こりました。朝鮮政府は、鎮圧のために清に援軍を依頼し、日本も朝鮮に出兵しました。そして、これを契機に日清両国は交戦状態となり、八月には宣戦布告がなされました。日清戦争が始まると、民党は戦争支持にまわり、巨額の軍事予算が成立しました。

日本軍は、朝鮮から清軍を一掃し、遼東《りょうとう》半島まで占領しました。また黄海海戦では、清の誇る北洋艦隊を打ち破りました。日本と清は、下関で講和交渉を行い、下関条約が調印されました。

これによって、朝鮮の独立、遼東半島・台湾・澎湖《ほうこ》諸島の譲渡、賠償金二億両《テール》の支払い、杭《こう》州《しゅう》など四港の開港、最恵国待遇などが合意されました。国家歳入の二倍強におよぶ多額の賠償金は、官営八幡《やはた》製鉄所の建設費などに使われ、日本の重工業化がはかられました。しかし、遼東半島は、ロシア・ドイツ・フランスの勧告により、返還を余儀なくされました（三国干渉）。

日清戦争によって清からの独立を果たした韓国では、王妃の閔妃《びんひ》がロシアに接近して権力を握ります。

このため朝鮮公使となった三浦梧楼《みうらごろう》は、大院君と結んで閔妃を殺害します。しかし、三浦は日本に召還されて投獄され、大院君も失脚します。国王の高宗《こうそう》に権力が移りますが、暗殺を恐れた高宗は、ロシア公使館に駆け込み、そのままそこで政務を執りはじめます。

これはロシアの属国だと宣言したようなものです。約一年後、王宮に帰った高宗は、国号を大韓帝国と改め、皇帝を称しました。閔妃には「明成皇后」の諡《おくりな》を贈ります。これまでは清の属国であったため「国王」だったのですが、強国ロシアを後ろ盾にして清に遠慮する必要がなくなったのです。

しかし、当時の日本にとって見れば、朝鮮は国防の生命線でした。大国と思われた清を追い払ったら、今度は正真正銘の強国であるロシアがのど元まで進出することになったのです。

日露戦争

政府は最初、議会や政党に制約されないとする超然主義をとっていましたが、日清戦争後には政党との提携がすすみ、明治三十三年（一九〇〇）には伊藤博文が立憲政友会を結成し、第四次伊藤内閣を組織しました。

日清戦争後、ヨーロッパ列強は、中国にますます進出していきました。特にロシアは、旅順・大連を租借して、朝鮮にまで影響力をおよぼしています。一九〇〇年の義和団事件のあとには、大軍を満州に駐留させました。

明治三十七年二月、日本はロシアに宣戦布告し、日露戦争が始まります。翌年一月、日本軍は、多大な犠牲を払いながら旅順を陥落させ、三月の奉天《ほうてん》会戦でロシア軍の主力を打ち破りました。

日露戦争最後の決戦は、対馬付近で行われた日本海海戦です。東郷平八郎《とうごうへいはちろう》率いる日本艦隊は、ほぼ無傷でロシアのバルチック艦隊を潰滅《かいめつ》させました。この背景には、明治三十五年一月に締結された日英同盟が大きな意味を持ちました。イギリスと敵対国になったため、バルチック艦隊はスエズ運河を通過することができず、諸国の港にもほとんど寄港できなかったのです。

アメリカ大統領セオドア・ルーズベルトは、講和の斡旋《あっせん》に乗り出し、ポーツマス条約が結ばれました。ルーズベルトは、日本が力をつけることを警戒していたので、賠償金の支払いなどは認めませんでした。日本が得たのは、韓国における優先権、旅順・大連の租借権、長春以南の鉄道と付属施設の利権、樺太南半分の割譲、沿海州・カムチャツカ沿岸の漁業権などです。

国民は、この講和条約を不満に思い、日比谷焼き打ち事件などの暴動が起こりました。

韓国併合と満州経営

明治三十八年（一九〇五）、日本は第二次日韓協約によって、朝鮮（大韓帝国）を保護国とします。これを不満とした皇帝の高宗は、オランダのハーグで開かれた第二回万国平和会議に密使を送り、日本の朝鮮支配の不当性を訴えましたが、無視されます。これを知った伊藤博文は、「そんなに不満ならこの場で宣戦布告したらどうか」と高宗に言ったということです。

最も強硬に高宗に退位を迫ったのは、親日派に転向していた韓国総理大臣の李完用《りかんよう》でした。高宗は退位し、朝鮮の軍隊にも解散が命じられました。つまり、日本軍が朝鮮を守るということです。解散した兵士や両班《ヤンバン》や民衆は「義兵戦争」と呼ぶ抵抗を行いますが、ことごとく鎮圧されます。

明治四十二年、民族主義者の安重根《あんじゅうこん》は、ハルビン駅頭で伊藤博文を拳銃《けんじゅう》で暗殺します。伊藤は韓国の併合には反対していましたが、このテロ事件によって、日本は韓国を併合することになります。安はその場でロシア官憲に捕らえられ、死刑に処せられます。

ちなみに韓国では、この時期は戦争状態だったとして、テロではなく戦争の一環とし、安重根を「義士」として顕彰しています。しかし、両国は日韓協約を結んでいたわけですから、これは正真正銘のテロ事件です。

植民地支配は、京城《けいじょう》（現、ソウル）に置かれた朝鮮総督府が行いました。しかし、産業の遅れた朝鮮では、鉄道などのインフラ整備から行わなければならず、日本にとっては重荷になります。日本は、満州にも進出し、ロシアから譲渡された鉄道を母体に、半官半民の南満州鉄道株式会社を設立し、鉱山の開発や製鉄所の経営、都市建設などを行いました。

◎明治時代の流れ

西暦	年　号	出　来　事
1868	明治元年	3　五箇条の誓文。9　会津藩、降伏。
1869	2年	5　戊辰戦争終結。6　版籍奉還。
1871	4年	7　廃藩置県。11　岩倉使節団派遣。
1872	5年	8　学制公布。11　徴兵令告諭。10　富岡製糸場開業。
1873	6年	7　地租改正条例。10　西郷隆盛らが下野。
1874	7年	1　民撰議院設立の建白書。2　佐賀の乱。5　台湾出兵。
1875	8年	4　漸次立憲政体樹立の詔。5　ロシアと樺太・千島交換条約。9　江華島事件。
1876	9年	2　日朝修好条規。
1877	10年	2〜9　西南戦争。5　木戸孝允病死。
1878	11年	5　大久保利通暗殺。
1879	12年	4　琉球藩を廃し、沖縄県に。
1880	13年	3　国会期成同盟結成。
1881	14年	8　北海道開拓使官有物払下げ事件。10　板垣退助が自由党結成。
1882	15年	3　大隈重信が立憲改進党結成、伊藤博文渡欧。
1885	18年	12　内閣制度施行。伊藤博文が初代内閣総理大臣に就任。
1889	22年	2　大日本帝国憲法発布。
1894	27年	7　日英通商航海条約調印、領事裁判権撤廃、関税自主権一部回復。8　日清戦争開戦。
1895	28年	3　日清戦争終結。4　下関条約調印、三国干渉。
1897	30年	2　八幡製鉄所設立。
1900	33年	6　義和団事件。9　伊藤博文が立憲政友会結成。
1902	35年	1　日英同盟ロンドンで締結。
1904	37年	2　日露戦争はじまる。
1905	38年	9　ポーツマス条約調印、日露戦争終結、日比谷焼き打ち事件。11　第二次日韓協約。
1906	39年	11　南満州鉄道株式会社設立。

※事件の前の数字は起きた月。

まず流れをつかむ!

第二章　大正デモクラシー

——大正時代

明治三十九年（一九〇六）、長州閥の桂太郎《かつらたろう》が、首相を立憲政友会の西園寺公望《さいおんじきんもち》に譲り、以後、桂と西園寺が交互に首相となる桂園《けいえん》時代が始まりました。

第二次西園寺内閣のとき、二個師団増設の要求が退けられ、上原勇作《うえはらゆうさく》陸軍大臣が辞職しました。陸軍が後任を出さなかったため、大正元年（一九一二）十二月、西園寺内閣は総辞職を余儀なくされます。このため、立憲政友会の尾崎行雄《おざきゆきお》や立憲国民党の犬養毅《いぬかいつよし》を中心に、第一次護憲運動が盛り上がりました。これが大正デモクラシーの始まりです。

大正デモクラシーの思想的基盤は、吉野作造《よしのさくぞう》の民本主義や美濃部達吉《みのべたつきち》の天皇機関説です。

大正天皇という指導力に乏しい天皇のもと、政党と民衆の動きが活発になります。こうした動きを支えたのが、大正三年に始まった第一次世界大戦です。明治末期以来の慢性的な不況に苦しんでいた日本経済は、大戦景気によって立ち直ります。この時期には、造船、鉄鋼業、機械工業、化学・薬品工業などが飛躍的に発達します。政治も、大正七年に政友会の原敬《はらたかし》が本格的な政党内閣を組織しました。

第一次世界大戦は英・仏などの連合国の勝利に終わり、一九一九年、パリで講和会議が開かれ、ヴェルサイユ条約が結ばれました。アメリカ大統領ウィルソンの提唱で国際連盟が創設され、日本は常任理事国の一つとなりました。

アメリカは、第一次世界大戦で各国に大量の武器や物資を売り、英仏には多額の戦費を貸しつけ、債権国になります。最後は連合国側に参戦し、世界政治への発言権を強めましたが、国際連盟には加盟していません。

大正十年に開催されたワシントン会議では、日・英・米・仏の四カ国条約、中国の主権・領土の保全や門戸開放を規定した九カ国条約、五カ国での海軍軍縮条約が締結されました（ワシントン体制）。日本では、幣原喜重郎《しではらきじゅうろう》外相が、中国への干渉を抑制する協調外交を展開していきます。

ワシントン会議の直前、原首相が暗殺され、高橋是清《たかはしこれきよ》内閣となりますが、その後は非政党内閣が続きます。これに対して普通選挙を求める第二次護憲運動が起こり、加藤高明《かとうたかあき》を首相とする護憲三派（憲政会・立憲政友会・革新倶楽部）内閣が成立します。加藤内閣は、大正十四年、普通選挙法を成立させます。これが大正デモクラシーの最後の高まりであり、大きな成果でした。

大正期には、義務教育が普及し、工業の発展とともに都市化が進みます。

新聞は部数を拡大して一般的なものになり、総合雑誌や大衆雑誌も創刊されました。新聞の連載小説では中里介山《なかざとかいざん》・直木三十五《なおきさんじゅうご》・吉川英治《よしかわえいじ》・大佛次郎《おさらぎじろう》などの大衆小説家が活躍し、白樺派の志賀《しが》直哉《なおや》らも優れた作品を発表しました。無声映画（活動写真）、レコードなどの大衆娯楽も人気を博します。

1　中国への進出

第一次護憲運動

第一次護憲運動の発端となったのは、二個師団増設問題で上原勇作陸相が単独辞職し、陸軍が後任を出さなかったことです。当時、陸海相は現役武官とするという規定があったため、陸軍が後任を出さないと内閣が倒れるのです。

二個師団増設とは、朝鮮に駐屯する軍隊の強化ということです。一個師団は、平時には一万人ほどです。当時、朝鮮には二個師団が駐屯していましたが、治安が悪かった朝鮮の統治のためには、二万人ほどの軍隊では不安です。そのため、あと二万人増やしてほしいという要求でした。これ自体はそれなりに理解できるのですが、承認されないからといって陸相を辞任したり、後任を出さないという行動に出れば、世論が激高するのもやむをえません。

西園寺内閣を受け継いだ桂内閣は、その批判をもろに受けることになります。桂は長州閥でしたから、立憲政友会の尾崎行雄や立憲国民党の犬養毅は、知識人や都市民衆に訴え、「憲政擁護・閥族打破」をスローガンに憲政擁護運動を繰り広げます。このため第三次桂内閣は、わずか五十三日で倒れます。

その後は、薩摩《さつま》閥で海軍大将の山本権兵衛《やまもとごんべえ》が組閣しました。山本内閣は、軍部大臣現役武官制を予備役、後備役の将官にまで拡大したりとかなり評価できる政策を行いますが、海軍の収賄事件が明らかになったため、総辞職しました。

山本内閣のあと、国民的人気のあった大隈重信《おおくましげのぶ》が二度目の内閣を組織しました。第一次世界大戦末期の大正七年（一九一八）には、衆議院議員で立憲政友会総裁の原敬が首相となり、陸軍・海軍・外務の三大臣以外をすべて政友会会員で組織する本格的な政党内閣を成立させました。

中国・朝鮮における民族運動

中国では、一九一一年、辛亥《しんがい》革命が起こり、清《しん》は滅亡し、孫文《そんぶん》を大総統とする中華民国が成立しました。しかし軍事力に欠ける孫文は、軍閥の袁世凱《えんせいがい》に大総統の座を譲ります。

一九一四年（大正三）、第一次世界大戦が勃発《ぼっぱつ》すると、日本（大隈重信内閣）は、袁世凱政府に十四カ条の要求と七カ条の希望を出します。おもな内容は、日露戦争で獲得した旅順・大連の租借期限の延長、山東省のドイツ権益の継承などです。

袁世凱は、国民世論を納得させるためとして、日本に最後通牒《つうちょう》の形で要求してほしいと頼んできました。加藤高明外相がその通りにすると、袁世凱は、日本が中国に二十一カ条の要求を出してきたとプロパガンダしました。このため、世界の対日感情が悪化し、中国国内で民族運動が高揚することになります。

第一次世界大戦中の一九一七年にはロシア革命が起こります。日本は、米・英・仏とともにシベリア出兵を行います。日本は、他の諸国が撤兵したあとまで出兵を続けたので、国際的な非難を浴びました。

第一次世界大戦後のヴェルサイユ条約で、連合国に加わっていた日本は、赤道以北の旧ドイツ領南洋諸島の委任統治権を獲得し、中国山東省のドイツの権益も受け継ぎます。山東省の権益の返還を主張していた中国では、一九一九年五月四日、大規模な反日運動が起こります（五・四運動）。韓国でも日本からの独立を求める三・一独立運動が起こっていました。これはウィルソンが提唱した「民族自決」の方針に影響を受けたものでした。ただし、アメリカ自身は、中米諸国に軍事介入を繰り返しています。

2　ワシントン体制

ワシントン会議

一九二一年から翌年にかけて、ワシントンで会議が開かれました。アメリカ主導で行われたこの会議は、いわば日本封じ込めを目論《もくろ》んだものでした。

この会議では、太平洋諸島の現状維持と紛争を話し合いで解決することなどを内容とする日・英・米・仏による四カ国条約が結ばれました。これによって、日英同盟は廃止されることになります。二国間の条約は強固なものですが、四カ国だとその効果は薄まります。これはアメリカがイギリスに強要したものでしたが、日本人は日英同盟を捨てたイギリスに反感を持つようになりました。

続いて締結された九カ国条約は、日・英・米・仏にイタリア・ベルギー・ポルトガル・オランダ・中国を加えた九カ国で締結された中国問題に関する条約です。これによって、中国の主権尊重・門戸開放・機会均等などが合意され、日本は山東半島における旧ドイツ権益を返還しました。門戸開放・機会均等でわかるように、これも中国進出に後れをとっているアメリカの主導で行われたものでした。

そして、一番難航したのは、海軍軍縮条約です。主力艦の保有比率を米・英がそれぞれ五、日本が三、仏・伊が一・六七とするものです。これでは日本が米・英の六割しか保有できないので、海軍軍令部は七割を強硬に主張していました。しかし、海軍大臣で全権を務めた加藤友《とも》三郎《さぶろう》は、軍令部の反対を押さえて調印しました。

米英の比率が同じというのは、世界第一の海軍国だったイギリスにとっては屈辱的なものでした。日本が米英の六割とされたのは、日本海軍の実力が恐れられて封じ込められたということです。こうしてワシントン会議は、アメリカの思いのままとなり、のちに日本が米英に宣戦布告する遠因ともなりました。

高橋是清首相は、協調外交を旨としており、これらをほとんど受け入れることになりました。その後、護憲三派による加藤高明内閣が成立すると、幣原喜重郎外相が協調外交を推しすめることになりますが、これに対しては「軟弱外交」という批判が高まります。

日本と米英の国力の差

当時、日本と米英には大きな国力差がありました。孫崎享《まごさきうける》氏は、一九二一年の三国の経済・軍事指標を紹介し、日米は経済力で一対一〇、軍事費で一対四だとしています（『日米開戦の正体』祥伝社、二〇一五年)。日本が両強国に対して三対五は実は妥当なところでした。

しかし、海軍も国民もこの結果に憤激しました。これをどうにか抑えられたのは、加藤友三郎が日露戦争で連合艦隊参謀長として日本海海戦を指導した英雄であり、第二次大隈内閣以来、歴代内閣の海軍大臣を務めた人物だったからです。

一九三〇年に結ばれたロンドン海軍軍縮条約の批准を議論した第五八帝国議会では、野党の立憲政友会の犬養毅や鳩山一郎《はとやまいちろう》が、政府が兵力量を決めたのは「統帥権干犯」で憲法違反だと攻撃しました。与党の立憲民政党を倒すため統帥権を持ち出したのですが、これは自殺行為で、その後議会は統帥権を主張する軍部に抵抗できなくなりました。また浜口雄幸《はまぐちおさち》首相は東京駅で右翼の青年に狙撃《そげき》され、翌年死亡しています。

社会運動の展開

すでに述べたように、大正デモクラシーの思想的基盤は、吉野作造の民本主義や美濃部達吉の天皇機関説でした。これらをもとに、一般大衆の政治参加を求める普通選挙運動が盛り上がりました。当時は、一定の税金を払う者にしか選挙権のない制限選挙だったので、これが大きな国民運動になったのです。普通選挙法は、大正十四年、加藤高明内閣によって成立しました。

婦人運動も盛んになり、平塚《ひらつか》らいてうや市川房枝《いちかわふさえ》は、新婦人協会を結成し、女性の地位向上や政治参加の自由などを訴えました。労働争議や小作争議も活発になり、日本労働総同盟や日本農民組合も結成されました。

ロシア革命の影響を受け、日本共産党が秘密裏に結成されました。被差別部落の人々は全国水平社を結成し、差別からの解放を求める運動をすすめていきました。北海道では、アイヌの人々が差別からの解放を求め、昭和五年（一九三〇）には北海道アイヌ協会が設立されました。

こうした社会運動の高まりと、大衆文化の隆盛が大正時代の特徴です。

新聞は、「大阪朝日新聞」や「大阪毎日新聞」が百万部を突破し、「中央公論」や「改造」などの総合雑誌も部数を増やしていきます。大正十四年に創刊された大衆雑誌の「キング」は、翌年には百万部を突破します。

宝塚少女歌劇が第一回公演を行ったのは、大正三年です。宝塚で開催された婚礼博覧会の余興として行われ、演目は桃太郎に題材をとった「ドンブラコ」でした。まだ、学芸会的なものでしたが、その後、大きく発展していきます。

電話交換手、バスの車掌、デパートの店員など、女性の職場進出も増えていきました。

しかし、一方で、大正九年（一九二〇）には、株式市場における株価の暴落をきっかけに、戦後恐慌が起こり、綿糸や生糸の相場は半値以下となりました。大正十二年（一九二三）には関東大震災が起こり、日本経済は大打撃を受けます。これらが、昭和時代への序曲となります。

第三章　戦争の時代

――昭和時代前期

まず流れをつかむ！

昭和に入ると、昭和六年（一九三一）に始まる満州事変から日中戦争、さらには太平洋戦争と、昭和二十年（一九四五）の敗戦まで、戦争の時代が続きます。

大正時代の戦後恐慌に始まる慢性的な不況に苦しんでいた日本は、昭和二年に銀行の取りつけ騒ぎから金融恐慌が起こり、昭和四年（一九二九）には、アメリカの株価大暴落に始まる世界恐慌が起こります。

日本は、このタイミングで金輸出解禁を行ったため、それによる不況と合わせてダブルパンチに見舞われ、深刻な昭和恐慌が起こりました。都市では失業者が増大し、農村も疲弊します。

兵隊の大きな供給源だった農村の疲弊は、陸軍の青年将校たちに政党政治への不満を呼び起こします。満州の鉄道警備にあたる関東軍は、満蒙《まんもう》（満州と東部内蒙古《うちもうこ》）の権益確保をもくろみ、この地域を中国から分離するため満州事変を起こし、昭和七年には傀儡《かいらい》国家・満洲国を建国します。

昭和七年、満洲国承認に反対の態度をとっていた犬養《いぬかい》首相が、海軍将校の一団によって射殺されます（五・一五事件）。これによって、政党政治は終焉《しゅうえん》を迎えます。国際連盟で満洲国の承認の取り消しが決議されると、日本は国際連盟を脱退しました。

昭和十一年、陸軍皇道派の青年将校によるクーデター事件、二・二六事件が起こります。彼らは、首相官邸や警視庁などを襲撃しましたが、天皇が断固鎮圧の態度をとったことから投降しました。

これによって陸軍は統制派が主導権を握ります。翌年七月七日には、盧溝橋《ろこうきょう》事件をきっかけに日中戦争が始まります。近衛《このえ》文麿《ふみまろ》首相は、不拡大方針をとりますが、軍部の圧力により兵力を増派し、全面戦争になりました。

一九三九年九月、ナチス党のヒトラーに指導されたドイツがポーランドに侵攻し、第二次世界大戦が勃発《ぼっぱつ》します。第二次近衛内閣は、日独伊三国同盟に調印しました。

昭和十六年十二月八日、日本は、海軍がハワイの真珠湾を攻撃し、陸軍もイギリス領マレー半島に上陸して、太平洋戦争に突入します。同盟国のドイツ・イタリアもアメリカに宣戦します。

翌年、日本軍はシンガポールを陥落させ、フィリピンを攻めてマッカーサーを逃亡させ、東南アジアから太平洋地域におよぶ広大な勢力圏を築きました。

ところが、同年六月のミッドウェー海戦で大敗し、次第に戦局は劣勢になりました。それでも日本軍はよく戦いましたが、食糧・武器・弾薬の補給を断たれた南太平洋の日本軍の拠点は、次々と潰滅《かいめつ》していきました。昭和十九年（一九四四）七月にはサイパン島の守備隊が全滅し、アメリカ軍は日本への空襲を本格的に開始しました。

昭和二十年七月、アメリカ・イギリス・ソ連の首脳がポツダムで会談を行い、日本に無条件降伏を求めるポツダム宣言を発表しました。

日本はソ連を通じて講和を打診しますが、アメリカ大統領トルーマンは、広島・長崎に原子爆弾を落としました。

ソ連も、日ソ中立条約を破って日本に宣戦布告し、満州や朝鮮、樺太《からふと》・千島列島に侵攻してきました。政府は、ポツダム宣言の受諾を決定し、八月十五日、天皇自身がラジオで戦争の終結を告げました。

1　宣戦布告のない「日中戦争」

満州事変

大正十五年（一九二六）、蔣介石《しょうかいせき》の国民革命軍は、中国全土の統一をめざして、「北伐《ほくばつ》」を始めました。高校の日本史教科書では、昭和二年（一九二七）以降、田中義一《たなかぎいち》内閣が「日本人居留民の保護を名目に」三次にわたる山東出兵を実施したと書かれています。

しかし、済南《さいなん》では、日本人居留地が襲われ、四十四人が殺傷されています。男性は両眼をえぐられ、女性は乳房を切られ腹を裂かれるなど残酷な殺され方でした。このときの写真は、抗日記念館でよりによって「日軍の蛮行」の証拠に仕立てられているといいます（髙山正之『変見自在マッカーサーは慰安婦がお好き』新潮社、二〇一三年）。

日本近代史は、どうしても日本の侵略を非難しがちになりますが、当時の政府や軍部の考えていたことを理解してみようという姿勢も必要です。これは、彼らの行動を免罪するということではありません。山東出兵については、実際に日本人居留民に危害が加えられているわけですから、必要な措置だったということができます。しかし問題は、こうした混乱の中で、関東軍が勝手な作戦を立案、実行したことです。

　関東軍高級参謀の河本大作《こうもとだいさく》大佐は、満州軍閥の張作霖《ちょうさくりん》が満州に帰還する途中、奉天郊外で列車ごと爆破し、殺害しました。当然のことながら田中義一首相は、厳罰に処す方針でしたが、白川義則《しらかわよしのり》陸相や鈴木荘六《すずきそうろく》参謀総長の反対によって断念しました。このため田中首相は、昭和天皇の信頼を失い、田中内閣は総辞職しました。

　張作霖の子、張学良《がくりよう》は、関東軍の意に反して国民党に合流しました。命令もないのに出先の軍隊が行った謀略を隠蔽《いんぺい》する陸軍首脳の振る舞いは、その後の青年将校たちの独りよがりな行動につながっていきます。

　昭和六年九月十八日、柳条湖《りゆうじようこ》事件が起こりました。関東軍作戦参謀の石原莞爾《いしはらかんじ》大佐が、奉天郊外の柳条湖で南満州鉄道の線路を爆破し、中国人のしわざとして軍事行動を起こしたものです。関東軍は、国民政府の影響力が満州におよぶのを阻止するため、満州を中国主権から切り離そうとしたのです。これは宣戦布告のない戦闘なので、「満州事変」と呼ばれます。昭和七年一月には、日本人僧侶《そうりよ》が中国人に殺害されたことがきっかけとなり、第一次上海事変が起こりました。

　第二次若槻礼次郎《わかつきれいじろう》民政党内閣は不拡大方針を声明しますが、世論やマスコミは関東軍の行動を支持しました。若槻内閣は総辞職し、立憲政友会の犬養毅《つよし》に組閣の大命が下ります。政友会は少数与党でしたが、昭和七年二月の総選挙で圧勝します。

民本主義に象徴される大正デモクラシーの時代が戦争の時代につながっていく要因の一つに、マスコミが大衆化した世論に訴え、戦争を煽《あお》ったこともあります。大正デモクラシーで培われたマスコミの力が、軍部のあと押しとなり、戦争への道を切り開いていったといってもいいかもしれません。当時の見方は、腐敗した政党、清廉な軍人というものでした。

昭和七年三月、関東軍は、清朝最後の皇帝溥儀《ふぎ》を執政として、満洲国の建国を宣言させます。これは、関東軍が勝手に作った国家です。満洲国承認に反対の態度をとっていた犬養首相は、五月十五日、海軍青年将校らの一団によって官邸で射殺されました（五・一五事件）。

こうしたテロ事件は、軍部の不祥事のはずですが、減刑嘆願書が殺到し、彼らは一種のスターとなりました（筒井清忠編『昭和史講義』ちくま新書、二〇一五年）。犬養内閣のあとを継いだ斎藤実《さいとうまこと》挙国一致内閣は、満洲国と日満議定書を取り交わして満洲国を承認しました。

国際連盟からの脱退

中国からの訴えによって、国際連盟からリットン調査団が派遣されました。リットンの報告書は国際連盟の総会で採択され、満洲国の取り消しと日本軍の満鉄付属地への撤兵が勧告されました。リットンの報告書は、日本の満州における権益は容認しようというものでした。全権の松岡洋右《まつおかようすけ》は国際連盟からの脱退には反対でしたが、日本国内では朝日新聞などのマスコミがリットン報告書を「反日文書」だと糾弾し、国民もこれを憎悪するようになります。政府でも、内田康哉《うちだこうさい》外相が強硬な訓令を送り続けます。このため松岡は、国際連盟の脱退を宣言して帰国しました。昭和八年（一九三三）三月のことです。

これによって日本は、世界の孤児となり、日中戦争、太平洋戦争と亡国の道を歩んでいくことになります。リットン報告書は、日本の立場をある程度尊重したものでした。ここは、何としてでも国際連盟に残るべきだったと思いますが、当時の新聞は、「我が代表堂々退場す」と、松岡の態度を褒めそやしています。

二・二六事件

五・一五事件のあと、政党内閣は終焉を迎えました。美濃部達吉の天皇機関説が陸軍や立憲政友会の一部から攻撃され、岡田啓介《おかだけいすけ》内閣は国体明徴《こくたいめいちょう》の声明を出さざるをえなくなります。つまり、天皇機関説の否定です。こうして自由な言論は否定されていきます。

昭和十一年二月二十六日、陸軍皇道派の青年将校が、約千四百名の兵を率いて、首相官邸や警視庁などを襲撃し、蔵相高橋是清《たかはしこれきよ》、内大臣斎藤実らを殺害しました。首相の岡田啓介は幸い逃れますが、岡田内閣は倒れます（二・二六事件）。

青年将校たちは、政党の腐敗や農村の荒廃などに憤激しており、「昭和維新」を掲げていましたが、実際何をどうしたかったのかはよくわかりません。彼らは、クーデターを起こすにあたって明確なビジョンを持っておらず、要求したことは空想的な天皇親政の実現、皇道派暫定政権の樹立などです。要するに自分たちが純粋な気持ちで決起すれば、周囲もわかってくれるといった甘い見通しがあっただけでした。とはいえ、陸相の川島義之《かわしまよしゆき》、海軍軍令部総長の伏見《ふしみの》宮博恭《みやひろやす》王は、新内閣樹立を天皇に働きかけます。

しかし天皇は、自分を補佐する重臣たちを殺害されたことに激怒し、鎮圧方針が決定されました。それにしても、軍首脳がおよび腰で、天皇が断固たる態度をとらなければどうなったかわからないというのは、情けないことでもあります。

その後、広田弘毅《ひろたこうき》内閣、林銑十郎《はやしせんじゅうろう》内閣と短命な内閣が続き、昭和十二年（一九三七）には、貴族院議長で公爵の近衛文麿が組閣します。近衛は、もと五摂家《ごせっけ》（藤原氏の末裔《まつえい》）筆頭の家柄で、国民的な人気がありました。しかし、近衛は皇道派寄りであり、結果的にはこの近衛によって、戦争への道が開かれていきます。

日中戦争の始まり

蔣介石は、日本との戦いより中国共産党の討伐を重視していました。ところが一九三六年十二月、不満を持った張学良が蔣介石を監禁する西安事件が起こり、これを契機に国民党と共産党の提携が成立しました（第二次国共合作）。背後には、中国をソ連の防波堤に使おうというスターリンの目論見《もくろみ》がありました。

昭和十二年七月七日、北京郊外の盧溝橋で日中両国軍の武力衝突が起こりました。この盧溝橋事件は、中国軍の挑発から起こったものでした。

同月二十九日には、通州事件が起こっています。これは、中国人部隊が日本軍の通州守備隊・通州特務機関と日本人居留民を襲撃した事件です（加藤康男『慟哭の通州』飛鳥新社、二〇一六年）。

中国人部隊は、日本軍を全滅させたあと、日本人居留民の家を一軒残らず襲撃し、虐殺しています。済南事件と同じ残酷な殺害のされ方でした。通州事件以後「暴支膺懲《ぼうしようちよう》（暴虐な「支那《しな》」を懲らしめる）」がスローガンになったのも、単に宣伝のためというより、本気でそう思っていたのだと思います。

近衛内閣は不拡大の方針を声明しますが、軍部の要求で中国への派兵を命じ、戦闘は華北から華中へ拡大していきます。現在では「日中戦争」と呼んでいますが、実際は宣戦布告が行われていないため「日華事変」と呼ばれました。

これは、宣戦布告をするとアメリカの中立法が適用され、石油などが入ってこなくなるためでした。中国側も、アメリカが中立法を適用すると、アメリカからの軍事援助や武器の購入ができなくなり、アメリカも中国に物資を売ることができなくなります。このため、三者三様の思惑から宣戦布告がなされなかったのです。

上海事変と南京陥落

上海では、八月十三日から本格的な戦闘が始まりました。上海と長江地域には、蔣介石がドイツ人顧問団とともに育成した精鋭部隊八万を含む三十万の中央軍がいました。これに対して日本軍は、海軍の特別陸戦隊五千ほどです。

中国軍は、上海の海軍陸戦隊司令部などを爆撃しました。このままでは日本軍は全滅したでしょう。海軍は、やむなく長崎県の大村基地と台湾の台北基地から海を越えて攻撃する渡洋爆撃を開始しました。陸軍も上海派遣軍を次々と繰り出しました。日本軍は戦死者九千人以上もの大きな犠牲を出しましたが、ドイツ製の武器で装備した蔣介石の近代的戦闘部隊を潰滅させました。

上海から撤退した中国軍は、首都南京に退きます。当初は南京まで攻めるつもりはなかった陸軍中央ですが、十二月一日には南京攻略を認めます。南京を落とせば、蔣介石も降参し、戦争が終わると考えたのです。こうして南京攻防戦が展開され、十二月十三日には南京が陥落しました。しかし蔣介石は、首都を重慶に移して戦争を継続します。

南京入城のとき、日本軍は三十万人の中国人を虐殺したとされています。しかし、それはもともと根拠のない東京裁判での数字を、現在の中国がふくらませたもので、何ら根拠はありません。

東京裁判での数字は、「非戦闘員一万二千、便衣隊二万、捕虜三万など計二十万以上」というものですが、なぜ総計すると二十万以上になるのかの説明はありません。「便衣隊」とは軍服を着けない兵士のことで、国際法では保護されません。南京防衛軍の唐生智《とうせいち》司令官が兵を置き去りにして逃亡し、統制を失った多くの中国兵が軍服を脱いで難民区に紛れ込んだため、便衣兵と非戦闘員の区別は実際においては困難でした。秦郁彦《はたいくひこ》氏は、敗残兵・投降兵の殺害や便衣兵の処刑を含めて被害者数を約四万人と推定しています（秦郁彦『南京事件』中公新書、一九八六年）。

日本軍の行為は戦闘行為で「虐殺」にはあたらないという議論もあります（倉山満『嘘だらけの日中近現代史』扶桑社新書、二〇一三年）。虐殺を証言した宣教師やニューヨークタイムズ特派員らの証言は信憑性《しんぴょうせい》に乏しく、一九八五年にオープンした南京大虐殺記念館の日本軍の残虐行為を示す写真などの物的証拠は、ほとんどすべてが偽物だともいわれます（髙山、前掲書）。

ただ、南京大虐殺を理由にA級戦犯として絞首刑に処せられた中支方面軍司令官松井《まつい》石根《いわね》大将は、南京入城後、「兵の暴行」について泣いて怒ったといいます。一部に捕虜の殺害や暴行などの非法行為があったことがわかります。松井大将は、憲兵隊に命じて「即時厳格なる調査と処罰」を行わせました。

日本軍の南京占領後は治安が回復され、中国の一般市民が南京にもどり人口は増えました。また軍幹部は、戦地での暴行予防のため、戦地における遊廓《ゆうかく》「陸軍娯楽所」を御用商人に命じて設置させるようになります。ここに集められた女性たちが、いわゆる「従軍慰安婦」です。朝鮮の済州島で二百人もの女性を強制連行したという吉田清治《よしだせいじ》氏の証言が朝日新聞で大きく取り上げられましたが、現在ではまったくの捏造《ねつぞう》だったことが明らかになっています。

泥沼の日中戦争

昭和十三年（一九三八）一月、近衛首相は、「国民政府を対手《あいて》とせず」という声明を出しました（第一次近衛声明）。親日政権の出現を期待したのです。十一月には、東亜新秩序建設の声明を出し（第二次近衛声明）、国民党副総裁の汪兆銘《おうちょうめい》を重慶から脱出させて、昭和十五年、南京に親日政権を樹立させます。しかし、日本の傀儡政権であることは明らかですから、これによって戦争が終結することはありませんでした。蔣介石が抵抗できたのは、イギリスやアメリカが南方から戦略物資の援助をしていたからです。

日中戦争が泥沼化していったため、近衛内閣は国家総動員法を公布し、国が産業から国民生活まで戦争のために動員できる権限を持ちました。また国民徴用令を制定し、強制的に軍需産業などで働かせることを可能にしました。

第二次世界大戦勃発

一九三九年（昭和十四）九月一日、ドイツがポーランドに侵攻し、第二次世界大戦が始まります。ドイツは、翌年五月にベルギー、オランダ、ルクセンブルク、フランスへ侵攻し、ことごとく勝利します。六月十四日にはパリを占領、七月一日にはフランスでナチスとの協力体制をとるヴィシー政権が成立しました。

昭和十五年八月、第二次近衛内閣はヴィシー政権との間で日本のインドシナ駐留を承認する協定を結び、北部仏印（フランス領インドシナ）に軍隊を進駐させました。これは、最大の輸送量を誇るフランスの蔣介石への支援ルート（援蔣ルート）を断つためでした。また、ドイツの快進撃を見て、日独伊三国同盟を締結します。

しかし、このため日本は、アメリカと決定的に対立することになります。アメリカは、石油や軍需物資の対日輸出を許可制とするなど、経済的な圧迫を強化しました。こうして、日米戦争が日程に上ってくることになります。

2　太平洋戦争

日米交渉の破綻

昭和十六年（一九四一）四月、近衛内閣は、駐米大使の野村吉三郎《のむらきちさぶろう》にハル国務長官との日米交渉を始めさせます。一方で、松岡洋右外相の提唱で、日ソ中立条約を締結しました。

しかし、六月には同盟国のドイツがソ連と開戦しました。日本は、ソ連と満州の国境に大軍を集結させるとともに、南部仏印（フランス領インドシナ南部）にも軍隊を進駐させます。

アメリカは、南部仏印進駐に態度を硬化し、在米日本資産を凍結し、石油の輸出を禁止しました。当時のマスコミは、「ＡＢＣＤ包囲陣」と呼んで危機感を煽りました。ＡＢＣＤとはアメリカ・イギリス・中国・オランダの頭文字です。

政府では、交渉継続をはかる近衛首相と打ち切りを主張する東条英機《とうじょうひでき》陸相が対立していましたが、十月十六日、近衛内閣は総辞職し、十八日東条が首相に就任しました。この背後にはゾルゲ事件があったと推測されています（孫崎享『日米開戦へのスパイ』祥伝社、二〇一七年）。東条が、ゾルゲと近衛首相のブレーン尾崎秀実《おざきほつみ》がソ連のスパイの嫌疑で逮捕されることを利用して、近衛が内閣を投げ出すよう仕向けたというのです。非常に説得的な新説です。

東条は、陸軍大学校を卒業した後、駐在武官としてスイスやドイツに駐在、のちの陸軍軍務局長永田《ながた》鉄山《てつざん》らと交流し、統制派の拠点である二葉会や一夕会《いっせき》の結成に参画しています。

東条が力を付けたのは、関東軍憲兵司令官時代です。二・二六事件が起こると、東条は関東軍内部の混乱を収束させ、皇道派の関係者を検挙しています。関東軍憲兵司令官は陸軍の主流ポストではありませんが、東条は軍人を逮捕できる憲兵司令官の権限を利用し、自らの地位向上に利用しました。憲兵は、もともと軍人の取り締まりにあたるのが任務ですが、東条は警察にも影響力を行使し、民間の重要な人物までを検挙していきました。そしてその後も東条は、憲兵と密接な関係を持ち続けます（孫崎、前掲書）。

東条は、軍歴においては凡庸でしたが、軍内抗争には長《た》けていました。第一次近衛内閣では板垣征四郎《いたがきせいしろう》陸相のもとで次官を務め、第二次・第三次近衛内閣では陸相を務めます。そして、近衛を追い落として首相にまで上り詰めたのです。こうした人物に政権を委《ゆだ》ねたことが、日本の悲劇を決定づけたと言えるでしょう。

十一月二十六日、ハルは、中国と仏印からの全面撤退、三国同盟の否認、汪兆銘政権の解消などを要求する最後通牒《つうちょう》を突きつけてきました。ハルの背後には、日本をアメリカと戦争させようとするソ連のスパイがいたともいわれています。完全な挑発ですが、それにのってはいけませんでした。しかし東条内閣は、この挑発にのり、開戦を決定しました。

太平洋戦争勃発

昭和十六年十二月八日、日本は、アメリカ・イギリスに宣戦布告し、海軍がハワイの真珠湾に奇襲攻撃をかけました。

アメリカ大統領ルーズベルトは、日本の真珠湾攻撃を事前に知っていました。しかし、大した被害はないだろうと楽観し、むしろ日本が攻撃してきたほうが国内世論を戦争にまとめられると考えていたのです。

ところが訓練を重ねていた連合艦隊の空母機動部隊は、真珠湾に浮かぶアメリカの軍艦を魚雷攻撃で次々に沈めていきました。オクラホマ、アリゾナなど戦艦四隻を撃沈したほか、戦艦、巡洋艦、駆逐艦など十八隻に甚大な損害を与え、航空機約二百機を破壊しました。この大勝利は、日本国民を熱狂させ、連合艦隊司令長官山本五十六《やまもといそろく》は国民的英雄となりました。このような中で行われた総選挙では、政府の推薦候補が圧倒的多数を獲得しています。それは、国民の自主的な投票でそうなったのです。議会では翼賛政治会が組織され、ほかの会派は禁止されました。

加藤陽子《かとうようこ》氏が紹介する知識人の文章を見ても、開戦の日には「爽やかな気持ちであった」

「今日は人々みな気色ありて明るい」などと興奮を隠していません（『それでも、日本人は「戦争」を選んだ』朝日出版社、二〇〇九年）。南原繁《なんばらしげる》の「人間の常識を超え　学識を超えておこれり　日本世界と戦ふ」という短歌さえ、日本が世界を敵としてしまったという「嘆き」というよりは、この「壮挙（実は暴挙ですが）」を賞賛する気持ちが表れているような気がします。

一方、真珠湾攻撃はアメリカ人の復讐心《ふくしゅうしん》を呼び起こし、アメリカは「リメンバー　パールハーバー」を合い言葉に本気になって日本と戦うことになります。宣戦布告の通達が遅れたため、真珠湾攻撃は国際法違反だと非難されることにもなります。

ちなみに二〇〇一年に公開されたアメリカ映画「パールハーバー」では、日本の戦闘機が病院を攻撃したり、海面の兵士に機銃掃射していますが、そんな事実はありません。むしろ都市を無差別に爆撃し、民間人を機銃掃射で殺したのはアメリカです。自分がしたから相手もそうしただろうという、語るに落ちた話です。

陸軍は、山下奉文《やましたともゆき》中将率いる第二十五軍がイギリス領マレー半島のコタ・バルに上陸を敢行します。十二月十日のマレー沖海戦では、日本海軍の航空部隊がイギリス海軍と交戦し、イギリスの誇るプリンス・オブ・ウェールズなど戦艦二隻を撃沈し、制海権を奪いました。

日本が宣戦布告したため、ドイツとイタリアもアメリカに宣戦布告し、文字通りの世界大戦となりました。

翌昭和十七年（一九四二）二月には、マレー半島千百キロの道を驚異的な速度で南下した山下第二十五軍がイギリス領のシンガポールを陥落させています。

ジャワを守るオランダの東インド植民地軍も、二月末に日本軍が侵攻すると、わずか十日ほどで全面降伏しました。

フィリピンは、米西戦争でアメリカがスペインから奪い、アギナルド率いるフィリピン独立軍を掃討してアメリカの植民地になっていました。フィリピン駐屯のアメリカ極東陸軍司令官マッカーサーは、日本軍に百機の航空機を撃墜され、マニラを放棄してバターン半島の先のコレヒドール要塞《ようさい》に逃げ込みました。三月十一日には魚雷艇で家族や幕僚たちとミンダナオ島に脱出し、軍用機でオーストラリアに逃げました。十万の兵士を見捨てた敵前逃亡でした。

こうして日本は、戦争を開始してわずか半年間で、フィリピン・ジャワ・ビルマにかけての広大な地域を占領しました。こうした戦果に国民は沸き立ちました。日本軍は、たしかに強かったのです。しかし、戦争は、長引くこともあります。山本五十六連合艦隊司令長官は、「一年間は存分に暴れてみせましょう」と言ったといいますが、二年目を考えない計画は、やはり無責任だったと言わざるをえません。

戦局の転換

戦局の暗転は、意外に早く訪れました。昭和十七年六月のミッドウェー海戦です。

海軍の戦略は、ハワイ諸島の前哨《ぜんしょう》であるミッドウェー島の米軍基地を攻略することにより、アメリカの空母機動部隊を誘い出して撃滅しようというものでした。これはあまりに戦線を拡大しすぎであり、軍令部は反対でしたが、山本五十六はこの作戦にこだわり、敢行することになりました。国民的英雄の意見を却下できなかったのです。

連合艦隊の動きはアメリカ側に察知され、日本軍は不利な戦いを余儀なくされます。結局、機動部隊の航空母艦四隻（赤城・加賀・飛龍・蒼龍《そうりゅう》）とその艦載機を一挙に喪失する大損害を被り、太平洋地域における主導権を失うことになりました。

同年八月からは、日本軍とアメリカ軍が西太平洋ソロモン諸島のガダルカナル島をめぐって戦いを繰り広げます。日本軍はよく戦いますが、補給が途絶え、翌年には島を放棄して撤退します。撤退は不名誉であるとして、「転進」という用語が使われました。

この頃になると、西太平洋地域では制海権も制空権も失われています。もはや敗北は必至の状態でした。

昭和十八年（一九四三）からは、大学・高等学校・専門学校に在学中の文科系学生を軍隊に徴集するようになりました。学校に残る女子学生や女子生徒も軍需工場などで働かせました。

まさに総力戦でした。

昭和十九年六月、日本海軍は、アメリカ海軍空母機動部隊とのマリアナ沖海戦に大敗しました。七月にはサイパン島が陥落、八月にはグアム島も陥落しました。これによって、サイパン島を基地とするアメリカの爆撃機が、日本本土に飛来することになります。

この年十月五日、大西瀧治郎《おおにしたきじろう》中将が第一航空艦隊司令長官に内定し、二十日には神風特別攻撃隊を創設しています。これ以後、「カミカゼ」と恐れられた航空機による「特攻」が行われることになりますが、これはもはや作戦とは呼べません。しかし、死ぬと決まった攻撃にも志願者は続出しました。

アメリカ軍は、同年十月にはフィリピンのレイテ島に上陸します。十月二十三日から二十五日にかけては、日本海軍とアメリカ海軍・オーストラリア海軍からなる連合国軍との間でレイテ沖海戦が戦われ、日本海軍の艦隊戦力は事実上壊滅します。レイテ島では、補給のないまま、終戦まで戦いが継続されます。

硫黄島の戦いと沖縄

昭和二十年二月、小笠原《おがさわら》諸島の硫黄島《いおうとう》が戦いの焦点となります。アメリカ軍は、十六日から艦砲射撃や航空機（B29）による爆撃を行い、十九日に上陸を敢行しました。

洞穴や地下壕《ごう》に身を潜めていた日本軍は、アメリカ軍に多大な損害を与えましたが、物量に優るアメリカ軍に、次第に追い詰められていきます。司令官の栗林忠道《くりばやしただみち》中将は、三月十六日、大本営へ訣別《けつべつ》電報を送り、総攻撃を敢行して戦死したようです。こうして硫黄島での組織的な戦闘は終わりました。

日本軍が、これほど不利で全滅必至の戦いにもかかわらず最後までがんばれたのは、硫黄島が占領されると、日本本土への空襲が本格的になることが目に見えていたからです。自分たちが一日持ち堪《こた》えれば、銃後の親や妻や子どもたちの命が一日延びるという思いが、苦しい中で戦い続けることができた理由だったでしょう。

沖縄戦は、三月二十六日から始まりました。アメリカ軍は、莫大《ばくだい》な量の艦砲射撃を行ったあと、四月一日には上陸作戦を始めます。

戦艦大和《やまと》が沖縄に向かったのは、四月六日のことです。護衛艦は軽巡洋艦一隻と駆逐艦八隻のみでした。航空機の援護なしで戦艦が行動することが無謀であることは誰もがわかっていましたが、これは「海上特攻」だとされています。乗組員には、大和ならあるいは沖縄までたどり着けるかもしれないという希望的観測があったかもしれません。少なくとも乗組員たちの思いは、自分たちを捨て石にしてでも「沖縄を救いたい」というものでした。

四月七日、徳山沖から出撃した大和は、鹿児島県坊ノ岬沖九十海里（百六十六キロメートル）の地点でアメリカ海軍の艦上機を発見、十二時三十四分に攻撃を開始しました。大和の主砲には三式弾という対空砲弾も装備されていました。しかし、雲の多い日だったため、敵機との距離が測れませんでした。大和は、主砲を撃つこともできないまま、敵機三百八十六機（戦闘機百八十機・爆撃機七十五機・雷撃機百三十一機）の波状攻撃を受け戦闘不能となり、十四時二十分に総員に退去命令が出ました。司令長官の伊藤整一《いとうせいいち》中将は長官室に下り、大和と運命をともにしました。

アメリカ軍は、海に投げ出された無抵抗の乗組員に機銃掃射を浴びせています。生還者の渡辺正信氏は「パイロットは笑い顔でした。戦争はもちろん殺し合いですが、海に浮いている無抵抗の者を機銃掃射するのは、許せなかったし、悔しかった」と回想しています（「大和に乗って戦った誇りと、亡き戦友たちへの思い」『歴史街道』二〇一三年一〇月号）。

沖縄戦では日本軍は持久作戦をとり、アメリカ軍を苦しめますが、圧倒的な戦力差があり、五月三十日には首里が陥落します。日本軍は、司令部を南部の摩文仁《まぶに》の洞窟《どうくつ》内に移し、徹底抗戦しました。アメリカ軍の被害も甚大で、沖縄占領部隊総司令官バックナーが前線視察中に戦死しています。

六月二十三日、司令官 牛島満《うしじまみつる》中将と参謀長 長勇《ちょういさむ》中将が自決し、日本軍の組織的な戦闘は終わりました。しかしなお、各地に潜んでいた日本軍部隊は、散発的な抵抗を続けました。最終的に沖縄の日本軍が降伏したのは、終戦後の九月七日でした。

東京大空襲と原爆

東京は、昭和十九年十一月二十四日以降、百六回も空襲を受けています。中でも昭和二十年三月十日の空襲では、死者数は十万人以上に及びました。アメリカ軍は、木造家屋の多い日本の都市に焼夷弾《しょういだん》による無差別攻撃をかけたのです。

非戦闘員に対する攻撃は、国際法で禁じられています。しかし、アメリカ軍は、そんなことはお構いなしでした。これははっきりとした戦争犯罪ですが、連合軍が勝利したため、問題にもなりませんでした。

この年八月六日には広島に原子爆弾が投下され、二十万人以上の命が奪われました。九日には長崎に別の型の原子爆弾が投下され、十四万人以上が死んでいます。戦争の早期終結をはかってソ連の参戦を避けたのだなどと説明されることもありますが、これは日本国民を使ったアメリカの原爆実験でした。アメリカは、ただそれだけのために三十四万人以上もの人命を奪ったのです。

その証拠に、原爆の効果を調査するため、それまで広島や長崎には空襲を禁止していました。そのうえ広島の原爆投下機Ｂ29のエノラゲイは、市上空をわざわざ通り過ぎ、空襲警報が解除されて市民が防空壕から出てきたところに原爆を落としています。

広島では、これほどの被害を受けながら、原爆投下三日後には、一部で市電が復旧しています。当時の日本人の義務感の強さには感動を禁じえません。

ソ連の侵攻と敗戦

一九四五（昭和二十）年五月、ベルリンが連合国軍に占領され、ドイツが無条件降伏し、ヒトラーは自殺しました。

同年七月、アメリカ・イギリス・ソ連の三カ国首脳は、ベルリン郊外のポツダムで会談し、米英中三カ国の名で、「全日本軍の無条件降伏」などを求める十三カ条の宣言（ポツダム宣言）を発表しました。ソ連は日本と中立条約を結んでいたため表には出なかったのですが、対日宣戦を約束しています。

八月八日には、ソ連が日ソ中立条約を破って宣戦を布告し、満州に侵入を開始しました。

原爆投下とソ連の参戦で、ようやく日本も降伏を現実的なものと考えるようになりました。

八月九日から十日にかけての会議で、天皇は陸軍の本土決戦論を押さえ、ポツダム宣言の受諾を決定しました。

八月十五日、天皇は、ラジオ放送で、戦争の終結を発表しました。満州事変から数えて十四年、真珠湾攻撃以来三年八カ月の長い戦争が終わったのです。

しかし、ソ連は、戦争の終結後も攻撃を継続します。千島の最北端占守島《しゅむしゅとう》にソ連軍が侵攻を開始したのは、終戦後二日たった八月十七日深夜です。樺太の真岡《まおか》郵便局で電話交換手をしていた九人の若い女性たちは、ソ連兵が侵攻してきたため、八月二十日に集団自決しています（川嶋康男『九人の乙女一瞬の夏』響文社、二〇〇三年）。

こうして日本は、樺太から千島列島、国後《くなしり》・択捉《えとろふ》・歯舞《はぼまい》・色丹《しこたん》の北方四島までを占領されました。占守島に配備されていた日本軍二個師団が抵抗してソ連軍の足を止めていなければ、北海道まで占領されるところでした。

満州のソ連兵は、略奪や暴行、殺戮《さつりく》を繰り返し、百万人以上の将兵がシベリアに拉致《らち》され、抑留されました。これは、武装解除した日本兵の家庭への復帰を保障したポツダム宣言に背くものでした。

アメリカを通した日本の交渉で、昭和二十二年から毎年五万人が日本に送還されるようになりましたが、シベリアで命を落とした者は三十四万人と推定されています。近衛文麿元首相の長男文隆《ふみたか》氏もシベリアで病死しました。

◎戦争の時代の流れ

西暦	年号	出来事
1914	大正３年	8　第一次世界大戦に参戦。
1915	４年	1　中国に二十一カ条の要求。
1918	７年	11　第一次世界大戦終結。
1919	８年	3　韓国で三・一独立運動。5　中国で五・四運動。6　ヴェルサイユ条約調印。
1920	９年	3　戦後恐慌。
1921	10年	11　ワシントン会議。12　四カ国条約成立。
1922	11年	2　九カ国条約、海軍軍縮条約調印。3　全国水平社結成。7　日本共産党結成。
1923	12年	9　関東大震災。
1926	15年	7　蔣介石北伐を開始。12　昭和に改元。
1927	昭和２年	3　金融恐慌。
1928	３年	4　蔣介石北伐を再開。5　済南事件。6　張作霖爆殺事件。
1929	４年	10　世界恐慌。
1931	６年	9　柳条湖事件、満州事変。
1932	７年	1　第一次上海事変。2　リットン調査団来日。3　満洲国建国の宣言。5　五・一五事件。
1933	８年	3　国際連盟脱退。
1936	11年	2　二・二六事件。
1937	12年	7　盧溝橋事件、通州事件、日中戦争はじまる。8　第二次上海事変。12　南京陥落。
1938	13年	1　近衛声明。4　国家総動員法。
1939	14年	9　第二次世界大戦はじまる。
1940	15年	9　日独伊三国同盟成立。
1941	16年	4　日ソ中立条約締結。12　真珠湾攻撃、太平洋戦争はじまる。
1942	17年	6　ミッドウェー海戦。
1943	18年	2　ガダルカナル島撤退。4　山本五十六戦死。5　アッツ島玉砕。12　第一次学徒出陣。
1944	19年	6　マリアナ沖海戦。7　サイパン島陥落。10　神風特攻隊創設、レイテ沖海戦。11　本土爆撃開始。
1945	20年	2　硫黄島の戦い。3　東京大空襲。4　米軍、沖縄本島上陸。7　ポツダム宣言。8　広島原爆投下、ソ連侵攻、長崎原爆投下、ポツダム宣言受諾、昭和天皇玉音放送、戦争終結。

※事件の前の数字は起きた月。

終章　現代の日本と世界

日本史では、太平洋戦争の終戦後からを現代としています。ポツダム宣言を受諾した日本は、アメリカのマッカーサーを最高司令官とする連合国最高司令官総司令部（GHQ）の統治下に置かれました。沖縄諸島・奄美《あまみ》諸島・小笠原《おがさわら》諸島は、アメリカ軍の軍政が敷かれました。これが、日本現代史の始まりです。

本書の最後となる終章では、占領下の日本から、サンフランシスコ平和条約による独立、高度経済成長、ドル・ショックとオイル・ショック、バブル経済の時代とその崩壊、失われた十年、阪神・淡路《あわじ》大震災、東日本大震災をへて現在の安倍《あべ》内閣までを、世界情勢と関係させながら駆け足で見ていきましょう。

占領時代

マッカーサーは、二度と日本がアメリカに逆らわないよう、日本軍の解体と日本の「民主化」を進めました。戦争を指導した政治家や軍部の指導者、戦争犯罪を犯したとされる軍人らは、極東国際軍事裁判（東京裁判）で審理され、A級戦犯とされた二十八名のうち七人には絞首刑が言い渡されました。この中には、東条英機《とうじょうひでき》や広田弘毅《ひろたこうき》など首相を務めた者が入っています。近衛《このえ》元首相は裁判前に自殺しました。

通常の戦争犯罪を犯したとされるB・C級戦犯では、九百人を超える軍人が死刑に処せられました。現在では、これらのほとんどが冤罪《えんざい》だったと考えられています。

戦争に協力したとみなされた者は、公職追放となりました。また、治安維持法と言論・思想を取り締まった特別高等警察（特高）は廃止され、共産党員など政治犯は釈放されました。

マッカーサーは、天皇を日本統治に利用しようと考え、戦犯とはしませんでした。昭和二十一年（一九四六）一月、昭和天皇は人間宣言を行って、神格性を否定しました。

大日本帝国憲法も否定され、幣原喜重郎《しではらきじゅうろう》内閣は、新憲法の制定にあたりました。GHQの干渉を受けて作られた草案は、帝国議会の審議をへたあと、同年十一月三日、日本国憲法として公布されました。この憲法の根本精神は、国民に主権があること、個人の基本的人権を尊重すること、戦争を放棄して戦力を保持しない、という三点でした。戦争放棄は貴重な理念ですが、まったく戦力を保持しないで国が守れるのかという議論は当時もありました。しかしマッカーサーは、徹底的に日本を無力化したかったのです。

経済では、GHQの指示で、財閥解体と農地改革が行われました。財閥解体は昭和二十年末に指示され、これによって、三井・三菱・住友などの財閥の本社機能は解体されました。

農地改革は昭和二十二年（一九四七）二月から行われ、不在地主は土地を安価で小作人に売却することになり、多くの自作農が生まれました。この年十一月には、臨時税として個人の財産全体に対し最高九十パーセントにおよぶ財産税が賦課されました。これによって、戦前の華族階級や資本家の財産は激減することになりました。

政党の再建もすすみ、翼賛選挙では非推薦だった議員を中心に日本自由党が、推薦議員を中心に日本進歩党が結成されました。戦前の無産政党は合流して日本社会党となり、徳田球一《とくだきゅういち》を中心に日本共産党が合法政党として発足しました。選挙法も改正され、満二十歳以上の成人男女に選挙権が与えられました。

GHQは、労働組合を育成する方針をとり、労働組合法や労働基準法など、関係法令の整備が行われました。労働運動は高揚し、昭和二十二年には人民政府樹立をスローガンにゼネラル・ストライキが計画されましたが、運動の高揚に驚いたGHQによって中止を命じられました。

朝鮮戦争と日本の独立

一九四五（昭和二十）年には、国際連合が創設されました。一九四七年頃からは、アメリカとソ連の対立が目立つようになり、資本主義陣営と社会主義陣営の間で「冷戦」と呼ばれる対立関係が生じました。

中国では、蔣介石《しょうかいせき》の中国国民党と毛沢東《もうたくとう》の中国共産党が国共内戦を行っていましたが、蔣介石が敗れて台湾に逃れ、一九四九年、中華人民共和国（中国）が建国されました。蔣介石は、台湾に国民党政府を建てました。

朝鮮は、アメリカとソ連によって南北で分割統治されていましたが、一九四八年、南の大韓民国（韓国）と北の朝鮮民主主義人民共和国（北朝鮮）が分離して独立しました。一九五〇年、北朝鮮が国境の38度線を越えて韓国に攻め込みました。アメリカ軍を主体とする国連軍が韓国を支援し北朝鮮に攻め込むと、中国が義勇軍を派遣し、一進一退となりました。

アメリカは、この戦いに日本を利用しようとして警察予備隊を創設させました。しかし吉田《よしだ》茂《しげる》首相は、日本国憲法を楯《たて》にとって軍事行動を行うことは拒否しました。

朝鮮戦争でアメリカ軍は四万人以上の犠牲者を出し、うろたえたマッカーサーは原爆の使用を言い出し、解任されます。一方、日本は、戦争に必要な物資を大量に供給し、経済が復興していくことになります。

昭和二十七年、韓国の李承晩《りしょうばん》大統領が、国際法に反していわゆる「李承晩ライン」を一方的に設定しました。

ラインが廃止されるまでの十三年間に、漁船が三百隻以上拿捕《だほ》され、四千人近くの日本人が抑留されました。韓国船の銃撃により死傷者も四十四人出ています。そしてそのラインの内側とされた島根県の竹島は、今も韓国が警備隊を駐留させ、実効支配しています。

アメリカは、日本を資本主義陣営の一員として利用することを考えるようになり、昭和二十六年九月、日本は、アメリカなど四十八カ国とサンフランシスコ平和条約に調印しました。これによって日本は、翌年四月、占領政治から解放されて独立国として主権を回復しました。日本は、台湾、千島列島、南樺太《からふと》などの領有権を放棄し、沖縄諸島などはアメリカの統治下に置くことを認めました。

アメリカとは日米安全保障条約を締結し、日本国内にアメリカ軍の駐留を認めました。昭和二十七年には、日米行政協定が調印され、アメリカ軍に基地を提供し、その費用を分担することになりました。同年、警察予備隊は、保安隊に改編され、昭和二十九年（一九五四）には自衛隊となります。

植民地支配の崩壊と世界の紛争

第二次世界大戦中に日本が進駐した東南アジア地域やアフリカなどでは、ヨーロッパ列強の植民地支配が崩れ、多くの独立国が生まれました。

ベトナムでは、内戦のあと、北のベトナム民主共和国と南のベトナム共和国が分立しました。一九六〇年にはベトナム共和国で南ベトナム解放民族戦線が結成されて統一行動を起こすと、アメリカが介入してベトナム戦争となりますが、一九七三年にアメリカが撤兵し、三年後には南北が統一したベトナム社会主義共和国が成立します。

中東では、一九四八年、旧イギリス委任統治領パレスチナが分割され、その一方に入植したユダヤ人によってイスラエルが建国されました。周辺のアラブ国家は、パレスチナ人を支援して第一次中東戦争が起こりました。イスラエルは苦戦を強いられますが、どうにか独立を維持しました。一九五六年にはエジプトとの間で第二次中東戦争が起こり、エジプト・シリアなどとの間で一九六七年に第三次、一九七三年に第四次の中東戦争が起こりました。

一九七九年、エジプトのサダト大統領は、反イスラエル路線を転換して単独で平和条約を結びました。同年、イスラム勢力を排除して近代化を進めていたイランでイスラム革命が起こり、パーレビー国王が追放されました。サウジアラビアなどのアラブ国家は、イスラエルよりもイスラム原理主義勢力を警戒するようになります。

一九八〇年、イラクのフセイン大統領は、イラン・イラク戦争を起こし、アメリカやソ連がフセインを支持して八年間戦いました。

高度経済成長

昭和二十九年末、自由党の吉田茂首相が退陣し、日本民主党の鳩山一郎《はとやまいちろう》内閣が成立しました。自主憲法制定を唱えた鳩山首相に対し、左派と右派に分かれていた日本社会党が再統一され、日本民主党と自由党も合同して自由民主党（自民党）が結成されました。こうして、自民党が政権を握り、社会党が野党第一党となる五十五年体制が成立しました。昭和三十一年（一九五六）、鳩山内閣は、日ソ共同宣言に調印してソ連との国交を回復し、国際連合への加盟も認められました。

昭和三十五年（一九六〇）、日米安全保障条約の改定をすすめていた岸信介《きしのぶすけ》内閣は、新安保条約に調印し、衆議院で条約承認の強行採決を行います。これに対し、社会党や共産党、総評などの労働組合、全学連などを中心に、一般市民も参加する大規模な反対デモが起こりました。しかし、新安保条約は参議院での承認を得ないまま自然成立し、岸内閣は総辞職しました。

岸内閣を受け継いだ池田《いけだ》勇人《はやと》内閣は、所得倍増を唱え、日本経済は急速に成長していきます。この年から十年の間、日本経済は実質十一パーセントの成長を遂げ、日本の国民総生産は四・

五倍に拡大されました。昭和三十九年（一九六四）には、アジアで初めての東京オリンピックが開催されました。

戦争を生き延びた人たちの懸命の努力はもちろんのことですが、軍事費の負担が減ったことが、こうした復興を可能にしたといえるでしょう。

昭和四十年、佐藤栄作《さとうえいさく》内閣は朝鮮戦争で荒廃した韓国と日韓基本条約を結び、国交を正常化するとともに、韓国における日本の資本や日本人の財産を放棄し、韓国の国家予算の三倍以上もの莫大《ばくだい》な経済協力をしました。これによって韓国は、「漢江《ハンガン》の奇跡」と呼ばれる経済成長を成し遂げました。韓国の日本に対する一切の請求権は日韓基本条約で放棄されましたが、韓国はその後も従軍慰安婦問題などを理由に援助や賠償を要求しています。

佐藤内閣は、昭和四十三年に小笠原諸島の返還に成功し、昭和四十七年には沖縄の返還にも成功しました。

高度成長の中、大学の大衆化も進み、新左翼運動や学生運動が高揚しました。昭和四十三年、東京大学では、学生の自発的組織である全学共闘会議（全共闘）と新左翼の学生が大学解体などをスローガンに安田講堂を占拠し、翌年一月、警視庁の機動隊が封鎖解除を行う事件も起きました。このため、この年の東大入試は中止となりました。

その後、新左翼運動は、連合赤軍を名乗るセクトがリンチ殺人事件や浅間山荘事件などを引き起こしたため、大衆的な支持を失うことになりました。

ドル・ショックとオイル・ショック

独立後、円は一ドル三百六十円の固定相場とされました。日本経済が成長することにより、円相場は割安となり、安い石油価格ともあいまって、一九七〇年代の日本の外貨保有高は西ドイツに次いで世界第二位となりました。

アメリカは、ベトナム戦争の莫大な戦費などによってドルの海外流出が続き、ドルと金の交換を停止し、為替変動幅を拡大することになりました。円も一ドル三百八円となりました。しかし、アメリカの赤字は解消されず、一九七三年には変動為替相場制に移行しました。

この年は第四次中東戦争が起こり、アラブ産油国は石油生産を減少させるとともに、輸出制限と原油価格の引き上げをはかりました。これによって原油価格は四倍となり、日本では石油不足とインフレが起こりました。品不足と物価高の進行により、パニックに陥った国民がトイレットペーパーなどを買いだめしてスーパーの棚からなくなるなどの現象も起こりました。個人的な体験でも、この頃、本の価格がずいぶん高くなったことを覚えています。

バブル経済

オイル・ショックのあと、日本では、大企業を中心に減量経営が行われ、賃金は抑制されました。一方で、産業用ロボットが大量に導入され、生産の合理化と技術革新もすすみました。これにより、高品質・低価格の日本製品が、世界中に進出するようになりました。日本の貿易黒字が拡大すると、欧米諸国から批判が生まれ、アメリカでは日本製品を破壊するなど、日本叩《たた》きが本格化しました。

昭和五十七年（一九八二）に首相となった中曽根康弘《なかそねやすひろ》は、アメリカ大統領レーガンと親密な関係を築き、行財政改革と称し、官営事業だった電信・電話事業とたばこ産業、日本国有鉄道を民営化しました。中曽根内閣を継いだ竹下登《たけしたのぼる》内閣では、消費税が導入されました。

昭和六十四年（一九八九）一月、昭和天皇が崩御し、今上天皇となり、元号も平成となりました。

平成時代の始まりを象徴するのは、バブル経済の進行とその崩壊です。日本企業はアメリカ、東南アジア、ヨーロッパなどの海外にさかんに進出しており、貿易黒字も大規模なものになりました。蓄積された余剰資金が土地や株に投下され、土地の値段が高騰し、株価もうなぎ登りに上がっていきました。三菱地所は、アメリカの誇りであるロックフェラーセンターを取得してアメリカ人の恨みを買い、本業よりも土地の取得や株の購入などの「財テク」に奔走する企業や個人もいました。

平成二年（一九九〇）、大蔵省銀行局長が不動産融資の抑制を通達した総量規制などによって、土地の値段が下がりはじめ、それをきっかけにバブル経済は崩壊しました。企業の倒産件数は増大し、土地を担保に多額の融資を行っていた金融機関は、地価の暴落によって多額の不良債権を抱え込みました。以後、「失われた十年」と呼ばれる不況の時代が続きます。

冷戦の終結

一九八五年、ソ連でゴルバチョフが政権を握ると、ペレストロイカという政治や経済の改革をすすめました。一九八九年には、地中海のマルタ島でアメリカ大統領のブッシュとゴルバチョフが会談し、冷戦の終結を宣言しました。

このため、ソ連の勢力圏であった東ヨーロッパ諸国では、ソ連からの離脱の動きが明らかとなり、社会主義体制を放棄して自立しました。一九八九年には、東西ベルリンを隔てていたベルリンの壁が取り払われ、翌年には東西ドイツが統一しました。一九九一年には、ロシア連邦大統領エリツィンによってソ連が解体され、ロシアやウクライナなど十二の共和国で構成する独立国家共同体が結成されました。

冷戦が終結したことによって、保守と革新に色分けされていた日本でも五十五年体制が崩れ、平成五年（一九九三）、日本新党の細川護熙《もりひろ》を首相とする八党派の連立内閣が成立しました。小選挙区制ができたのは、この細川内閣のときです。

現代の政局

平成七年（一九九五）には、阪神・淡路大震災やオウム真理教による地下鉄サリン事件などが起きました。このときの首相は、自民党と連立していた社会党の村山富市《むらやまとみいち》でした。

村山内閣を引き継いだ自民党の橋本龍太郎《はしもとりゅうたろう》内閣は、消費税を五パーセントに引き上げますが、このため景気は再び悪くなりました。平成九年には、北海道拓殖銀行と山一證券が、翌年には日本債権信用銀行と日本長期信用銀行が破綻《はたん》しています。バブル経済の傷痕《きずあと》は、なかなか癒《い》えませんでした。

平成十三年に首相となった自民党の小泉純一郎《こいずみじゅんいちろう》は、構造改革を掲げて大胆な民営化や規制緩和をすすめました。このため、一時景気は回復しますが、その後、非正規労働者が増加し、景気の悪化によって雇用を失うことになります。これによる所得格差の広がりから、現在では「格差社会」と呼ばれることが一般的になりました。

小泉内閣のあとは、短命な自民党内閣が続きますが、平成二十一年には民主党が自民党に圧勝し、鳩山由紀夫《はとやまゆきお》内閣が成立しました。その後、菅直人《かんなおと》が首相となりますが、平成二十三年三月十一日、東日本大震災が起こりました。地震による津波は、二万人近くの人命を呑《の》み込み、東京電力の福島第一原子力発電所に深刻な事故が起こりました。菅首相は原発事故への対応などが批判され、野田佳彦《のだよしひこ》と首相を交代しますが、民主党はその後の総選挙で国民の支持を失い、自民党の安倍晋三《あべしんぞう》内閣が成立しました。安倍政権は、金融緩和などを行って円安と株高を実現し、集団的自衛権を盛り込んだ安全保障関連法を成立させました。

世界政治の混迷

一九九〇年、イラクが石油採掘をめぐる紛争からクウェートに侵攻しました。国際連合は、アメリカを中心とする多国籍軍を派遣し、翌年一月から湾岸戦争が始まり、三月にはイラクが敗北を認めました。

二〇〇一年九月十一日、アメリカでニューヨークの世界貿易センタービルにハイジャックされた航空機二機が突っ込むなどの同時多発テロ事件が起こりました。アメリカのブッシュ大統領は、サウジアラビア人のオサマ・ビンラディンをリーダーとするテロ組織「アルカーイダ」を犯人と断定し、彼らが潜伏するアフガニスタンのタリバーン政権を攻撃しました。タリバーン政権は崩壊しましたが、アフガニスタンの治安は回復していません。

二〇〇三年、ブッシュ大統領は、イラクが大量破壊兵器を所持しているとしてイラク戦争を起こしました。イラク大統領のサダム・フセインはアメリカ軍に逮捕され、イラクの新政府に引き渡され、処刑されました。イスラム勢力を制御していたフセインがいなくなったことによって、イラク国内ではイスラム教のシーア派とスンニ派が対立抗争するようになり、国のまとまりは失われました。

同じくイスラム教の影響力を排除していたリビアのカダフィも、アメリカ軍の爆撃の報復としてパンナム機を爆破し、アメリカ公使館に爆弾テロを仕掛けたことから、NATO軍に攻撃され、反政府軍に捕まって殺害されました。

こうした中でイスラム原理主義の勢力が拡大し、イラクとシリアに拠点を持つISIS（イスラム国）が各地でテロ事件を起こすようになりました。二〇一五年十一月には、フランスのパリとサン＝ドニで自動小銃を乱射するなどして犠牲者百三十人を出すテロ事件を起こしました。アメリカ軍と有志国連合軍はISIS掃討作戦を展開し、ISISの敗勢は決定的となっていますが、テロ事件の可能性は否定できません。

ロシア大統領のプーチンは、ウクライナでの反政権デモで親ロシア政権が倒れたため、ウクライナのロシア系住民によるクリミア自治共和国独立を支援するとして、二〇一四年三月、ウクライナの領土だった同共和国とセヴァストポリ特別市をロシア連邦の領土に加えました。二〇一一年以降、内戦が続くシリアでは、アメリカ、サウジアラビア、トルコなどがアサド政権に対し、反体制派を支援してきましたが、二〇一五年九月には、シリアの同盟国であるロシアが本格的な軍事介入を開始しました。アサド政権は、ＩＳＩＳと反体制諸派に対し、「テロとの戦い」を名目にして大規模な掃討作戦を展開し、支配権を回復しつつありますが、長期にわたる内戦により多くの難民がヨーロッパなどに逃れており、社会問題となっています。

日本の周辺でも、日本の援助や投資で経済力をつけた中国が日本の尖閣《せんかく》諸島に圧力を加える一方、南シナ海の岩礁を埋め立てて人工島を作り、領土化を進めています。北朝鮮は、二〇〇五年に核兵器を保有することを宣言し、二〇〇六年、二〇〇九年に核実験を実施しました。二〇一二年、金正恩が最高指導者になると、核実験や核弾頭運搬手段ともなりうるミサイルの発射実験を繰り返します。アメリカ大統領トランプによる強硬な態度があり、二〇一八年六月十二日には史上初の米朝首脳会談が行われ、北朝鮮が「朝鮮半島における完全な非核化」に取り組むという共同声明が出されました。しかし今後の展開はわかりません。

こうした現代史のあり方にも、すべて歴史的に形成された要因があります。世界情勢に対して正しい理解をするためにも、歴史を学ぶことは不可欠なことなのです。

本書は、二〇一六年五月に小社から刊行された『流れをつかむ日本の歴史』を改題のうえ、大幅に改訂した角川新書版です。

山本博文（やまもと・ひろふみ）
1957年、岡山県津山市生まれ。東京大学文学部国史学科卒業。文学博士。東京大学史料編纂所教授。1992年、『江戸お留守居役の日記』（読売新聞社、のちに講談社学術文庫）で第40回日本エッセイスト・クラブ賞を受賞。著書に、『決定版　江戸散歩』（KADOKAWA）、『赤穂事件と四十六士』（吉川弘文館）、『東大教授の「忠臣蔵」講義』（角川新書）、『現代語訳　武士道』（ちくま新書）、『歴史をつかむ技法』（新潮新書）、『天皇125代と日本の歴史』（光文社新書）など多数。角川まんが学習シリーズ『日本の歴史』の全巻監修。NHK Eテレ「知恵泉」などテレビやラジオなどにも数多く出演。

流《なが》れをつかむ日本史《にほんし》

山本博文《やまもとひろふみ》

2018年 7月 10日　初版発行
2024年 3月 10日　4版発行

◆◇◇

発行者　山下直久
発　行　株式会社KADOKAWA
〒102-8177　東京都千代田区富士見2-13-3
電話　0570-002-301（ナビダイヤル）

装 丁 者　緒方修一（ラーフイン・ワークショップ）
ロゴデザイン　good design company
オビデザイン　Zapp!　白金正之
印 刷 所　株式会社KADOKAWA
製 本 所　株式会社KADOKAWA

角川新書

ISBN978-4-04-082176-4 C0221